# 海でつながる倭と中国

## ――邪馬台国の周辺世界

奈良県立橿原考古学研究所附属博物館［編］

新泉社

# はじめに

日本の歴史書『古事記』が編纂されてから一三〇〇年、この記念すべき年に、奈良県立橿原考古学研究所附属博物館では古代日本にゆかりのある中国の歴史書『三国志』に焦点を当て、その時代の東アジア世界と日本を考古学的に描写する二〇一二年度春季特別展「三国志の時代―二・三世紀の東アジア―」（四月二一日～六月一七日）を開催しました。

その公開講演会を企画し、二〇一二年四月二八日、エル・おおさか（大阪府立労働センター）において、森浩一先生（奈良県立橿原考古学研究所研究顧問・同志社大学名誉教授）の講義「倭人伝を丁寧に読むことから」に始まり、森先生を中心として杉本憲司先生（奈良県立橿原考古学研究所特別指導研究員・佛教大学名誉教授）、蘇哲先生（奈良県立橿原考古学研究所共同研究員・金城大学教授）、菅谷文則氏（奈良県立橿原考古学研究所所長）が、天野幸弘氏（朝日新聞社元編集委員）の進行のもと「海でつながる倭と中国―邪馬台国の周辺世界」と題したシンポジウムを展開しました。

二、三世紀の東アジアにおける邪馬台国の位置づけや『三国志』の世界と倭の交流に関した意見交換がなされ、非常に興味深い、意義ある内容のシンポジウムとなりました。とりわけ森浩一先生の『三国志』の『魏書』「東夷伝」倭人の条への思いと読み方に関しての丁寧な情熱込めた講義は、多くの参加者に感銘を与えたと思われます。

さらに特別展に合わせた研究講座を四月二九日、五月二〇日、六月一〇日に開催し、学史的な資料に最新の発掘調査による資料を加味した講義が展開されました。

今尾文昭氏が「忘れてはならない呉鏡―神戸市夢野丸山古墳出土鏡の複製品」において『三国志』には記されることのなかった、呉から倭への文物の流入を考えるうえで重要な鏡について論じ、徐光輝氏が「曹操墓の発見」で『三国志』のなかの魏の国の武王、曹操の墓について論じました。

井上主税氏が「辰韓・弁韓の対外交渉―楽浪郡・帯方郡および倭との関係」と題して、従来の辰韓・弁韓の中国や倭の対外交渉が楽浪郡中心であったことに加えて、帯方郡の重要性を唱えました。そして坂靖氏が「考古資料からみた海外交渉―楽浪土城からホケノ山古墳まで」のなかでヤマト王権と中国との関係の密着性・重要性を説きました。

岡部裕俊氏は「伊都国の王と有力者たち―遺跡からみえてきた地域構造と社会構造」と題して北部九州の伊都国の最新の調査成果から地域社会像を浮かび上がらせ、北井利幸氏が「金属器生産技術の変化―弥生時代から古墳時代へ」

において金属器生産の技術の変化が社会にどのように反映したのかを説きました。

また、設楽博己氏が「イレズミからみえてくる邪馬台国」のなかで、古代日本のイレズミについて文献・考古学の両面から革新的な解釈を提示されました。

これらの講義は、東アジアの二、三世紀の歴史書に描かれた世界と中国、朝鮮半島、日本の出土遺物が語る考古学の世界を比較検討し、倭と東アジアとのかかわりを再認識するという展覧会の主旨にふさわしく、物質、精神、社会、技術の観点から東アジアの交流に踏み込んだ内容であり、展覧会の研究講座として新たな二、三世紀の東アジアの世界観を提示できたのではないかと思われます。

このたび、シンポジウムと特別展博物館研究講座の内容を各先生のご理解のもと出版する運びとなり、本書を手に取っていただく方々にはシンポジウムと研究講座を再度体験していただく機会を提供できたことをうれしく思います。

最後になりましたが、大阪での公開講演会の開催にあたり、ご協力いただきました朝日新聞社、奈良県立橿原考古学研究所友史会、一般財団法人橿原考古文化財団のご高配に対し、厚く御礼申し上げます。

また今回の出版にあたり、ご協力いただいた諸先生のご好意に感謝するとともに、この出版を快く引き受けてくださった新泉社に厚く御礼申し上げます。

去る八月六日、本書の顔ともいうべき森浩一先生が急逝されました。

昨年四月二八日に公開講演会で講義をしていただき、その後、関係者との打ち上げにも参加いただいた際の元気なお姿が思い出されます。そして、本書が出版に至っておらず、先生に見ていただけなかったことを悔まずにはおられません。

慎んで哀悼の意を表し、ご冥福をお祈りいたします。

二〇一三年八月

奈良県立橿原考古学研究所附属博物館 館長　西藤清秀

# 目次

海でつながる倭と中国——邪馬台国の周辺世界

はじめに —— 3

## 海でつながる倭と中国

**講義** 倭人伝を丁寧に読むことから

森　浩一 —— 12

**シンポジウム** 海でつながる倭と中国——邪馬台国の周辺世界

杉本憲司・蘇　哲・菅谷文則・森　浩一・（司会）天野幸弘 —— 42

## 『三国志』の時代

忘れてはならない呉鏡——神戸市夢野丸山古墳出土鏡の複製品

今尾文昭 —— 76

曹操墓の発見

徐　光輝 —— 108

辰韓・弁韓の対外交渉——楽浪郡・帯方郡および倭との関係
井上主税 126

考古資料からみた海外交渉——楽浪土城からホケノ山古墳まで
坂　靖 152

伊都国の王と有力者たち——遺跡からみえてきた地域構造と社会構造
岡部裕俊 176

金属器生産技術の変化——弥生時代から古墳時代へ
北井利幸 212

イレズミからみえてくる邪馬台国
設楽博己 234

装幀　新谷雅宣
図版　松澤利絵

# 海でつながる倭と中国

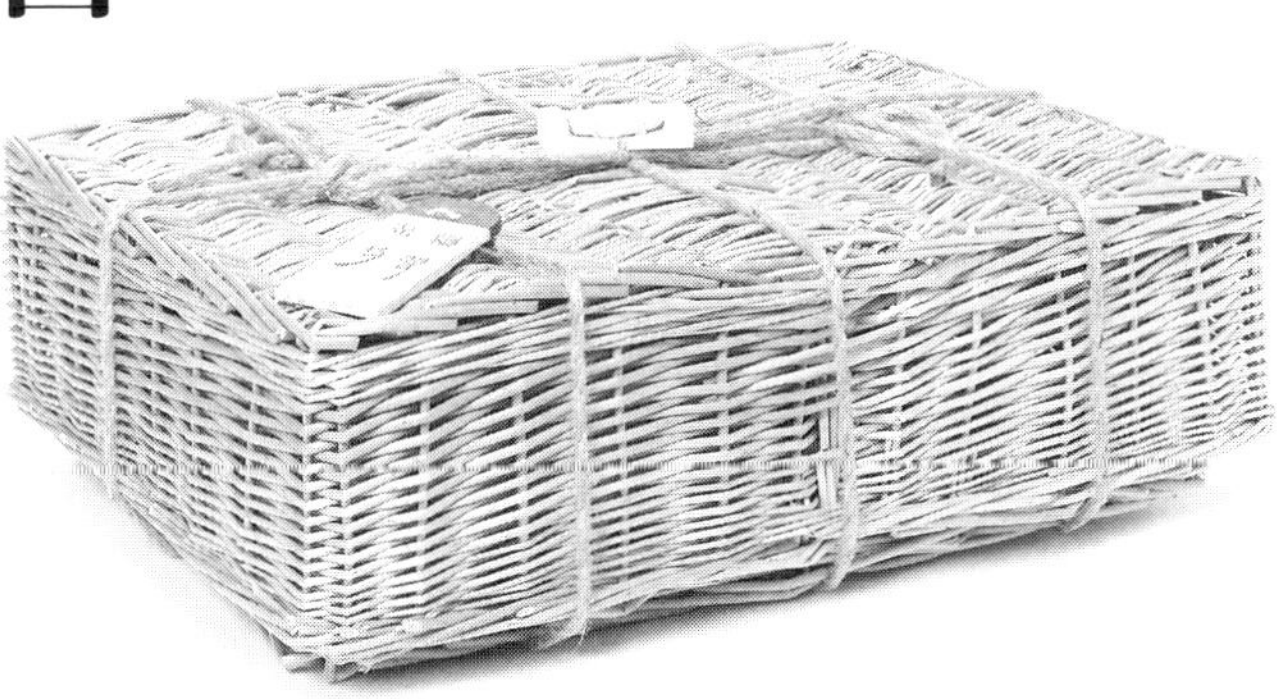

海でつながる倭と中国

## 講義　倭人伝を丁寧に読むことから

森　浩一

今回の講演の題は「倭人伝を丁寧に読むことから」です。「から」とつけたのは、倭人伝を丁寧に読まずに、邪馬台国のことだけを書く人がチラホラ見えますので、これは学問的な進め方としてはよくない。「まず丁寧に読むことから始めよう」というわけです。

話の内容は、講演というより講義でありたいと思います。講演というのは、二つか三つほど大きなその日の山を作っておけばいいのですが、講義というのは、全体を丁寧に説明する必要があるので、これからは講義。

### 倭人伝とは

まず、漢字ばかり書いてある倭人伝を見てください（三八ページ資料1）。『三国志』の『魏書』の「東夷伝」のなかの倭人の条、それを倭人伝と言っているのですが、日本では『魏書』

でなくて『魏志』と言います。そのなかの倭人の条、俗に言う倭人伝の部分です。今回、使うのは中国の乾隆四年（一七三九）に清国政府が刊行した書物です。

漢文では、最初の「倭人」という書き出しから、最後の「二十匹」というところまで、二千字あまりが改行もなければ句読点もなくつづいています。それをまず注意してほしいのです。皆さんが目にされる日本人が書いた本では、行を変えたり、マルを打ったりテンを打ったりしていますが、あれは極端に言うと、思いつくままにやっているのですから、当たっているところもあれば、切り方が間違っているところもある。ですから、こういうものは一度ではわかりません。何度もくり返し読んでいただくと、そうむずかしいものではないということがわかります。

## 一行目からみえてくる多くの疑問

まず、最初の一行を読んでみます。

「倭人《わじん》は帯方《たいほう》東南大海の中にあり、山島に依りて国邑《こくゆう》をなす」

わずか一七字の漢文のなかに、すでにいくつもの大きな歴史を考える糸口が見えている。なぜ「倭人」としたのだろう。なぜ「倭国」としなかったのだろう。同じ『三国志』のなかの東夷伝でも、倭人の条以外のところは、すべて高句麗とか夫余など、国

講義中の森浩一先生

や大集団を主語にしているのですが、ここだけは「倭人」です。これがまずひとつの不思議。なぜ「倭国は」としなかったのか。

次に、倭の位置を書くのであれば、本当は朝鮮半島の最南部の釜山のあたり、狗邪韓国《くやかんこく》のすぐ南にあるとすればいいのに、どうしてキロほど南の帯方郡からの位置にしたのか。朝鮮半島西海岸の真ん中ぐらい、平壌《ピョンヤン》の七〇キロほど南の帯方郡からの位置にしたのか。ここにも疑問の二つめが出ている。

その倭人の住んでいる土地を「山島に依り」としている。山の多い島。これは山と島とを切ってはいけません。「山島」という一つの熟語です。『三国志』のなかでは、ほかにも「山島」という言葉で地形を説明しているところがあります。

次の「国邑をなす」。これをよく中学や高校の教科書では「クニとムラができあがっている」と書いていますが、これは間違い。

**図１　原の辻遺跡遠景**（北から）
写真中央の復元建物群が遺跡の中心地（提供：奈良県立橿原考古学研究所附属博物館）

「国邑」という一つのまとまった言葉です。国邑とは、それぞれのクニの都のことです。小都市と訳してもけっこうです。なぜクニとムラなどと訳したのかというと、弥生時代というのは農村ばかりだという頭が日本人の学者にあって、それで間違ったのです。しかし、最近は吉野《よしの》ケ里《がり》遺跡や原《はる》の辻《つじ》遺跡（図1）など、大きな遺跡が九州でどんどん出ています。原の辻ならば壱岐《いき》国の国邑。そういう国邑という小都市です。

僕が最近考える弥生時代とは、それぞれの地域に国邑という小都市、大阪でいえば池上曽根《いけがみそね》遺跡、奈良で言えば唐古《からこ》・鍵《かぎ》遺跡、そういう国邑があって、そのぐるりに農村ともいうべき普通の集落がバラバラとある。それが弥生時代の地域構造です。考古学者が考える弥生時代というものの見方は、この十数年あまりの間にガラッと変わってきています。

## なぜ倭国伝ではなく倭人伝なのか

さて、なぜ主語を倭国ではなく、倭人にしたのかです。

実はこの倭人というのは中国からみると、なかなか注目すべき集団であったのです。地の果てにいるのだから、たいした人びとではないだろうなどという思い込みで倭人伝を読んでいる人がありますが、それは違います。

実は倭人というのが最初に中国の歴史書にあらわれるのは、前漢時代の歴史を書いた『漢書』です。皆さん、習われたと思いますが、「楽浪《らくろう》海中に倭人あり、分かれて百余国となる。

歳時《さいじ》をもって来たり、献見《けんけん》すという」という有名な文章があります。この文章はたいへん重要です。その部分だけを引用するから、「ああ、はじめて倭人が中国に朝貢したのか」というだけで終わってしまいますが、あの文章のすぐ前にはすごいことが書いてあるのです。

中国の今日でいうと東北地方、遼東半島のあたりには中国の商人（賈人《こじん》）が入って、中国のいい風習が廃《すた》れてきた。それで、「孔子さまも『中国で絶望したならば、桴《いかだ》を浮かべて東へ行こう』と言ったではないか」ということが書いてあって、その次に「楽浪海中に倭人あり、分かれて百余国となる」がくるのです。

最初から中国の文書に、倭人というのは「中国で絶望しても、東の海の彼方に倭人が住むといういいところがあるぞ」という意味で出てくるのです。もう一度、『漢書』の地理志のところを、その前の部分から読んでください。高校の教科書には、どれもこの「楽浪海中に倭人あり」の一行だけが出ています。それは非常によくない。その前から教えないと、全体の「何を書こうとしているのか」ということが見えません。

## 登場人物が多い倭人伝

『魏志』に戻りましょう。正確に言うと、『魏志』には烏丸《うがん》・鮮卑《せんぴ》伝というのがあって、そのあとに東夷伝が続くのです。烏丸・鮮卑というのは、中国の北のほう、今日の内モンゴルのあたりにいた異民族です（図２）。

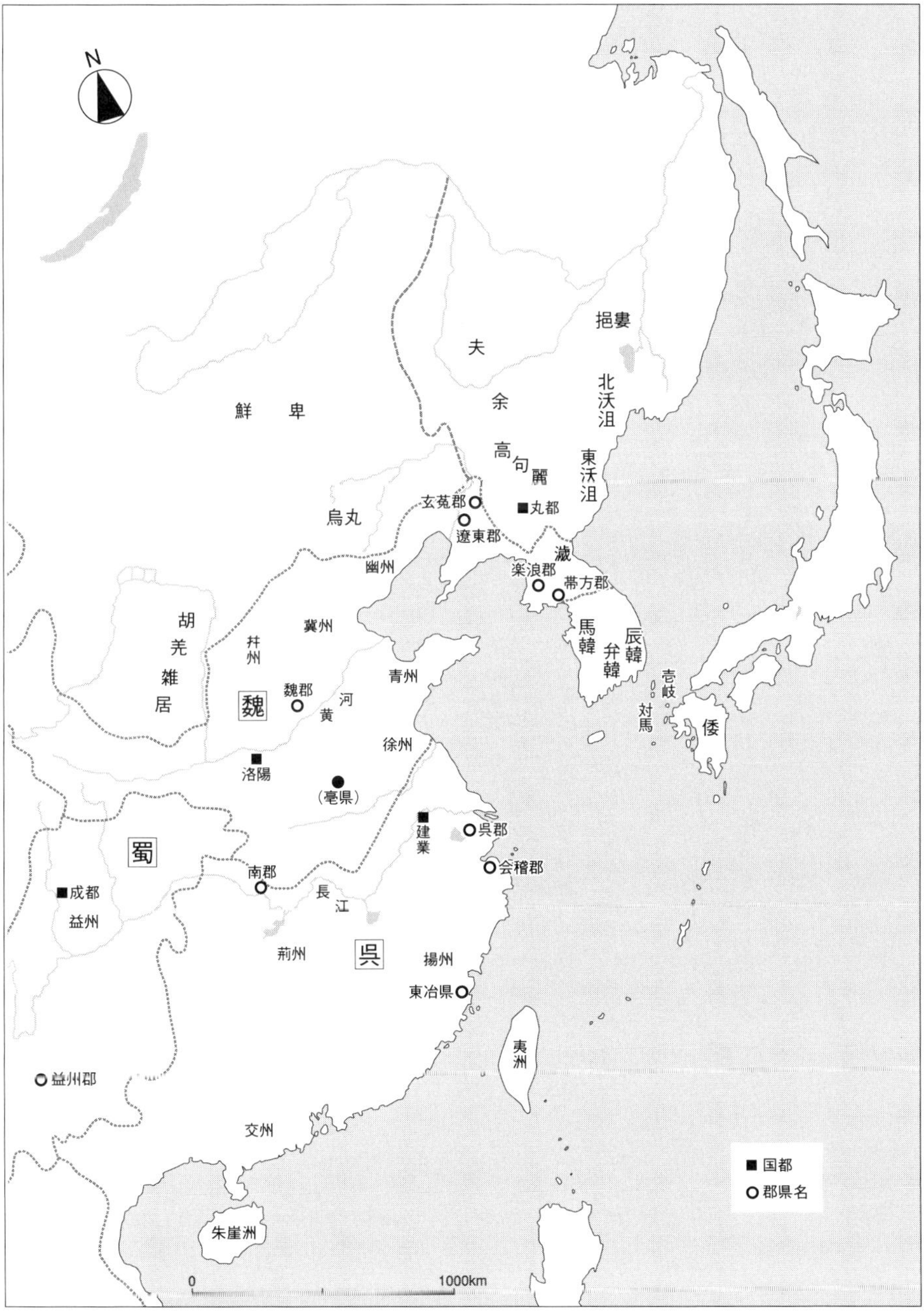


図２　三国時代の東アジア

東夷伝のなかには朝鮮半島諸国と倭人のことが書いてありますが、倭人が最後に出てきます。ところが、東夷伝のなかで分量と登場人物がいちばん多いのは、この倭人伝です。高句麗伝や夫余伝など、朝鮮半島のほかのところは、倭人伝ほどにはくわしく書かれていません。

もうひとつ注意すべきは、卑弥呼をはじめ一〇人の倭人の名前がこの本に記載されている。一〇人というのは、圧倒的な数です。倭人伝についで登場人物の名前が多いのは、高句麗伝です。高句麗は魏と戦争をしましたから、戦争をしたときの相手の王様が誰だということを書くので多いわけです。それでも八人。東夷伝のなかで、いちばん丁寧に書こうと努めているのは倭人伝なのです。

倭人伝は「とるに足らない文だ」と時々書く人がありますが、それは倭人伝を丁寧に読んでいない。倭人伝だけではない、東夷伝の全体を読んでいないと倭人伝の意味はわかりません。

それから、倭人の人名はどうも倭人側で漢字を借りて書いた気配がある。これは僕の友だちに森博達《もりひろみち》という言語学者がいますが、日本人が読みにくいような漢字は避けて、今の日本人でも読みやすい、発音しやすい漢字で「都市牛利《としごり》」とか「難升米《なんしょうまい》」とか、そういう人の名前が書かれている傾向があると言っていました。

倭人の時代に、支配者層は漢字を書けたと僕は思います。いまだに考古学者のなかには、「奈良時代以前の日本は無文字社会だ」などという暴論を書いている人がおりますが、とんでもないことです。『萬葉集』でも東国の農民がたくさん歌を出しているでしょう。あの人たちが漢字を知らなかったということは考えられない。

## 帯方郡の役割

次に重要なのは、なぜ先ほど「倭人は帯方東南」と「帯方」が出てきたのか。実は、帯方郡がこの時代、倭との外交にあたっていたからです。今日の北朝鮮の首都の平壌を流れる大同江《だいどうこう》の南岸が楽浪郡です。前漢から後漢、さらに魏、西晋の時代と、ここには中国人がたくさん移住していました。ところが、「倭人や南朝鮮の韓人たちと交渉をするために、中国人の多くいる楽浪郡よりも、新しく郡をつくって交渉をしやすくしましょう」ということで、帯方郡が新たにできたのです（図3）。

これは非常に不思議です。帯方郡は楽浪郡からものすごく離れているのかというと、わずか七〇キロです。しかも、地図をよく見るとわかるように、楽浪郡にしても帯方郡にしても西の海へ出て、南のほうへ行こうとすると、どちらも大同江の下流を通り

**図3　楽浪郡と帯方郡**（森浩一『倭人伝を読みなおす』2010より。一部改変）

ます。これはいままで、あまり触れられていないのですが、楽浪郡も帯方郡も、倭まで船を出そうとするときは、大同江という、船がさかのぼることのできる幅の広い川を使うのです。東洋史の先生方も、楽浪郡と帯方郡の役割の違いというのは、どうも明解には説明はできていません。

## 公孫氏の出現

ところで、この楽浪郡や帯方郡を理解するために、根本的に重要なことは帯方郡をめぐる歴史を知ることです。これが理解できなければ、倭人伝はまったく読めない。なぜか。

二世紀から三世紀初頭に後漢から自立して、公孫《こうそん》氏の国が遼東半島から楽浪郡にかけて実質上、できるのです。約五〇年間、公孫度《ど》、公孫康《こう》、公孫淵《えん》と三代に渡って支配が続くのですが、これは大変なことです。関西大学におられた大庭《おおば》脩《おさむ》という東洋史の先生が『親魏倭王』（學生社、二〇〇一）という本をお出しになった。そのなかで、「日本や朝鮮の歴史を考える場合は、中国を三国時代として見るだけではだめだ。公孫氏を入れて、四国時代として見なければ歴史が読めない」ということを書いておられます。これは、もうそのとおりです。

この公孫氏の国が、中国の後漢や魏と倭あるいは朝鮮半島の南の諸韓国との間を約五〇年間断ち切ってしまって、交渉がまったく途切れてしまった。そのようなことが、倭人伝の直前の韓伝のなかに出てきます。三世紀初頭に後漢から公孫氏の国が独立して、そして韓や倭との交渉を専門にするために帯方郡を置いた。公孫氏の国が北や西に広がることはむずかしいので、どうしても南へ権益を広げたいわけです。ですから、帯方郡というのはそういう役所になったのです。

魏は二二〇年に建国して一八年後の景初二年（二三八）に、軍隊を海のほうから派遣して公孫淵を殺し、やっと公孫氏の国を滅ぼしている。これは中国にすれば、半世紀にわたっての念願がかなった時期です。

倭人伝の時代とは、公孫氏の時代の帯方郡なのか、それとも魏が直接支配してからの帯方郡なのかということをいつも頭におきながら読まないと、歴史は読めません。どうして一部の人は、邪馬台国はどこにあったのかということだけに興味をもつのか、僕は不思議でならない。「もっとおもしろいことが、いっぱい書いてあるのに、なんでや？」と思います。

## 魏は女王国に注目

もうひとつ注意してほしいことがある。それは何か。

倭人伝のなかには、実に「女王国」という言葉が五回も出てくる。「女王」にいたっては七回も出てくる。これに対して「邪馬臺国」は一回です。本書のタイトルは「海でつながる倭と中国――邪馬台国の周辺世界」ですが、本当ならばサブタイトルは「女王国の周辺世界」が正しいでしょうね。

この「臺」という字に注意してください。この字は、いちばん古い『三国志』の写本の字です。先ほどの乾隆四年の刊本の字は「壹」と書いてあります（**資料19行目**）。どうしてこのむずかしい字を銀行で書く「壹」に変えたのか。

中国には、減筆という字の偏や画を減らそうという動きが後漢の終わり頃から魏の時代にかけてありました。日本も、もろにその影響を受けています。それを極端にしたのが片仮名の発生です。中国では減筆の流行は、すぐに終わってまた元の漢字に戻しましたが、日本のほうではどんどん漢字を簡単にしていって、ついに片仮名にしてしまうのです。

## 女王が支配した六国

女王国の核は、対馬国《つしまこく》から不弥国《ふみこく》までの玄界灘《げんかいなだ》沿岸の六国です。対馬、壱岐《いき》、それから今日の唐津のあたりの末盧国《まつろこく》。これは後の時代も中世には松浦党という強力な武士団が発生するところで、末盧の名前から松浦《まつら》になります。それから、福岡県のいちばん西端の、今は糸島市といっていますが、糸島市のイトの部分が元の怡土《いと》郡です。糸島市というのは半島の先のシマというところと、イトの部分とを合わせて二、三年前に糸島市に変わっているのですが、この市の南半分が伊都国《いとこく》。実は伊都国というのは、倭人伝では、いちばん多くの字数を費やして、くわしく書かれているところです。

中国から来た一大率《いちだいそつ》、これは一人の大率の意味です。一大率という役職名とよく解釈しますが、大率という大目付といいましょうか、それがこの伊都国にいました。

この一大率というのを従来の日本人の先生がたは、大和朝廷が派遣したとか、大和の邪馬台国が派遣したとか、いろいろ無茶苦茶に言っているのですが、作家の松本清張さんが、倭人伝を丁寧に読むと、これは帯方郡が派遣した大目付ではないかと言われました。明治時代以来、内藤湖南《ないとうこなん》とか橋本増吉《はしもとますきち》とか、りっぱな古代史の先生がいて、『魏志』のことは書いているのですが、その解釈がみな大和中心主義に引きずられての解釈が多いです。清張さんは鋭いですよ。時々間違いもありますが、概してりっぱな人です。僕が監修した『古代史ゼミナール』という上下二冊分には、清張さんも委員に入れました。清張さん、「僕を学者なみに扱ってくれた」とすごく喜んでくれました。

さて、伊都国の東、今日の福岡市の南部から春日市にかけてが奴国《なこく》です。今も福岡市に流れ込む川を那珂《なか》川と言いますが、川の名前に残っています。それから不弥国は、そのすぐ東です。福岡市の東南といってもいいです。九州の地理にくわしい方はおわかりと思いますが、宇美八《うみはち》幡宮《まんぐう》という応神天皇が生まれたという伝説をもつ重要な神社が今も鎮座しています。

この六国が、女王が直接に支配していたところでしょう。女王国は、そのなかのどこか、たぶん伊都国のなかにあったのではないか。その可能性が非常にあります。注目すべきことは、伊都国以外の四つの国に、それぞれ卑奴母離《ひなもり》という官を置いている。これはもうその後の日本語で理解しても、辺境守備隊です。「ヒナ」というのは田舎《いなか》という意味。今でも田舎という意味のことを「ヒナ」と言います。「モリ」は「守をする」の「守」でいいでしょう。ほかに火の守で、灯台のような施設を守る役割など、いろいろな解釈が出ていますが、どうも適当ではない。どうしてそういうことが言えるかというと、実は伊都国には卑奴母離は置かれていないのです。伊都国にはなくて、その東西、あるいは北の国々には、のちの防人《さきもり》隊長のようなものを置いたのでしょう。

## 二一の旁国

六国のほかに、女王国の旁国《ぼうこく》というのがあります。傍《かたわ》らの国。これは倭人伝に、「先ほど述べた六つの国については、方向とか里数、距離を書いたけれども、そのほかの旁国は、いちいちその距離などを書かないぞ」ということが書かれています。この旁国が二一あります。先ほどの国邑というのは、その二一の国のそれぞれに小都市、国邑があったわけです。たとえば、旁国の四番目か五番目に、弥奴《みな》国というのがあります。これは、江戸時代に頼山陽《らいさんよう》がすでに気づいて、肥前国の有明海沿岸、のちに三根《みね》郡といったところでいいだろうと言っていますが、これは当たっているようです。吉野ヶ里遺跡は、まさにこの弥奴国の国邑です（図4）。

この二一の旁国の多くは、有明海沿岸の国、なかにはちょっと離れたところがありますが、そんなに遠い九州島を離れたところなどではありません。

ここまででわかるように、倭人伝は前半の部分で丁寧に書いているのは、北部九州、それも北部九州全体を書いているのではなく、福岡県の東のほうは書いていません。今日の小倉《こくら》や宗《むな》

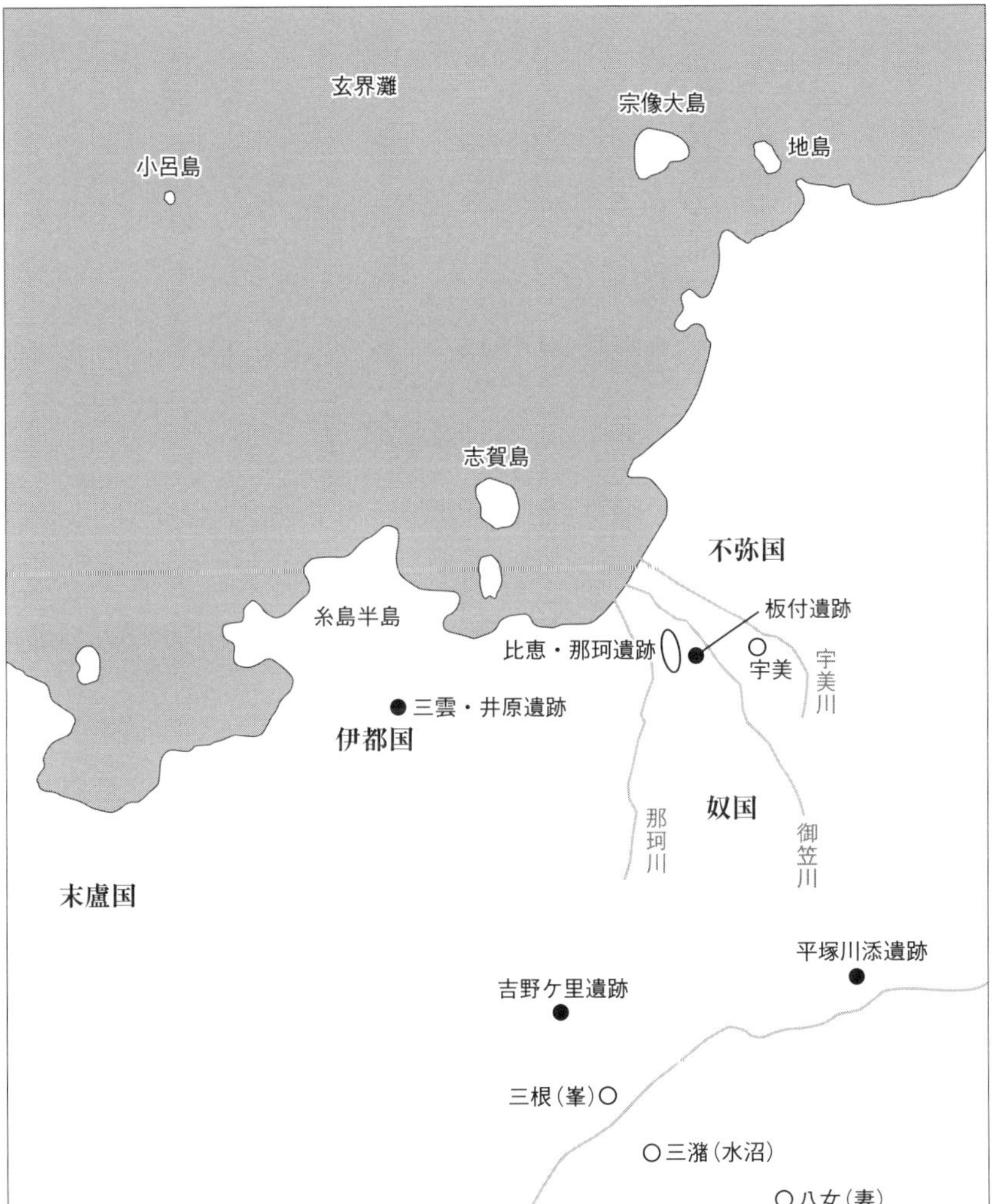


**図4　倭人伝の国々と周辺の歴史的地名**（森浩一『倭人伝を読みなおす』2010より。一部改変）

像《かた》、飯塚《いいづか》など、そっちのほうは書いていない。北部九州のなかでもごく狭い範囲です。西のほうも五島列島などは、含まれていません。旁国よりさらに離れた国でしょう。

最近、福岡県、佐賀県、長崎県の三県では、非常に大きな弥生遺跡、二〇年ほど前の考古学の常識ではわからなかった大きな弥生の大集落、大集落というより小都市が出かけています。吉野ヶ里遺跡、平塚川添《ひらつかかわぞえ》遺跡、原の辻遺跡などです。そういう遺跡がどんどん出ています。

そういう北部九州で、最近発掘でみつかった遺跡を研究して、大分県の教育委員会を辞めるときに、記念の自費出版として出した真野和夫《まのかずお》さんの『邪馬台国論争の終焉』には、倭人伝に出ているこの二一の国々と、最近福岡県などで発掘されている大遺跡、それをずらりと対比した意欲作です。方法的にはきわめて正しい。

「倭人伝研究」と言いますが、研究のしかたが二つあります。出た鏡のようなものにこだわって「あそこだ」という学者。これは、ちょっと見方が小さすぎる。それに対して、遺跡全体から論じようとする研究があります。僕は六〇年以上も前から、考古学と遺跡学の大切さということを言っているのですが、今はもう考古学の目的は遺跡学の一語につきます。遺物というものも、遺跡学のなかではじめて学問的な意味がわかる。これは京都大学の水野清一《みずのせいいち》先生がいみじくも言われたことで、僕が言い出したのではない。水野先生は、京大の先生のなかでも、ちまちまとした遺物の研究で一生を終わるようなことをしなかった。太平洋戦争の鉄砲の弾が飛び交うようななかを、大同《だいどう》の雲崗石窟《うんこうせっくつ》の研究をおやりになったすごい先生です。戦後すぐに『雲岡の石窟』一六巻を出版されました。日本は侵略戦争ばかりやっていると思っていたら、戦争中にこんな文化事業もやっていたのかと、世界中が驚いた。日本という国を見直すひとつのチャンスになりました。昭和二七、八年のことです。水野先生は大きかったです。僕が学恩を受けた先生方のなかで、上から考えて一番目か二番目の先生です。

それから、倭人伝の読み方。この漢文をどう読むかというのは、京都大学の人文科学研究所におられた福永光司《ふくながみつじ》先生が、徹底的に僕に教え込んでくれた。これはありがたかったです。福永先生や水野先生、井上光貞《いのうえみつさだ》先生など、僕はいろいろな先生から学問の基本形を教えていただきました。

## 狗奴国

さて、倭人伝がどうしてこんなに長い文章を費やして北部九州の一部のことを書いたのか。それは、女王国の南に男の王が支配する狗奴国《くなこく》というのがあったからです。

僕は、狗奴国というのは、熊本県の南部のもとの肥後国球磨《くま》郡だと思います（図5）。球磨川という川が流れ、今は人吉《ひとよし》という町が有名ですが、人吉は鎌倉時代に幕府が御家人を派遣してから大きくなる町で、それ以前はむしろ免田町《めんだまち》（あさぎり町免田地区）のほうが大きく、そのあたりが狗奴国の中心です。

免田町の才園《さいぞん》古墳から弥生時代にもたらされたと思う金メッキの鏡（鎏金《りゅうきん》画文帯《がもんたい》神獣鏡《しんじゅうきょう》）が出ています（六九ページ図9参照）。銅に金メッキをした鏡は、今のところ奈良県内では出ていません。すごいところです。その狗奴国は、北部九州で大流行した銅剣《どうけん》や銅矛《どうほこ》、銅戈《どうか》、そういう銅製の武器には目もくれずに、ひたすら鉄製の剣、鉄製の鏃《やじり》など鉄製の武器を用いました。狗奴国の範囲から出る鉄製の鏃は鋭い。菊池川の流域には、いくつも製鉄遺跡があります。北の女王国がどちらかというと、見かけはきれいだけれど実用の武器としては弱い青銅器を盛んにつくっていたのに対して、狗奴国では早くから鉄製武器をつくっていました。

『日本書紀』景行一二年の

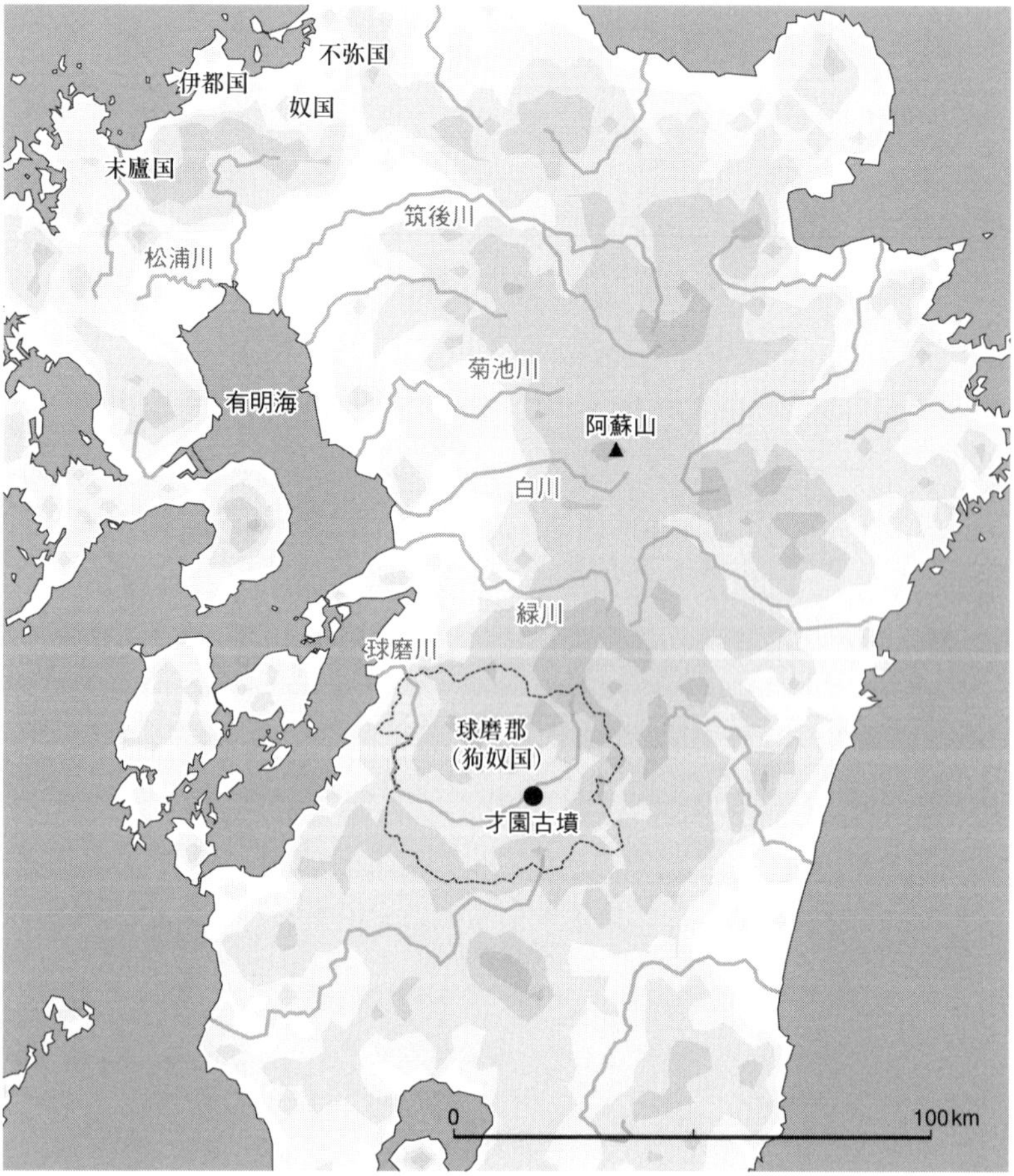


**図5　狗奴国**
熊本県旧球磨郡を中心とする。

ところに、クマソのことを「その鋒当るべからず」と書いています。「鋒」とは切っ先のことです。

この狗奴国が女王国に属さずに、やがて戦《いくさ》をしかけてくる。倭人社会は、二つに分裂していたわけです。このことは中国から見れば、倭国というには、せめて九州の島ぐらいが敵対関係がなく、ひとつにまとまっていなければ、倭国とはいえなかったのです。これが倭人伝全体の大きなヤマなのです。やはり、文脈というのを見る必要があります。文章の背後にはどういう山脈がそびえているか。そんな山脈に気づかずに、「やれ邪馬台国はどこだ」とか、「卑弥呼は美人だったか」とか、以前テレビで、卑弥呼は誰に似ているかというのがありました。「そんなの、わかるか！」と思いますね。倭人伝には「見た人はいない」と書いてあるのに。一人だけ男がいて、飲食の世話をし、みんなが言ってくる言葉を伝える。この男の正体は不明です。それとは別に弟が一人いて、国の政治を助けている。その人の名前もわかりません。卑弥呼というのは、容易に人の前に出るような人ではなかったのです。

## 卑弥呼の献使

魏は高句麗や公孫氏の国には非常に手こずっていました。韓三国と倭人地帯と直接に交渉するためには、なんとしても公孫氏を滅ぼす必要があったのです。ついに景初二年（二三八）に公孫氏の国が滅んで、やっと直接のパイプが倭と魏との間にできあがったわけです。ただし、献使の世話をしているのは、やはり帯方郡です。公孫氏が滅亡した翌年の景初三年（二三九）に倭の女王卑弥呼が大夫の難升米を長とする使節団を洛陽へ送ります。実は、倭人伝では景初二年と書いてあるのですが（**資料1** 35行目）、『魏志』の武帝紀では、景初三年と書いてあります。

『日本書紀』の神功皇后紀に三カ所、『魏志』には二カ所、それから魏の次の晋の歴史書『晋書』に一カ所、卑弥呼が献使した年を景初三年としています。おそらく今日残っている本のなかでは、『魏志』や『晋書』を引用しています。『日本書紀』は、非常に古い『魏志』の引用がいちばん古いでしょう。陳寿が書いた『魏志』が直接今残っているわけではないからです。誰かが写して、それをまた誰かが写す。そういう転写に転写を重ねてずっと今日まできているのです。そういう意味で『日本書紀』の神功皇后紀というのは、きわめて貴重です。おそらく『日本書紀』の編集者は、神功皇后と卑弥呼を頭の中でダブらせたのでしょう。だから、『魏志』に書いてあることを神功皇后のこととして入れてくれたのです。これは入れてくれてうれしかったですね。そういう年のことがよくわかります。

原文を見ましょう。37行目です。「倭の女王に報《しら》せて曰く」、その後からが詔書《しょうしょ》の本文です。「親魏倭王卑弥呼に制詔す。帯方太守劉夏《りゅうか》が使いを遣わし汝の大夫《たいふ》難升米、次使《じし》の都市牛利を送らせ」という文章で始まっています。実は、魏の皇帝が異国の国王に与えた詔書の原文が、中国の正史に引用されているのはきわめて珍しい。『魏志』ではここだけです。おそらくこの詔書の原文が魏の役所に残っていて、筆者の陳寿はそういうものを読むことができましたから、引用したのでしょう。この文はおそらく一字の間違いもない原文だと思います。このなかで、卑弥呼を倭国女王としていないのは、先ほども言ったように、狗奴国と対立していて、倭国とは言い難く、倭の女王にしているのです。漠然とした言い方です。

それから、「大夫難升米」とありますが、「大夫」というのは中国の宮廷で使われる高級官吏に対する称号です。大夫、卿《けい》、士《し》と三つに分かれていますが。卑弥呼の宮廷では中国の称号そのままを使っていたと僕はみています。最初、中国人は「なんと大それたことか」とは思ったでしょう。しかし、のちには追認しています。なぜわかるかというと、37行目の「汝の大夫難升米」です。これはもう中国の皇帝が追認したということでしょう。もし認めていなかったら、ここは「汝の難升米」とするはずですが、倭人が言っていたとおり「大夫難升米」としています。この「大夫」という称号は『日本書紀』にもたくさん出てきます。ただ残念なのは、『日本書紀』の校訂者が「まえつきみ」と日本読みしてしまっている。あれは間違いです。中国と同じで「たいふ」と読んでおけばいいのです。『日本書紀』の校訂者は、どうも東アジア的な視野にかけていたのではないでしょうか。僕は「大夫」は「たいふ」と読んでいいと思います。

さて、倭人伝では景初二年に卑弥呼は使いを派遣した。しかし、『魏志』の本文、あるいは「神功皇后紀」では景初三年になっている。二年と三年でどう違うか。二年だったら、公孫氏が滅んだあと、すぐにあいさつに行っているわけです。それはいくらなんでもちょっと無理でしょう。中国まで行く大きな船、それでも準構造船だったと思いますが、それをつくらなければいけない。持っていく献上品もさまざま用意しなければいけない。今日思いついて、明日行けるものではないと思いますから、僕はやはり通説の景初三年の献使でいいと思います。

大夫とともに、もう一人の名前が出てきます。都市牛利です。この人の名前は、詔書に二回目からは、省略して「牛利」と書いています。これからわかるのは、「都市」は人の名前ではなくて官職名です。都市というと、今の大都市とか中都市とかを思いますが、おそらくこの時代の「都市」というのは、市を管理する役人のことです。魏の時代に「都水」という役名があります。これは水を管理する役人のことです。ですから「都市」は市《いち》を管理する役人のことです。『魏志』には後で「国々に市《いち》あり」という言葉が出てきますから、大きな国にはそれぞれに市があり、やはり女王国が直接管理していたのでしょう。

## 親魏倭王卑弥呼

この時、卑弥呼は魏の皇帝から「親魏倭王」という称号をもらいました。「親魏倭王卑弥呼」と呼びかけていますし、「親魏倭王」という金印も授けています。この金印は、今日、まだ出土していません。難升米と都市牛利たちは銀印をもらっています。金印と銀印は、いずれどこからか出るでしょう。江戸時代に何回か出た記録がありますが、みな偽物でした。

「親魏倭王」の金印はまだ出ていませんが、「漢の委《わ》の奴国《なこく》王」というのか、「漢の委奴国《いとこく》王」というのか、説は二つに分かれていますが、「漢委奴国王」の金印が福岡県の志賀島《しかのしま》から出ています。あれを疑う余地はまったくないでしょう。あれとよく似た蛇の鈕の金印が戦後、中国の石寨山《せきさいざん》から出土しました。僕は、中国まで行って見てきました。志賀島の金印と同じ蛇の鈕です。

## 狗奴国との対立が深まる

女王国が単独で魏へ遣使をしたということが、狗奴国を非常に刺激したと思います。これが対立を深めた原因でしょう。狗奴国も、公孫氏時代の帯方郡に使いを出していたと思います。そして、ここからが非常に不思議なのですが、正始六年（二四五）に難升米に黄幢《こうどう》（一種の軍旗のようなもの）を与えている（**資料1** 46行目）。

なぜ卑弥呼がここから消えているのか。おそらく二三九年に中国へ行った難升米たちは、卑弥呼の不都合というものを魏の政府にかなり訴えたのではないかと思うのです。それで、女王国の支配の中心から卑弥呼をはずして、難升米に狗奴国と闘う軍旗を与えているのです。卑弥呼ではないのです。

こういう一言一句から歴史を見抜く力をつけなければいけません。その歴史を見抜くには、全体をずっと読んでこなければなりません。一行だけ読んで、ああだこうだと言ってもだめです。

そして、正始八年（二四七）、この時に女王国からは二人の使いを帯方郡まで派遣して、狗奴国といよいよ戦争が始まったことを報じます。そうすると帯方郡は、張政《ちょうせい》という役人を倭に派遣してきました。倭にやってきた張政は、難升米に授ける予定になっていた黄幢だけではなく、詔書までも難升米に与えています。もうここまできたら、卑弥呼はまったく蚊帳《かや》の外です。

## 卑弥呼の死

次にどういう文章があるかというと、張政は難升米に檄《げき》を与えて告喩した。その結果、卑弥呼は死んだとあります。

「以《もっ》て死す」とあります（**資料1** 48行目）。「以死」というのは中国の用例の古いものでは堯舜《ぎょうしゅん》の時代に、禹《う》のお父さんの鯀《こん》が治水に失敗し、「以死」と書いてあって、殺されています。「以死」と中国の歴史書で書いてあるのは、ことごとく何か問題があって自殺したか、殺されたか、そういう場合に限られています。これをいちばん早く読んだのは、一九七一年に講談社から『卑弥呼と倭王』という本を出した阿部秀雄さん、市井《しせい》の学者です。阿部さんは東夷伝全体のなかで倭人伝を読むということを、実に丁寧にされている。これを読んだとき、僕はびっくりしました。どうしてこんないわば素人の人が、きっちりと『魏志』倭人伝を読めるんだ、それまでの国史学者がどうして倭人伝の肝心なそういうところ読めなかったのか。これは不思議でならないです。

毎日新聞の学芸部長から京都学園大学教授になられた岡本健一さんは、中国二十五史全体で、この「以死」という用例が七六一例あるということを調べています（『蓬萊山と扶桑樹：日本文化の古層の探究』思文閣出版、二〇〇八)。よく調べてくれたと思います。用例は刑死、賜死、戦死、自死、事故死など、すべて非業の死ばかりなのです。ですから、「以死」というのは、たいへんなことです。

いままでは「張政が難升米に檄を与えて告喩した」と、ここで行を変え「卑弥呼以て死す」といくのです。そして「以死」は「既に死す」などと、むちゃくちゃな訳をしていた。そうではなくて、卑弥呼は戦争の責任をとらされて、悲劇の死を遂げたのです。だからあれだけ大きな、一〇〇人も殉死する墓をつくって葬ったのでしょう。

## 張政の役割

卑弥呼が死んで、狗奴国の男王が一時、倭国全体を治めるのですが、国内は混乱して殺し合いが始まりました。そこで卑弥呼の宗女、台与《とよ》を王として、国中定まったとあります。ここでもまた張政が出てきます。張政は台与に檄を与えて告喩した。そこで台与は大使節団を建国二年目(二六六)の晋へ派遣します。この時、倭人伝はなんと書いたか。「政らの還るを送る」です。張政は一九年間倭国に滞在して、卑弥呼を死なせ、台与を二代目の女王にするという二つの役割と同時に、倭国を一つにまとめることに成功して帰った。ですからその功績を中国に十分伝えるために、台与は大使節団を送ったのです。

考古学資料を参考にすると、台与の時にヤマトへの東遷を完了して、狗奴国と倭を離してしまった。「離してしまった」というと、みんな大変だと思うでしょうが、豊臣秀吉は小田原の北条氏を征伐したあと、当時、三河から遠江、駿河の大名だった徳川家康に、関東へ行けと命令します。家康はなんの抵抗もなく移りました。それを思い出してください。東遷というのは、誰かが言い出すと、あっという間に移っていく。時間の余裕も何もない。文句を言った者は置いていかれるのです。

## ヤマト国

東遷後の女王国の都が邪馬台国、ヤマト国かもしれません。邪馬台国の記述は、おそらく晋の時代に台与が使いを送ったときに「もう東遷していますよ」と新しい国ができたことを報じたので、それを挿入したのではないかと、僕は考えます。だからたぶんに誇張があるのです。どういうことかといえば、邪馬台国の戸数を七万戸と書いてあるけれど、七万なんてむちゃくちゃな戸数です。『晋書』でいえば楽浪郡が三七〇〇戸、帯方郡は四九〇〇戸、そして倭国全体の人口がちょうど七万戸です。ですから七万戸というのは、「ものすごく大きな国ができたぞ」という、かなり誇張の文章と僕はみています。

## 張政は帯方郡の太守となったのか

帰国後の張政は「東夷の異国を平和のうちにまとめた」ということを非常に誇りに思って、みずからの名前を撫夷と改めたと思われます。撫夷という名は、お父さんが子どもにつける名前ではないでしょう。

張撫夷の墓は、日韓併合（一九一〇）の翌年、日本が朝鮮半島で主要な遺跡の調査をしたときに発見されました。一辺約三〇メートル、高さ五メートルの方墳で、塼積《せんづみ》の横穴式の墓室がありました。その塼に「使君帯方太守張撫夷塼」という型押しがあったのです。朝鮮半島で誰の墓かわかる貴重な古墳です。

これは僕だけが言っているのですが、やはり張政の手柄を考えると、魏の時代の帯方郡の太守に任命されたということは十分ありうるし、張政自身もそれを誇りに思って、自分の通称として「撫夷」を使ったのでしょう。

以上のことは、『倭人伝を読みなおす』（ちくま新書、二〇一〇）に書いています。意見の変わったところも多少ありますが、それは小さいところです。それを参考にしてください。

（上の数字は行数）

倭人在帶方東南大海之中依山島爲國邑舊百餘國漢時有朝見者今使譯所通三十國從郡至倭循
海岸水行歷韓國乍南乍東到其北岸狗邪韓國七千餘里始度一海千餘里至對馬國其大官曰卑狗
副曰卑奴毋離所居絶島方可四百餘里土地山險多深林道路如禽鹿徑有千餘戸無良田食海物自

乾隆四年校刊　魏志卷三十　十

活乘船南北市糴又南渡一海千餘里命曰瀚海至一大國官亦曰卑狗副曰卑奴毋離方可三百里多
竹木叢林有三千許家差有田地耕田猶不足食亦南北市糴又渡一海千餘里至末盧國有四千餘戸
濱山海居草木茂盛行不見前人好捕魚鰒水無深淺皆沈沒取之東南陸行五百里到伊都國官曰爾
支副曰泄謨觚柄渠觚有千餘戸世有王皆統屬女王國郡使往來常所駐東南至奴國百里官曰兕馬
觚副曰卑奴毋離有二萬餘戸東行至不彌國百里官曰多模副曰卑奴毋離有千餘家南至投馬國水
行二十日官曰彌彌副曰彌彌那利可五萬餘戸南至邪馬壹國女王之所都水行十日陸行一月官有
伊支馬次曰彌馬升次曰彌馬獲支次曰奴佳鞮可七萬餘戸自女王國以北其戸數道里可略載其餘
旁國遠絶不可得詳次有斯馬國次有已百支國次有伊邪國次有都支國次有彌奴國次有好古都國
次有不呼國次有姐奴國次有對蘇國次有蘇奴國次有呼邑國次有華奴蘇奴國次有鬼國次有爲吾
國次有鬼奴國次有邪馬國次有躬臣國次有巴利國次有支惟國次有烏奴國次有奴國此女王境界

所盡其南有狗奴國男子爲王其官有狗古智卑狗不屬女王自郡至女王國萬二千餘里男子無大小
皆黥面文身自古以來其使詣中國皆自稱大夫夏后少康之子封於會稽斷髮文身以避蛟龍之害今
倭水人好沈沒捕魚蛤文身亦以厭大魚水禽後稍以爲飾諸國文身各異或左或右或大或小尊卑有
差計其道里當在會稽東治之東其風俗不淫男子皆露紒以木緜招頭其衣橫幅但結束相連略無縫
婦人被髮屈紒作衣如單被穿其中央貫頭衣之種禾稻紵麻蠶桑緝績出細紵縑緜其地無牛馬虎豹
羊鵲兵用矛楯木弓木弓短下長上竹箭或鐵鏃或骨鏃所有無與儋耳朱崖同倭地溫暖冬夏食生菜
皆徒跣有屋室父母兄弟臥息異處以朱丹塗其身體如中國用粉也食飲用籩豆手食其死有棺無槨
封土作冢始死停喪十餘日當時不食肉喪主哭泣他人就歌舞飲酒已葬擧家詣水中澡浴以如練沐
其行來渡海詣中國恒使一人不梳頭不去蟣蝨衣服垢汚不食肉不近婦人如喪人名之爲持衰若行
者吉善共顧其生口財物若有疾病遭暴害便欲殺之謂其持衰不謹出眞珠青玉其山有丹其木有枏
杼豫樟楺櫪投橿烏號楓香其竹篠簳桃支有薑橘椒蘘荷不知以爲滋味有獮猿黑雉其俗擧事行來
有所云爲輒灼骨而卜以占吉凶先告所卜其辭如令龜法視火坼占兆其會同坐起父子男女無別人
性嗜酒魏略曰其俗不知正歳四時但記春耕秋收爲年紀見大人所敬但搏手以當跪拜其人壽考或百年或八九十年其俗國
大人皆四五婦下戸或二三婦婦人不淫不妒忌不盜竊少諍訟其犯法輕者沒其妻子重者滅其門戸
及親族尊卑各有差序足相臣服收租賦有邸閣國國有市交易有無使大倭監之自女王國以北特置
一大率檢察諸國諸國畏憚之常治伊都國於國中有如刺史王遣使詣京都帶方郡諸韓國及郡使倭

國皆臨津搜露傳送文書賜遺之物詣女王不得差錯下戶與大人相逢道路逡巡入草傳辭說事或蹲
或跪兩手據地為之恭敬對應聲曰噫比如然諾其國本亦以男子為王住七八十年倭國亂相攻伐歷
年乃共立一女子為王名曰卑彌呼事鬼道能惑衆年已長大無夫壻有男弟佐治國自為王以來少有
見者以婢千人自侍唯有男子一人給飲食傳辭出入居處宮室樓觀城柵嚴設常有人持兵守衛女王
國東渡海千餘里復有國皆倭種又有侏儒國在其南人長三四尺去女王四千餘里又有裸國黑齒國
復在其東南船行一年可至參問倭地絕在海中洲島之上或絕或連周旋可五千餘里景初二年六月
倭女王遣大夫難升米等詣郡求詣天子朝獻太守劉夏遣吏將送詣京都其年十二月詔書報倭女王
曰制詔親魏倭王卑彌呼帶方太守劉夏遣使送汝大夫難升米次使都市牛利奉汝所獻男生口四人
女生口六人班布二匹二丈以到汝所在踰遠乃遣使貢獻是汝之忠孝我甚哀汝今以汝為親魏倭王
假金印紫綬裝封付帶方太守假授汝其綏撫種人勉為孝順汝來使難升米牛利涉遠道路勤勞今以
難升米為率善中郎將牛利為率善校尉假銀印青綬引見勞賜遣還今以絳地交龍錦五匹臣松之以為地應為
綈漢文帝着皂衣謂之弋綈是也此字不體非魏朝之失則傳寫者誤也絳地縐粟罽十張蒨絳五十匹紺青五十匹答汝所獻貢直又特賜
汝紺地句文錦三匹細班華罽五張白絹五十匹金八兩五尺刀二口銅鏡百枚真珠鉛丹各五十斤皆
裝封付難升米牛利還到錄受悉可以示汝國中人使知國家哀汝故鄭重賜汝好物也正始元年太守
弓遵遣建中校尉梯儁等奉詔書印綬詣倭國拜假倭王并齎詔賜金帛錦罽刀鏡采物倭王因使上表

答謝詔恩其四年倭王復遣使大夫伊聲耆掖邪狗等八人上獻生口倭錦絳青縑緜衣帛布丹木拊短弓矢掖邪狗等壹拝率善中郎將印綬其六年詔賜倭難升米黄幢付郡假授其八年太守王頎到官倭女王卑彌呼與狗奴國男王卑彌弓呼素不和遣倭載斯烏越等詣郡説相攻擊狀遣塞曹掾史張政等因齎詔書黄幢拝假難升米為檄告喻之卑彌呼以死大作家徑百餘歩徇葬者奴婢百餘人更立男王國中不服更相誅殺當時殺千餘人復立卑彌呼宗女壹與年十三為王國中遂定政等以檄告喻壹與壹與遣倭大夫率善中郎將掖邪狗等二十人送政等還因詣臺獻上男女生口三十人貢白珠五千孔青大句珠二枚異文雜錦二十匹

シンポジウム

# 海でつながる倭と中国——邪馬台国の周辺世界

**杉本憲司**
**蘇　哲**
**菅谷文則**
**森　浩一**
**司会・天野幸弘**

**天野**　今日は久しぶりに森先生のお話をうかがい、新説もたくさんありました。盛り上がったところで、橿原考古学研究所附属博物館で開催されている展覧会「三国志の時代—二・三世紀の東アジア—」（二〇一二年春季特別展）にも配慮しながら話を進めていきたいと思います。

それではまず杉本先生、それから蘇先生、菅谷先生の順に少しずつ短いお話をいただき、それから討論にいたします。杉本先生からよろしくお願いいたします。

## 邪馬台国の社会

**杉本**　皆さんは、先ほどの森さんの話をたいへん興味をもってお聞きになったと思います。今日の話は、だいたい倭国、ヤマト国や卑弥呼をめぐる政治史の話が中心であったと思います。

私は、そういう政治史の問題ではなくて、邪馬台国の社会や風習は、どんなものであったかということをお話ししてみようかと思います。

森さんと何人かの先生がたが中心になって編集され、一九八五年に中央公論社から出版された『日本の古代』という本があります。その第一巻が「倭人の登場」で、そこに「魏志倭人伝を通読する」という一章があります。中国言語学の森博達《もりひろみち》さんと私が解説を書きました。

先ほど森さんが紹介された『倭人伝を読みなおす』の中にも書いておられますように、森さんと朝鮮古代史の木下礼仁《きのしたれいじ》さん、日本古代史の和田萃《わだあつむ》さん、それと森博達さんと私の五人が森さんの研究室で『魏志』の烏丸《うがん》・鮮卑《せんぴ》・東夷伝《とういでん》を読む研究会をずっとつづけた成果が、『日本の古代』第一巻の倭人伝の解説でした。

先ほどの森さんの話では、あれから森さんの読み方が少し変わっているようなところも若干あったかというように思います。

先日（二〇一一年三月）、北京の中国社会科学院考古研究所で久しぶりに王仲殊《おうちゅうしゅ》先生にお会いしました。三角縁神獣鏡の大先生です。八七歳ですが非常にお元気で、来年の米寿を記念して著作集を三冊書かれるということでした。

自慢をするわけではありませんが、王仲殊先生が中国の専門雑誌に、『魏志』倭人伝、あるいは『後漢書』倭伝を今の人がどう読んでいるかという論文を書かれて、この『日本の古代』にある杉本・森博達の釈読が、日本人の釈読のなかではもっともいいという評価をしてくださいました。そのなかの風土、生活の部分、あるいは社会制度のところだけを七二～七四ページに資料2・3としてあげていますので、それを読んでください。

もうひとつ、日本と中国の関係をみる場合に、中国のイネが日本へどういう形で入ってきたのか、あるいはイネのもっている文化というものがどういうふうに入ってきたのかということが、日本古代史のなかでたいへん大きな問題になるかと思います。そういうところで考えると、『三国志』の時代では魏《ぎ》・呉《ご》・蜀《しょく》のうち、中国の長江の流域にある呉を考えなければなりません。魏ばかりではなしに呉の地域との関係というものを我々はいつも頭のなかに入れて考えないと、日本の古代の理解というのは十分できないのではないかというように思っています。

## 安徽省亳県から出土した倭人字塼

**蘇**　私は一九八四年から二年間、橿原考古学研究所に留学しました。その時、菅谷所長をはじめ博物館の西藤館長、今尾先生たちからいろいろご指導をいただきました。また、森先生や杉本先生の研究室をお訪ねして、いろいろ教えをいただきました。本当に感謝しております。そして、先ほどの森先生の倭人伝に関する解釈では、いままで倭人伝を読んで気がつかなかった新しい見解をたくさんうかがいました。

私は、安徽《あんき》省亳《はく》県から出土した倭人字塼《じせん》（銘文のあるレンガ）は、どういうものか、被葬者は誰かという私の見解を簡単に発表させていただきます。

以前、森先生は、この資料についてお書きになっていらっしゃいます。それは一九七六年に発掘された曹操《そうそう》一族の墓群のうち、元宝坑《げんほうこう》村一号墓から出土した一四六点の銘文のあるものの一つです（七四号銘文塼）。

当時、亳県の博物館の館長を務めた李燦《りさん》先生は、その墓は会稽《かいけい》郡の太守を務めた曹胤《そういん》の墓だと推定しました。曹胤は、曹操の縁者にあたる人物で、その墓から出土したレンガに「有倭人以時盟不（倭人が時をもって盟することがあるか）」という銘文が残っていました[1]（図6）。

森先生は、倭国の大乱のときに「唯一の解決の方策として中国に古くからあった結盟という手段をとり、漢の朝廷が直接調停にあたった」という李先生の説を紹介し、それに曹胤が大きな役割を果たしたのではないかと考えられました。

そういうことは十分に考えられると思います。ただ、その墓を、李先生は曹胤の墓と推論したのですが、出土した銘文のあるレンガには、実は曹操のおじいさんやお父さんをはじめ、八人の曹操一族の名前[2]が刻まれていますが、曹胤の名前はありませんでした。

もうひとつ、曹胤が浙江省の地方官を務めたことがあるかどうかという問題です。曹胤の名前は、北魏時代、今から一五〇〇年前の文献『水経注』のなかに出てきます。曹胤の兄の墓のすぐ近くに曹胤の墓があって、その肩書は謁者《えっしゃ》です。謁者というのは、身分の低い役人で、給料は三〇〇石《せき》から六〇〇石。太守ならば二〇〇〇石です。それからすると、曹胤が会稽郡の太守を務めたという証拠はありませんでした。

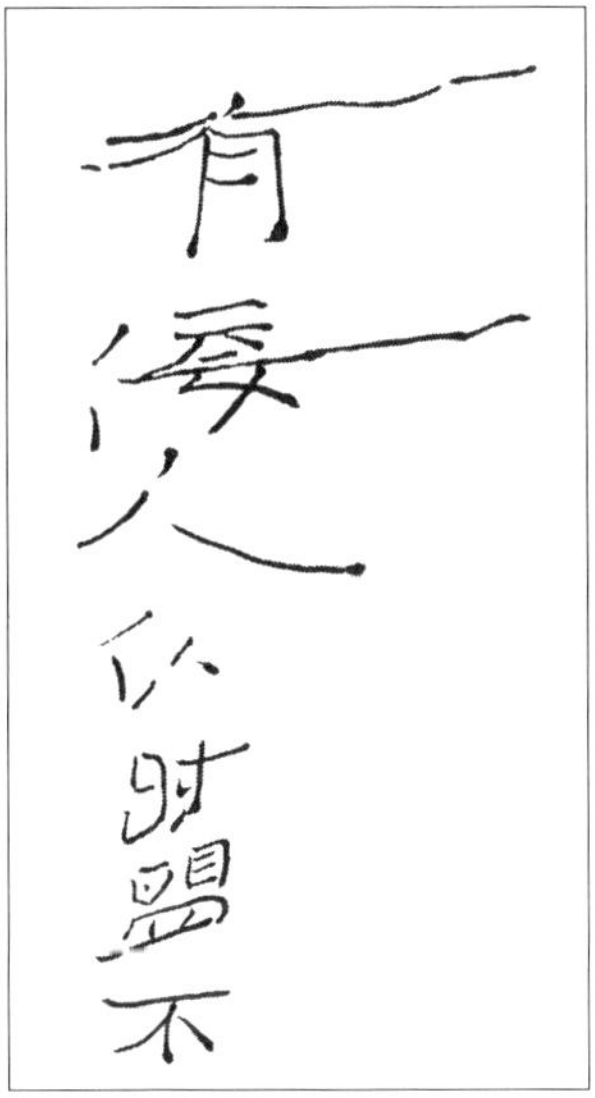
図６　倭人字塼の銘文

また、注意しなくてはいけないことがあります。実は、レンガの銘文は落書きなのです。非常に雑で、墓誌銘ではありません。文字の内容と被葬者の業績とは、まったく関係がありません。なぜかというと、レンガを焼成する前のまだやわらかい粘土の上に鋭いものを使って書いたもので、数も多く、墓の中でどこに使うか、その決まった場所があまり見当たらないのです。つまり、雑に置いたということです。

その文章の内容も、レンガをつくる職人たちの不満を漏らすもの、恋しい言葉、悲しい言葉、人の名前など、[3]いろいろなものが書いてあって統一されていません。倭人字塼と言われるものも、そういうものの一つであって、曹胤と結びつけることはできません。ただ、そのレンガをつくる者のなかに、罪を犯した役人がいるようで、その人物[4]が昔、倭人との関係があったか、または曹操の一族の誰かが、倭人と関係があったのかもしれません。

倭人が中国へ渡るルートは南方の会稽、沖縄という航路ではなく、おそらくそのころ、呉の人も遼東半島まで行って、そこから朝鮮半島に出ていたと思われます。ですから楽浪、帯方のルートは、そのころのメインのルートだったと考えています。東シナ海を横断する会稽のルートはあまり考えられないと思います。以上です。

## 『三国志』の国とは

**菅谷** 『三国志』のなかで国というものは、どう定義をされていたかということを、まずお話しします。『三国志』の時代には「郊祀《こうし》、籍田《せきでん》、治兵《ちへい》、輿服《よふく》などが国の条件」と考えられていたようです。先ほどの森先生のお話で、公孫氏《こうそん》の国というのがありました。公孫度《ど》から公孫淵《えん》までの三代、五〇年は『三国志』のなかでは国として扱っていませんが、『三国志・魏書』巻八に「其国滅亡」という文章を載せていて国として認識されていました。また、公孫度の伝には国としての条件がちゃんと揃っていたということが書かれています。

一方、東夷伝にある国のうち、夫余《ふよ》に始まり高句麗《こうくり》、東沃沮《とうよくそ》、挹婁《ゆうろう》、濊《わい》までには国の記述がまったくありません。これはなぜかというと、魏がその地域を自分の国家体系に組み込んでいたからだろうと私は考えています。中国で二つの国の重複はありえないわけです。ところが、東夷伝の後ろのほうのいわゆる倭人伝には、三〇国の名前がずらずらと書いてあります（表1）。そのうち最初の対馬国から不弥国、あるいは奴国ぐらいまでは現在の対馬、壱岐、福岡などであることは間違いありません。そのあとの二四の国は、まったくどこにあるか確定せず、議

**表2　倭人の国名表記に用いられた漢字***

| 漢字 | 邪馬台国以前 | 邪馬台国以後 | 計 |
|---|---|---|---|
| 対 | 1 | 1 | 2 |
| 馬 | 2 | 2 | 4 |
| 一 | 1 | | 1 |
| 大 | 1 | | 1 |
| 末 | 1 | | 1 |
| 盧 | 1 | | 1 |
| 伊 | 1 | | 1 |
| 都 | 1 | 1 | 2 |
| 奴 | 1 | 9 | 10 |
| 不 | 1 | 1 | 2 |
| 弥 | 1 | 1 | 2 |
| 投 | 1 | | 1 |
| 邪 | 1 | 2 | 3 |
| 台(臺) | 1 | | 1 |
| 斯 | | 1 | 1 |
| 已 | | 1 | 1 |
| 百 | | 1 | 1 |
| 支 | | 3 | 3 |
| 好 | | 1 | 1 |
| 古 | | 1 | 1 |
| 呼 | | 2 | 2 |
| 姐 | | 1 | 1 |
| 蘇 | | 3 | 3 |
| 邑 | | 1 | 1 |
| 華 | | 1 | 1 |
| 鬼 | | 2 | 2 |
| 為 | | 1 | 1 |
| 吾 | | 1 | 1 |
| 躬 | | 1 | 1 |
| 臣 | | 1 | 1 |
| 巴 | | 1 | 1 |
| 利 | | 1 | 1 |
| 惟 | | 1 | 1 |
| 烏 | | 1 | 1 |
| 狗 | | 1 | 1 |

（評点本『三国志』による）

**表1　倭人伝の国々**

| | | | | | | | | | |
|---|---|---|---|---|---|---|---|---|---|
| 対馬国 | 伊都国 | 投馬国 | 已百支国 | 弥奴国 | 姐奴国 | 呼邑国 | 為吾国 | 躬臣国 | 烏奴国 |
| 一大国 | 奴国 | 邪馬臺国 | 伊邪国 | 好古都国 | 対蘇国 | 華奴蘇奴国 | 鬼奴国 | 巴利国 | 奴国 |
| 末盧国 | 不弥国 | 斯馬国 | 都支国 | 不呼国 | 蘇奴国 | 鬼国 | 邪馬国 | 支惟国 | 狗奴国 |

＊邪馬台国までの8カ国は、あわせて14字の漢字を用いて国名が表記されている。以降の22カ国では、あわせて28字で表記されている。

漢字には、好字と悪字があり、悪字のうちには侮蔑の文字もある。邪・奴・鬼などは好字ではなく、後者に近い。卑弥呼の卑も同じである。

表では、奴の使用が多く10回にもおよんでいるが、その多くは邪馬台国以降に別記された国名で9回と多い。ところが、後半の22カ国の表記では、百・好・華・躬などの好字の使用も目立っており、前半の8カ国の表記においても、奴と邪の2字を除くと、大のような好字や中正的な文字の使用が多い。

悪字の使用は、異域の地名の漢字転写では、しばしばおこる現象である。一概に魏あるいは史官の倭への蔑視とするには若干の躊躇をおぼえる。卑字の使用では唐代の例ではあるが、ササン朝ペルシアの末代に唐へ亡命していた王の漢字表記が卑路斯であった例もある。

論も多くありません。こういう国々はどういう国かというと、世界史的には一つの盆地や一つの平野にある国を都市国家と言っていますが、そういう都市国家であったのではないかと思っています。

　私が少し専門にしている中央アジアのソクド（現在のカザフスタン、キルギス、タジキスタン、トルクメニスタン、ウズベキスタン）という地域は、都市国家が一〇〇ほどもあって、互いに合従連衡《がっしょうれんこう》していました。ついたり離れたりしながら、全体として中国になびく時、あるいはササン朝ペルシアになびく時というのがありました。倭の場合、魏になびいたり、あるいは呉になびいたりしていたのでしょう。

## 倭人は漢字を知っていたか

**菅谷**　卑弥呼の「卑」という字は、卑しい字を使って倭人を蔑んでいるということが、多くの解釈書にみえます。ところが、国名に使われているすべての字を一覧表にしてみると（表2）、邪馬台国以前と以後、表の「台」のところまでとその後では、用いられている漢字がまったく違います。
　この表をつくったときには気づかなかったのですが、森先生が先ほど倭人は漢字が書けたとおっしゃいましたが、国の名前は倭人が自分でその漢字を選んでつけたのかもしれないとハッと思いました。表を見ると、「馬」というのは財産中の財産であり、これはりっぱな文字です。それから、「対」「馬」の下の「一」は、一番目の一。「大」は美しいという文字ですので、これもりっぱすぎる字です。「都」もそうです。よく見ていくと、さほど蔑んだ文字は、あまり認められません。

## 金印と銀印

**菅谷**　もうひとつ、金印も銀印も、まだ出てきません。大庭《おおば》脩《おさむ》先生が「返した」と書かれて以来、卑《ひ》弥呼《みこ》が死んだときに魏に返し、難升米《なんしょうまい》が死んだときにも返したという説が多くなっています。

しかし、私は金印も銀印も魏に返していないと思います。大庭先生がお書きになっていない資料があるのです。『三国志』巻二八の王淩伝の「印綬を墓葬に際して埋めさせた」という記事です。

淩、愚罪宜如旧典。及発淩、愚冢、剖棺、暴屍於所近市三日、焼其印綬、朝服、親土埋之。

（王淩、令狐愚の罪は、旧典のごとくするべし。すなわち淩、愚の冢を発き、棺を剖き、屍を近くの市に三日の間曝し、その印綬、朝服を焼き、親土*、これを埋める）

＊親土は、棺槨を用いず埋めることで、もっとも礼制に反する葬法のこと。

この記事から王淩と令狐愚は罪を得たにもかかわらず、皇帝からもらった印綬をそのまま墓にもっていったことがわかります。墓を暴くという最大のはずかしめを受けても、焼かれた印ともどもまた墓に埋められたのです。

このことから、軽々に日本には金印も銀印もないとは言えません。私は森先生とは少し意見が違って、奈良県の纏向のどこかに銀印や金印が埋もれていると思っています。

## 呉の鏡が来た道

**菅谷**　今回の春季特別展「三国志の時代―二・三世紀の東アジア―」で展示していますが、日本には呉の年号を刻んだ鏡があります。年号がはっきりしている鏡です。これは山梨県西八代郡市川三郷町大塚の鳥居原狐塚《とりいばらきつねづか》や兵庫県宝塚市の安倉高塚《あぐらたかつか》古墳からも出土しています。

図7は、倭国と大陸の物流をあらわした地図です。呉は、まさに揚子江にあった国です。そこから北へ

行くと、文登（現在は威海市の一部）という山東半島の最先端のところへ出ます。この地はどこの国からも影響を受けないようなところでした。魏の使者も文登に行けば、呉の使者も行く。ですから、倭人たちも楽浪郡へ行き、陸路か海路で文登に行き、そこから洛陽に行ったかもしれません。

倭王卑弥呼の使者がどのルートを通って洛陽へ行ったかについて、私は文登から洛陽へ陸路で向かったのではないかと思います。後世のことですが、第二回目の遣唐使はこの道で唐都へ行っています。

このように考えると、山東半島の文登に当時の国際的な貿易センター、物流の中心があって、中国へ返還される前の香港のように、どこの国でも行くことができたということがあったのではないか。そういうことを、この文登に求めてはどうだろうかと考えています。文登を経由して日本列島に呉の鏡も入ってくる。魏・呉・蜀の三国のうち、蜀はいつも忘れられているのですが、ひょっとしたら蜀のものも倭に入っていたかもしれません。蜀の地域は戦国時代から漆器の名産地でした。蜀でつくられた漆器には銘文が入っているので、その銘文から今の四川省でつくったことがわかるわけです。それが、もっとも多く出土しているのは、実は楽浪郡です。ですから、今後、日本でも出土するかもしれないということを考えています。

日本の邪馬台国問題も、中国大陸全体を視野に入れないといけないということを考えつつ、私の話を終わります。

## 邪馬台国の所在地はどこか

**天野**　ありがとうございました。かなり学術的な話が多かったのですが、我々にとっていちばんわかりやすかったことは、森先生は邪馬台国九州説、菅谷先生は纒向ヤマト説なのだということだと思います。

さて、そのあたりのわかりやすい論点から進めた

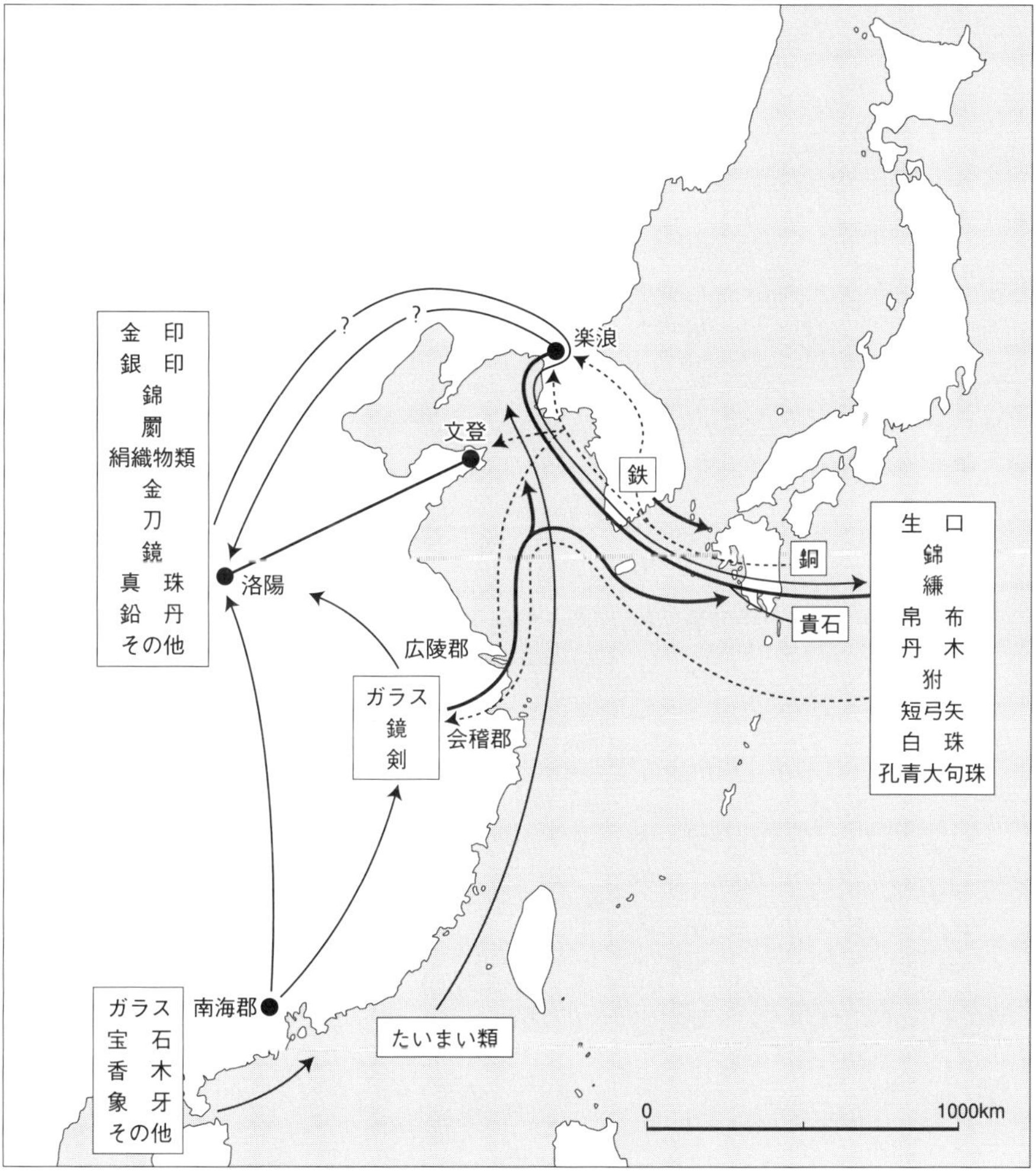


**図７　倭国と大陸の物流**（春日市教育委員会編『奴国の首都 須玖岡本』1994 所収 菅谷作成付図の一部を改変）

いと思います。邪馬台国の所在地問題。杉本先生、ご見解をお願いいします。

**杉本**　私はわかりませんが、森さんもずっと書いておられますように考古学的遺物、伝来からいうならば、やはり日本海に面した九州が、いちばんいいのではないかという気がします。

先ほど、菅谷さんが日本の倭の時代のいくつかの国は都市だという話をしましたが、私が中国古代史のなかで考えている都市を、とくに北部九州の場合でみると、まず大きな環濠ないしは城壁をもつ居住区があり、その中に宗教的な行事に使う大型の建築址があるということです。皆さんご存じだと思いますけれども、吉野ヶ里遺跡にはそういう大きな建物があります。卑弥呼のような宗教的な行事をつかさどる人がいるのです。

都市文明とは、そこで金属器をつくっているかどうかだと私は思います。九州には青銅器の大きな鏡もあるし、銅剣、銅矛をつくっています。こういう点からみると、やはり北九州における都市文明というものは、もうすでに弥生の終わりごろには成立していた。となると、そこに邪馬台国というものがあってもいいのではないかと思います。

森さんは卑弥呼のころは九州で、その後に、ヤマトに移ってきたという移動説ですが、これはこれでいいのではないでしょうか。日本の神話に出てくるような東遷神話と絡んで、たいへんおもしろい話になってくるのではないかという気がします。中国古代では、王や都が移動しているという数多くの例があります。

**天野**　蘇先生は、どうお考えですか。

**蘇**　中国の立場からみると、九州の吉野ヶ里のような遺跡は、都市国家といってもいいです。中国の殷《いん》周《しゅう》時代は都市国家です。殷と周の関係は属国と宗主国の関係でした。倭人の国はたくさんありますから、邪馬台国はやはりある程度の規模をもたないと、支配することはちょっとむずかしいのではないかと考えています。

また、中国の朝廷は、朝鮮半島の国々に対して、だいたい銀印を与えました。邪馬台国に対しては金印です。邪馬台国は、やはり普通の小さな都市国家より格は上ということです。

金印が海外から出土した例がもうひとつあります。中国の雲南省の「滇《てん》王之印」です。先ほど菅谷先生もおっしゃったように、そういう金印を返すことは絶対にありません。いつか出土するかもしれないと、私も考えています。

邪馬台国はどこにあるのかという混乱を招いた原因は、やはり『魏志』倭人伝にあります。その里程はあまりにもいいかげんです。なぜあのようにいいかげんなのかは、梯儁《ていしゅん》と張政《ちょうせい》という二人の使者の報告書にもとづいて書かれたからだと考えています。また別の資料もあったのかもしれません。

『三国志』の作者、陳寿《ちんじゅ》は、個人で『三国志』を編集しました。ですから、たとえば『唐書』とか『隋書』のような国が編集したものとは違って、楽浪郡や帯方郡の資料をそのまま入手することは困難だったはずです。また、陳寿は蜀の出身だったので、たぶん朝鮮半島あたりの地理にくわしくはなかったでしょう。そこでいろいろな資料の扱いに間違いがあったのではないでしょうか。

梯儁という使者は、邪馬台国までは行かなかったと私は思います。梯儁の位は同行した難升米より低いのです。倭人伝に女王は人に会わないと書いてありますから、苦労して邪馬台国まで行っても女王に会えないだろうということがわかっていて、金印などを大率《だいそつ》（女王国より北の諸国を監察する女王の代理）か難升米に預けて、女王に渡すように頼み、自身は伊都国に滞在し、女王に金印が渡されたという報告を受けて帰国したと考えられます。梯儁は帰国後、自分の出張の成果を大きく報告したかったでしょうし、倭国側の思惑としては魏に自分の国は大きな国だということをアピールしなくてはならない。

そこでインドネシアまでも行けるような里程になったのかもしれません。日本では短里という説がありますが、『三国志』の中国国内に関する記事には、短里を使用していませんから、ありえないと思います。

梯儁は邪馬台国まで行かなかったかもしれませんが、邪馬台国と狗奴国《くなこく》の間に戦争があったので、張政は確かに邪馬台国まで行ったでしょう。日数は、張政の記録かもしれません。「水行十日、陸行一月」は、陸行にかかる日数がやや長いと思いますが、戦争と道路の状況を考えれば、納得できない数字でもありません。梯儁と張政の二つの記録は混ざってしまい、わからなくなったのでしょう。

**菅谷**　先ほど杉本先生が、都市文明とはそこで金属器をつくっているかどうかという話をされたのですが、最近奈良県でも銅鐸をつくっていることがわかってきています。田原本町の唐古《からこ》・鍵《かぎ》遺跡では鋳型も出ています（二一六ページ**図2**参照）。桜井市脇《わき》本《もと》遺跡において、道路工事に先立つ発掘をおこない、鋳型ではなく銅鐸の破片が出土しました。ここでは、銅鐸を割って別の銅器を鋳造しています。奈良県も捨てたものではないと思っています。

伊都国は現在の福岡県糸島市にあったと考えられています。今日のために二〇一三年三月の末に、あらたなところを見てこようと思って、糸島市へ行ってきました。現在の糸島市の地形と、『魏志』倭人伝の時代の糸島市の地形はまったく違います。今、市役所などがあるところは、当時は海の底で、入江が入り込んでいました。ですから、船は直接伊都国へ来た可能性さえもあるのです。佐賀県唐津市や松浦では発掘調査が昭和三〇年代から始まり、遺物が出てきて有名になりました。それらの出土品からみると、伊都国へ船が入ってきていた可能性はあると思います。その糸島市から福岡市に至る遺跡などから出土する楽浪系の土器は、大和からは出なかったのですが、ついに纒向から出土しました。このため邪馬台国の所在地として、九州も大和も、どちらも対外交易をしていたという条件は、満たしています。

また九州では弥生時代の遺跡から鏡がたくさん出てきます。またガラスの璧も糸島市の三雲遺跡から出てきていますが、それらは卑弥呼の時代より五〇年以上も前にすでに大量にあって、西暦二〇〇年ぐらいには、九州では漢鏡の出土はありません。

逆にヤマトのほうは、ホケノ山古墳ぐらいから鏡が大量に出はじめます。漢鏡は二五〇〜二六〇年から副葬し始めますが、五〇年から三〇年ぐらいはヤマトにあまり入ってきていません。なぜかというと、ひとつには公孫氏と呉との関係が切れてしまうからです。山東半島の先端部、文登では呉の使者を魏や公孫氏が殺したり追い返したり、また魏や呉が公孫氏の使者を伐《う》つというようなことをやっていました。出土品からみると、ヤマト説は、まったくダメではなく成り立ちます。

ヤマトを「大和」と書きますが、この地名は実は奈良時代の天平勝宝元年（七四九）に始まった表記ですので、古い卑弥呼の時代に「大和説」という言い方を漢字で書くのは、まったく間違いです。奈良時代以前は、ヤマトを三文字でいろいろな字を使い分けていました。ですからマスコミの人たちも、研究者も、愛好家の人たちも、これからは邪馬台国大和説は、カタカナで「邪馬台国ヤマト説」と書いたほうがいいと思います。九州説の人は、九州説と言わずに具体的な地名を言っていただきたいと思っています。

## 所在地を決めるものは何か

**天野**　今、出土したものなどの話が出ましたが、杉本先生、蘇先生、考古学的な証拠として、どういうものが出れば所在地論で決定的になると思っておられますか。

**杉本**　やはり、青銅器を鋳造した型が出てくるということです。鋳型です。唐古・鍵遺跡から銅鐸の鋳型が出ています。それが纒向あたりで出てくれば、纒向、邪馬台国説というのが十分成立するだろうと思います。それからやはり金印です。どこかからか出てほしい。

もうひとつは、森さんがおっしゃいましたけれども、政治をする側の人たちは、もうすでに文字を知っていたと思います。手紙でのやりとりというのを、中国とやっているわけです。ですから、私は文字が出てくることを大いに期待して待っているのです。橿原考古学研究所で文字が書かれた遺物を発見するというのは、どうでしょうか。

**菅谷**　文字を連ねた文章は鏡の銘文を除くと、九州からもヤマトからも、まだ出ていません。

**蘇**　纒向遺跡では、宮殿のような建物の跡が検出されました。倭人伝に「宮室があり」という記録がありますので、ヤマト説が、たしかに一歩前進したようにみえます。

先ほど杉本先生は、金印とおっしゃいましたが、実は魏が邪馬台国に与えた印は、金印以外に銀印と銅印が複数あると思います。つまり使者たちは魏に行って、みんなそれぞれ官号をもらっていますので、そういう人びとの墓を発掘調査して、もし印が出土すれば、やはり決定的になります。

あとは卑弥呼の墓と殉葬のことです。径百余歩という言い方では、直径はよくわかりません。たいへん荒い言い方です。奴卑百余人という殉葬者が発見されたら、ひとつの証拠になるかもしれません。

**天野**　菅谷先生、今度の展示「三国志の時代―二・三世紀の東アジア―」では、たくさん封泥が出品され、どういう使い方をしたかも模造品を作って展示されていますけれども（図8）、その説明をお願いします。

**菅谷**　今、手紙を書く人は減りましたが、封筒に宛名を書いて、後ろに〆を書きますね。あれは、もともと封筒の「封」という字を草書にして、その草書

**図0　封緘された行李**（上）。**木枠（検）に装着された封泥**（下）
模造品。（提供：奈良県立橿原考古学研究所附属博物館）

をさらに崩したものです。今も、現金書留を送るときに封筒を閉じて、そこに判を押しますね。あれがまさに現在の封泥（封印）です。

当時の卑弥呼たちがもらった親魏倭王の辞令書は、木簡か竹簡に書かれていた可能性があります。その木簡や竹簡に書くということは、もっと古い時代の戦国時代や漢の時代の習慣ですが、その後も木簡などに書いていています。竹簡か木簡に書いて、それをクルクルと巻いて、ほかの人に見せないため、あるいは必ず届けるために封をしました。この封を粘土でするのです。皇帝の場合は特別な紫色の粘土を使います。

ごく最近まで、世界中でこの封泥をいちばん多くコレクションしていたのは、東京国立博物館です（六三四点）。最近は、中国の西安で大量に出土しました。馬王堆《まおうたい》漢墓からも出土しています。お墓に副葬品を入れる場合も、墓へ運んでいく人たちが盗まないように、すべて粘土で封をしていました。魏の文化は、漢文化そのものですから、封泥がおこなわれていたと思います。いつか日本でも必ず封泥が出るだろうということから、日本中の考古学者、あるいは一般の方にも封泥に注意を払ってもらうように、封泥の実物を展覧会場にたくさん並べています。

## 呉と倭の交流

**天野**　邪馬台国の所在地論とも関係があるわけですが、先ほど杉本先生も蘇先生もお話しされた呉について、とくに杉本先生、蘇先生がおっしゃった倭人字塼の件はどう思われますか。

**杉本**　私は倭人字塼については、そんなに勉強しておりませんが、蘇さんの考えでいいのではないかという気がします。

私の説ではありませんが、京都大学の人文科学研究所の冨谷《とみや》至《いたる》さんが『四字熟語の中国史』（岩波新書、二〇一二）という本をお出しになっています。

そこに、曹操の高陵ともいわれている中国安陽市西高穴第二号墓から出土しているいろいろな銘文が書かれた石（一一九ページ図10参照）に関する冨谷説が書かれています。たいへんおもしろいのですが、要するにあれは曹操の墓ではないというのが冨谷さんの考えで、ただの魔除けとしてああいうものを書いて入れてあるということです。それからもうひとつ、今日の話にも関連しますが、「漢委奴国王印」の金印というのが福岡県志賀島《しかのしま》で出ています。あの読み方は冨谷説では、漢の倭奴国《わどこく》としています。倭人伝には、たくさんの「なんとかどこく」というのがみえます。あるいは、後漢の光武帝の時にもらった印ですので、『魏志』倭人伝の時代からいうと、一八〇年ぐらい前の後漢王朝の光武帝が倭の国に奴国などという国があるという認識はたぶんなかっただろう。いくつかの国があるということは知っているけれども、そういうものは全部まとめて倭というように中国側は理解をしていて、そこから「倭奴国」の印というように読むべきだという説です。たいへんおもしろい本ですので、一度お読みになったらよいと思います。

**天野**　魏と倭との交流といいますか、つながりというのはよくわかりますが、呉はどうですか。

**杉本**　呉と倭の交流に関して文献には、はっきりと出てきません。しかし、先ほどもちょっと触れたように、長江の中流域にイネができるわけですが、それが北上したり、また下流域にきて、海岸線などを北上して、洛陽から山東半島先端の文登あたりに伝わります。菅谷さんの地図（五一ページ図7）では、洛陽から文登へさっと線を引いてあるだけですが、実はこのさっと引いた線が非常に重要です。この線から南側はイネが出てきます。ところがこの線から北側はイネが出てきません。アワになります。ですから、そういう意味では、ここからいろいろなものが日本へ入ったという話がありましたが、イネもたぶんこのあたりから朝鮮半島へ入ったか、あるいは海岸線を通って九州へ入ったかということがあります。

それから『魏志』倭人伝に出てくる話というのは、国家と国家の正式のルートによる情報だと思います。それと同時にもうひとつのルート、いわゆる民間ルートがあったはずです。この民間ルートというのは、私貿易ルートだと思います。要するに文登県あたりから中国風にいうと東海、日本でいう東シナ海を渡って船がいろいろなものを運んでくる、あるいは島伝いに運んでくるというルートを、民間ルートとして人が動いたし、物も同時に動いていると考えていいと思います。呉が滅んだときに、呉の難民のなかには船で日本へ流れ着いた人たちもいたと思われます。そうすると、そういう人たちが呉の国でつくられていた鏡を手本にしながら、倭の国で三角縁神獣鏡をつくるという考え方も成り立つのではないかと思っています。

**天野**　蘇先生は、いかがですか。

**蘇**　呉が日本と直接交流があったかどうか、『呉志』倭人伝というものは存在しませんので、先ほど杉本先生もおっしゃったように、政府間の関係はありませんでした。

ただし、公孫氏の存在は非常に重要です。公孫氏は遼東半島と楽浪地域、帯方地域を支配していましたが、二三二年（呉の嘉禾《かか》元年）、呉の孫権《そんけん》の臣下になったことがあります。つまり、公孫氏の政権は呉の属国になったことがありました。その間に、呉は江南地域から使者を六回か七回にわたって派遣しています。多いときには、使者と兵士を一万人ぐらい送っています。しかし、二三三年（呉の嘉禾二年、魏の青龍元年）に使者たちは公孫氏に殺され、兵士たちは捕虜となって公孫氏の軍隊に編入されました。孫権は怒って、水軍を派遣して公孫氏を攻撃しようと考え、実際に攻撃行動もおこしたのですが、あまり成果はありませんでした。

そういうことを考えると、呉と遼東地域、楽浪郡、帯方郡の間の交流の航路は当時、かなりよく利用されたということがわかります。そして、呉の人が、楽浪郡や帯方郡まで行けば、そこから日本に入ることは十分に考えられることです。

**杉本**　呉と公孫氏の関係については、私も『日本の古代』と『中国の古代都市文明』に書いてありますので、それを参照してください（「『三国志』時代の歴史情勢」『日本の古代1　倭人の登場』中公文庫、一九九五年。『中国の古代都市文明』佛教大学鷹陵文化叢書6、思文閣出版、二〇〇二年）。

## 蜀と倭の交流

**天野**　展覧会のタイトルになった「三国志の時代」の三国とは、魏・呉・蜀のことですが、そのうちの蜀の国は、倭と関連してはあまり出てきません。蜀と倭との関係はどうでしょうか。

**蘇**　先ほど菅谷先生は楽浪の遺跡から出土した漆器のことを例としてあげられました。漢代の蜀郡の工官でつくられた漆器は楽浪からたくさん出土しています。ですから、少なくとも統一政権であった後漢の最後まで、蜀から楽浪への物流というものは存在しました。

**天野**　倭との関係はどうですか。

**蘇**　それについては、わかりません。

**天野**　杉本先生、蜀と倭の関係というのは、どうでしょうか。

**杉本**　わかりませんね。倭が蜀と直接交流があったという話は、文献のうえでも出てきません。物として楽浪まではきている漆器が、北九州まできていたかどうか。まだそんなにはっきり出てこないと思います。

**菅谷**　蜀はのちに蜀江錦《しょっこうきん》という絹織物で有名になります。卑弥呼がもらった絹織物に絳地交龍錦《こうちこうりゅうきん》があります。「絳」は、明るく光り輝くような赤のことです。それを卑弥呼はもらいました。これなどはひょっとすると、生産地は四川省であった可能性がありますﾟ間接的には蜀の物が、いくつか倭にきているると思いますが、やはり直接の交流というのは、きびしいのではないでしょうか。

## 卑弥呼について

**天野**　先ほどの森先生のお話のなかに出てきてことで、僕は非常に驚いたのですが、『魏志』倭人伝の後半段階になったら、卑弥呼はやや無視されて除外されているというお話でした。具体的に個人名も出て紹介されましたけれども、難升米が重要になるということでした。杉本先生、その辺はどういうふうにお聞きになりましたか。

**杉本**　北九州の統一は、卑弥呼の大きな成果であったろうと思います。しかし、それから後、南の狗奴国との間の対立をうまく処理できなかった。

東アジア全体の主導国を自認している中国側にとっては、自分の属国の倭国のなかでのこういう政治的な対立というものは、あまり喜ばしくないことでした。これをなんとか処理しないと、東のほうからまた荒れてくる可能性があるというのが魏の考え方で、そこで先ほど森さんの話があったような形での干渉というものがあって、卑弥呼が「以死」ということになっていくという流れではないかという気がします。

**菅谷**　横で森先生が「あと何分したら、僕しゃべるんや」とおっしゃっています。プレッシャーがかかっていますが、私は森先生と少しだけ考えが違いますので、先にお話しさせてください。

「邪馬壹国」は、**資料1**の9行目に一回だけ出てきます。大事なのは、35行目の「景初二年六月」から37行目の第一字「曰」のまでのところには政治のことが書いてあります。ここには、「卑弥呼」という文字は出てこず「倭女王」という単語のみが使われています。「曰」の次からが詔書の文章で「親魏倭王卑弥呼」が出てきます。43行目の下から六字の「正始元年太守弓遵」からがまた政治の話になります。『三国志』に唯一残っている詔書部分は、文章がほかのところとまったく違います。また、1行目から35行目までは地理的な描写や風俗描写ですので、ここには個人名が入ってくる余地がありません。

卑弥呼は邪馬台国の女王として金印をもらったわけではなく、倭王としてもらったのです。ですから、倭王になって以後は邪馬台国という単語は当然出てこないのです。そこが森先生のお考えと少し違っています。

**天野**　蘇先生、どうですか。

**蘇**　私の考えは菅谷先生に近いです。倭に関して、中国の文献には魏が積極的に倭の政治に関与した、とくに魏の役人たちが積極的に何かを動かしたなどの、そういう記録はありません。

『後漢書』の西域伝に、西域を後漢の支配下に置いた班超《はんちょう》（『漢書』の作者班固の弟）の話があります。班超は属国の兵を率いて、漢の命令を聞かない国を攻撃したり、王を廃したり殺したりして、西域を平定しました。ただ班超は西域で長年を過ごし、役所を設け総督府のようなものをつくり、地元の政治に深く関与しています。

倭に関しては、金印を与えた以上、卑弥呼が魏に反逆しないかぎり、その地でなにか過ちがあったとしても、魏の朝廷は、たぶん責めなかったでしょう。そのまま全部任せるという形になっていたと思います。

**天野**　杉本先生、もうひとつ、先ほどお聞きするのを忘れましたが、中国の『魏書』のなかで、詔書をそのまま書いているというのは、倭に関してだけですよね。

**杉本**　ほかは当然ないですね。

**天野**　それは、どうしてなんでしょうか

**杉本**　『三国志』の著者である陳寿は、倭国について非常に関心をもっていたということがあると思い

ます。そこで歴史を書くにあたって、司馬遷が『史記』を書いたときに、『史記』太史公自序に「紬史記石室金匱之書」とあるのと同様に国家の図書館、公文書館から詔書を引っ張り出してきて引用したのではないかと思います。

**天野**　その詔書の原文が残っていたということですか。

**杉本**　残っていたと思います。

**天野**　わかりました。ありがとうございました。

森先生には、長時間我慢していただいてすみませんでした。では、先ほどのいろいろなお話へのコメントと、それから言い残されたことを、ぜひよろしくお願いします。

## 倭人字塼の意味

**森**　いちばんうれしかったのは、蘇哲さんの中国亳県の墓から出た倭人字塼の話です。蘇さんは、これを歴史を考える材料にとり入れようとした。

倭人字塼は、中国の李燦さんという、言葉は悪いけれども田舎の学者が言いだしたことに対して、北京の学者はかなり反感をもって、「『後漢書』に書いていないようなことがあるはずがない」と言ったのです。そんなことを言いだしたら、『古事記』に書いていないようなことが、『日本書紀』にいっぱい書いてある。北京の学者に追随するように日本の国立系の研究所の人たちは、日本を考えるときの材料として、これを一度もとりあげようとしなかった。国立の研究所は、日本を代表して日本の古代のことを研究しているはずなのに、ちょっとでも中国の中央の学者がいちゃもんをつけると、とりあげようとしない。そういう意味で、これを使っていただいて、非常にうれしかったです。

「有倭人以時盟不」という銘文は、瓦の割れ目なのか、字なのかわからない部分がたくさんありました。そこで、李燦さんに直接手紙を書いて、まず字の部分だけ書き写してくれとかいろいろお願いしました。とうとう最後には京都の百貨店の『三国志』の展覧会のときに実物をもってきてくださったのですよ。そのとき、腕のいいカメラマンに実物大の写真を撮ってもらいました。

最初、皆さんは「倭人ありて時をもって盟《ちか》うか」と読んでいました。どうもその文章の読み方は、僕にはしっくりこない。ひとつの文章の最後に否定の「不」がつくのは、珍しい。それで困りはてていたら、例はあるもので、東夷伝のなかに二カ所出てきます。

魏の軍隊が朝鮮半島の日本海側まで行った。そこで古老に聞いた。「この先に国があるか」。その文章の最後に「不」がついています。また、漢伝のなかで、漢の人が「おれも楽浪郡に降伏しようと思っている。君も行くか」の最後に「不」がついている。だから、「不」は文章全体に対する軽い否定文的な時につけるものです。こういう言い方は、北魏時代の文章にも、かなり例はみつかりました。

ですから「有倭人以時盟不」は、「倭人が時をもって盟うことがあるか」と、その文章全体に対する否定文です。倭人というものが非常に重視されていた。

のちの例ですが、古墳時代の日本と百済の関係をみると、百済で戦争がおこったときに、日本から必ず二千人とか多いときには一万人ぐらいの兵隊を貸しています。そうすると、向こうから仏像が来たり、文字のことを知っている博士が来たりしました。

亡くなられた村上英之助さんという製鉄史の研究者が最初のころに書かれた本のなかに、どうも倭国（五、六世紀の倭国）は、朝鮮半島に軍隊を貸すことで大きな経済的利益を得ていたのではないかとあります。もしそれが古い時代にも言えるとしたら、なにかそういうアジア的な後漢末の争乱のときに、倭人が絡んでいたのかもしれない。たぶん、九州からだと思いますが、数百人、あるいはもっと多くの倭人集団が傭兵として派遣されたのではないか。これは、十分考えられることです。

## 倭人伝は八〇年間の記録

**森**　それから二番目に思ったことは、この倭人伝の文章を、おおかたは三世紀後半の短い間の文章だと思っておられる。実はそうではない。『魏志』そのものは六〇年ほどの年代幅があるのですが、倭人伝は晋の建国の二年目までを書いているのです。これはひとつの国の歴史書としては異常です。倭は、張政を送るために大使節団を派遣した。張政を魏へ送り返したということが、重要なことだったのです。そこで倭人伝では、とくに年号を抜いて書いたのです。

倭人伝というのは前後八〇年の年代幅を二千字ほどにしてある。だから、倭人伝のなかで、ここは比較的古い、ここは比較的新しいと、そういう見分け方をしないと、邪馬台国は九州かヤマトかというような、大学入試のようなマルバツ式になってしまいます。僕は卑弥呼のときまでは九州で、台与《とよ》のときはヤマトだと言っている東遷説ですから、どっちのマルバツにも合わない。そんな人は、たくさんいるのです。

ところが古代史の直木孝次郎さんが本を作るときに「九州説　森浩一」と表に入れてしまった。僕はそんな単純なことは言っていない。だから、纒向遺跡も、台与のときの邪馬台国ならば合う。卑弥呼のときならばたぶん合いません。卑弥呼が亡くなった後、何十年かたってからヤマトにお墓をつくったということがあるのだったら、ヤマトに卑弥呼の墓があってもいいかもしれない。そういうことです。

纒向遺跡については、僕は方法論の問題を指摘しています。纒向という地名は、倭人伝にはもちろん出ていません。しかし、纒向のあたりは、『古事記』『日本書紀』では大和朝廷の初期三代の天皇（崇神、垂仁、景行）の宮があったところです。磯城《しき》瑞籬《みつかきの》宮《みや》、纏向珠城宮《まきむくたまきのみや》、纏向日代宮《ひしろのみや》です。日本の正史には、そんなにはっきりと纏向に「初期大和朝廷」の三代が宮を置いたと書いてある。そうすると、纏向遺跡の建物が出たとき、崇神の宮でないか、垂仁の宮でないか、景行の宮でないかということは、どうして出てこなくて、いきなり卑弥呼がくるのですか。それはちょっと学問の進め方としては論外です。

それからもう少し原文を説明しますと、「邪馬台国」という文字は、**資料1**の9行目に出てきます。普通この邪馬台国への行き方は、投馬国へ水行二十日、それから邪馬台国の場合は、水行十日陸行一月という。これの出発点を玄界灘の六国の最後の国の不弥国だという先入観で書いている人が非常に多いのですが、投馬国や邪馬台国への行き方とその前の国々への行き方は、文章がそっくりではありません。これは、おそらく台与が晋に使いを派遣したときにもっていった新しい情報で、それを見た陳寿が倭人伝を書くときに投馬国と邪馬台国の記事をここに入れたのでしょう。だから出発点は不弥国ではなくて帯方郡だという説が、最近出てきました。福岡にいる奥野さんの説です。文献をしっかり読める学者です。それともう一人誰か、同様の説の方がいたはずです。

ですから邪馬台国への距離は、魏が植民地を取り戻してからの帯方郡からの距離だとみると、そんなに違和感はありません。行くまでの日数です。最近、僕はこの説に傾いています。

倭人伝はある一年のことではなく、八〇年間ほどの年代を圧縮している文献だと思いながら読まないと、大間違いということになります。

## 狗奴国と呉の交流

**森**　もう少し説明をすると、14行目から狗奴国、狗《く》古智卑狗《こちひく》という官がいる国ですが、「女王に属さず郡より女王国に至る万二千余里」とあります。この距離を女王国の中心までと考える人が多いのですが、倭人伝の文章をこまかく校訂した水野祐《みずのゆう》先生が、文章の文脈からみると、女王国界に至る一万二千余里と言わなくては合わないとおっしゃった。

女王国と狗奴国との境は、ちょうど今日の熊本市を流れる白川、緑川あたりです（二八ページ図5参照）。のちの西南戦争のときにも薩摩の軍隊があのあたりまで上がってきますが、そこから北へはなかなか行けずについに負けているでしょう。北九州系の銅矛とか銅剣、合わせ縁の甕棺も熊本県の北部までは入りますが、白川、緑川を過ぎたらありません。狗奴国の地帯です。

ですから狗奴国のことを書いてあるすぐ後、17行目ですが、「その道里を計るにまさに会稽東治（冶）の東にある」とあります。これは狗奴国のことを書いているのです。女王国のことをもう一度ダブらせて書いているのではありません。狗奴国という中部九州のことを書いてきたけれど、もう一度中国からはどこにあたるかといえば、それはちょうど会稽東冶、先ほど菅谷さんの地図に出てきた会稽です。東シナ海を西に行ったところ。そういうルートを通って呉と狗奴国の間にも交渉があったとみたほうがいいでしょう。ここの文章はなかなか重要です。

それから、先ほどちょっと触れましたが、狗奴国の当時の都、国邑だと思われるあさぎり町の才園《さいぞん》古墳から金メッキ（鍍金）の鏡が出ています（図9）。日本には四面か五面しかありません。

僕は、アサヒグラフの連載で熊襲の先祖というものもすごいと、その鏡について書きました。アサヒグラフが出て二、三日すると、年末にもかかわらず当時の免田町の町長以下数名が京都へきて、いままで熊襲ののちの国だというので、いじめられていたけれど、あれを読んで町民一同、ホッとしていると言うのです。そんなことで、免田町で二回ほど講演をしました。そうすると、今度は免田町の人びとが

**図９　才園古墳出土鎏金画文帯神獣鏡**（提供：あさぎり町教育委員会）

本場の中国の鏡を見たいと言いだしたのです。

中国の金メッキをした鏡が圧倒的に多いのは、呉の領域です。それで当時浙江省の考古所長をしていた王士倫《おうしりん》先生に頼んで、免田町の人たちは浙江省にある本場の鏡を見せてもらいました。鍍金した鏡は一〇枚ほど浙江省にあるそうです。

そんなことがきっかけとなって、王士倫先生は同志社大学と免田町で講演してくださいました。ちょうど日本と中国とは国際関係が悪くなっていたときで、暴漢が王士倫先生を襲ったりしないか、みんなが心配したものです。僕は、あのとき暴漢と取っ組み合いぐらいするつもりの気持ちでいました。

## 蜀と倭のつながり

**森**　蜀のことが先ほど話題になっていましたが、僕は司馬遼太郎さんたちと雲南省、それから四川省など蜀の国を見に行くことができました。

中国に行ったときにいつも注意していたのは、日本の弥生遺跡ではあたりまえのように出てくる石庖丁がどこかの博物館にないかということです。どこかにあるだろうと思っていました。ところが、上海、北京、西安などの博物館にあまりないのです。それが雲南省の石寨山の遺物が並べてある博物館に行ったら、もう一ケースに石庖丁がずらっと並んでいました。石庖丁は弥生時代前期には少ないのですが、弥生時代の中ごろになって急増する。ですから、直接とは言えないけれど、蜀の文化となにかつながるものがあるのではないか。博物館では、写真を撮ったらだめだというので、全部メモを取って略測をしてきました。蜀と倭とのつながりというのは、今後おもしろいですよ。

その蜀の地域では、大きな船に遺骸を入れてうずめる風習が多いのです。船葬というのかな。あれは前期古墳にもかなりあるでしょう。だから、まだまだそういう研究課題というのはゴロゴロしています。

最後に一言。僕が倭人伝にアッと思ったのは、昭和二五年（一九五〇）に初めて対馬に行ったときです。朝鮮戦争の真っ最中でした。これはもう倭人伝の「山島によりて国邑をなす」という文章そっくりだなと、ゾッとするほどびっくりしました。それ以来、対馬へは五、六回行っています。

僕の倭人伝研究というのは、約六〇年たっている。だから今日一回の講演を聴いて、皆さんが賛成だとか反対だとかいうのは無理です。これから何回も倭人伝を読んで、それから「あの時の講演には賛成」とか、「どの部分は反対だ」と言ってください。終わります。

**註**

（1）「倭」とよまぬ説もある。

（2）10号：比美詩之　此為曹騰字季興
12号：長水校尉曹熾字元盛
13号：故長水校尉沛国譙熾
140号：□費亭侯曹忠（嵩）字巨高

（3）30号：人謂作壁樂、作壁正獨苦。却來却作壁、更是怨皇天！
32号：土復汝使我作此大壁、径冤我人不知也。
但摶汝属、蒼天乃死……
39号：又為奈何　吾真愁懐
59号：捶辛間、五内若傷、何所感起。

（4）在此　大辟者丁永豪故校

本稿の最終校正紙が八月九日に届き、開封していた二時五〇分頃に、森浩一先生のご訃報に接した。先生は八月六日午後八時五四分にお亡くなりになり、密葬をお済ましのうえでのご連絡であった。

本書は、森先生の研究テーマの一つである邪馬台国に関するものであるので、その奇しき縁を感じて付記としておく。

菅谷文則

## 資料2

### 風土と生活（資料1：19～24行）

倭の地は温暖なので、冬でも夏でも生の野菜を食べ、みな裸足である。〔地上建築の〕家屋があり、父母兄弟で寝室を異にしている。朱丹（赤色顔料）を身体に塗るが、それは中国で白粉《おしろい》を使うのと同様である。飲食には竹や木でつくった高坏《たかつき》を用いるが、手でつかんで食べる。

死ぬと、〔埋葬するのに〕棺《かん》はあっても槨《かく》はなく、土もりをして冢《つか》を作る。死んだ当初は十日余り埋葬を停《とど》めておく。その期間は肉を食べず、喪主は哭泣《こくきゅう》し、他の者はそばで歌いおどり、酒を飲む。埋葬がすめば、一家を挙げて水中に入って沐浴《もくよく》するが、それは中国の練沐《れんもく》のようなものである。

倭人が旅をする場合、海を渡って中国へ行くには、いつも一人の者に、髪を梳《くしけず》らず、しらみも取らず、衣服は垢で汚れたままにし、肉を食べず、婦人を近づけず、喪に服している者のようにさせる。これを持衰《じさい》と名づけている。もしその旅がうまくゆけば、みなでそれに生口《せいこう》や財物の世話をしてやる。もし病気が生じたり、にわかな災害に出あえば、すぐにかれを殺そうとする。かれの持衰のあり方が謹厳ではなかったからというわけである。

その地は真珠や青玉を産出する。山には丹（赤土）があり、木には柟《だん》・杼《ちょ》・予樟《よしょう》・楺《ぼう》・櫪《れき》・投《とう》・橿《きょう》・烏号《うごう》・楓香《ふうきょう》があり、竹には篠・簳《かん》・桃支《とうし》がある。薑《きょう》（しょうが）・橘・椒（さんしょう）・蘘荷《じょうか》（みょうが）もあるが、それらを用いて調味したときの美味さを知らない。獮猴《びこう》（さる）や黒雉がいる。

## 資料3

### 社会と制度（資料1：24～31行）

その習俗としては、行事や旅をするのに、言葉や行動で問題となることが起るたびに、骨を灼《や》いて卜《ぼく》して、吉凶を占う。まず占卜《せんぼく》すべき事柄を告げるが、その言葉は中国の令亀《れいき》の法に似ており、火による裂け目を見て兆候を占うのである。

会合での座席や起居の順序には、父子や男女の区別がない。人々は生来酒を好む。大人《たいじん》の敬意の表し方を見るに、ただ拍手をするだけで、それでひざまずいて拝する礼の代りとしている。人々は長寿で、百歳とか八、九十歳の者もいる。その習俗として、国の大人たちはみな妻を四、五人もち、下戸《かこ》でも妻を二、三人もつ者がいる。婦人は貞節で、嫉妬しない。人は盗みをはたらかず、訴訟が少ない。法を犯すと、軽い場合はその妻子を没入し（国家奴隷とし）、重い場合はその家族および一族を根絶する。身分の尊卑にはそれぞれ序階があり、下の者は上の者にきちんと臣服している。

租税や賦税《ふぜい》を徴収し、それらを収納するために邸閣（大倉庫）が設けられている。国ごとに市が開設され、産物を交易しており、大倭《だいわ》（邪馬台国から派遣された役人か）にその監督をさせている。女王国より北には、特別に一人の大率《たいすい》を置いて諸国を監察させており、諸国はこれを畏《おそ》れている。大率はいつも伊都国で政務を執り、それぞれの国にとって中国の刺史《しし》のような役割をもっている。王が帝都や帯方郡や諸韓国に使者を派遣したり、帯方郡が倭国へ使者を遣わすときは、いつも津《しん》（水上交通上の関所）で、文書や賜与された物品を点検して、伝送して女王のもとへ到着するときに、間違いがないようにするのである。

下戸は道で大人に出会うと、後ずさりして道端の草の中へ入る。また、言葉を伝えたり、ものごとを説明するときは、うずくまったりひざまずいたりして、両手を地面につけて、恭敬の意を表す。返事をする声は「噫《い》」といい、それはちょうど中国で承諾を示す返事のようなものである。

（資料2・3は、杉本憲司・森博達「『魏志』倭人伝を通読する」『日本の古代1　倭人の登場』中公文庫、一九九五より）

# 『三国志』の時代

# 忘れてはならない呉鏡
## ——神戸市夢野丸山古墳出土鏡の複製品

今尾文昭

## 所在不明となった銅鏡

戦前までは東京上野の博物館（当時は帝室博物館、現在の東京国立博物館）で保管されていましたが、現在は所在不明となってしまった銅鏡があります。その複製品を今回、初めて展示する機会を得ました（二〇一二年春季特別展「三国志の時代—二・三世紀の東アジア—」）。その鏡について、資料化して私見を加えてお話しします。

### ◆忘るべからざる呉鏡

中国では二世紀後葉以降、後漢は乱れ、中国の江南（江東とも）地域では、孫氏が実質支配を強めます。三世紀前葉の二二二年には孫堅《そんけん》、孫策《そんさく》を継いだ孫権《そんけん》が自立して呉の独自の年号である「黄武《こうぶ》」を立てます。孫権は、二二九年に帝位に就き、年号を「黄龍《こうりゅう》」と改元して武昌《ぶしょう》（現在の湖北省鄂州市）から建業《けんぎょう》（現在の江蘇省南京市）に遷都します。

問題の鏡は、そのような呉の政権下で製作されたもので、銅鏡の型式変化をたどるなかでも呉鏡に位置づけられるものです。製作地と出土地が明らかな資料ですから、三世紀の日本列島への中国鏡の流入や背景、また古墳の出現年代について考える手がかりとなります。残念ながら製作年次を直接に示す銘文はありませんが、図像の特徴からほぼ目安がつきます。ですから、日本列島出土の古墳時代の紀年銘鏡に匹敵する呉鏡として評価できる内容をもった資料だと考えます。

三世紀の中国と倭の通交は、『魏志』倭人伝に記された邪馬台国の外交政策から考えることがほとんどです。そのためか、倭が誼《よしみ》を通じていたのは、魏の領域であると固定的に考えられがちです。古墳から呉鏡が出土しても、例外的なこととして過小評価されてきたように感じられます。なかでも夢野丸山古墳から出土した鏡の存在はあまり知られていません。久しく実物の所在がわからないという点も、こういった扱いを受ける原因かもしれません。しかし、実際は文献史料によらない日本列島の三世紀を考えるうえで、この鏡は「忘るべからざる呉鏡」だと思います(1)。

## ◆新たにみつかった複製品

その鏡は、六甲山麓の神戸港を望む急峻な丘陵上につくられた古墳時代前期後葉の墳長六〇メートルの前方後円墳（二五メートルの円墳説もある）、神戸市兵庫区の夢野丸山《ゆめのまるやま》古墳から出土した銅鏡で、昔は世に知られた鏡でした。

一九二三年（大正一二）五月四日に児童の遊具設置工事に際して発見され、地元研究者の立会を経て、副葬品のとり上げがあり、その詳細な調査を希望する所有者の意向により京都大学の梅原末治《うめはらすえじ》の元にもたらされました。梅原は六月二四日に現地調査と関係者からの聴きとりをおこないます。そして、一九二四年（大正一三）二月に『考古学雑誌』第一四巻五号に発表します。発見直後に大阪毎日新聞の報道がありましたが、学術報告はこれが最初です。さらに、翌年刊行された『兵庫県史蹟名勝天然紀念物調査報告書』第二輯には、梅原によるほぼ同内容の報告があります。

『考古学雑誌』の該当号の目次をみると、梅原末治「神戸市丸山古墳と発見の遺物」、島田貞彦《しまださだひこ》「京都北白川町発見の石器時代遺跡」、そして森本六爾《もりもとろくじ》「異形陶棺を発見したる大和国生駒郡伏見村宝来字中尾の遺跡について」の報告が並んでいます。梅原末治、島田貞彦、森本六爾、そういう方々が活躍されていた頃に出土した鏡です。

そして、この梅原報告の銅鏡の複製品とみられる資料が、当館で公借資料として保管している森本六爾資料のなかにあったのです。私は、日頃から呉鏡に関心を抱いていたものですから、すぐに夢野丸山古墳出土鏡の複製品だと気づきました。今から約一〇年以上も前のことです。

その頃、ちょうど博物館に配属され、館では森本六爾資料のリスト作成が始まっていました。その後、博物館から研究所調査課へ異動したこともあって、この資料から離れてしまいました。少し時間がかかってしまいましたが、また館に戻って展覧会を担当し、この鏡を発表する機会がめぐってきました。ですから今回は、感慨もひとしおです。

**図1**は、報告書に掲載された夢野丸山古墳出土鏡の実物写真です。重列式神獣鏡とよぶ鏡です。同一方向から見るような形で、階段式に図像を配置しているのが特徴です。鏡の図像は、銘文に示された内容と図像を合わせることで、その意味が解かれています。もっとも、夢野丸山古墳から出土した鏡は重列式神獣鏡の出現から二〇年ほど後の「作品」ですから図像配置や表現に変化が起きています。まずは重列式神獣鏡の初期の例をあげて説明しましょう。

**図1　夢野丸山古墳出土重列式神獣鏡**　面径12.5 cm（図は約2/3、以下同様）
（『兵庫県史蹟名勝天然紀念物調査報告書』第2輯、1925、第5図版）

## ◆重列式神獣鏡の基本形

図2を見てください。「五帝天（三）皇　伯牙弾琴　黄帝除兇　朱鳥玄武　白虎青龍」という銘文から、最上段左側に「朱鳥《しゅちょう》」、最下段左側に「玄武《げんぶ》」、第二段の鈕上端にある縦列長方形の銘区（副銘ともよばれる。「君宜官」）の左側で琴を弾く図像は「伯牙《はくが》」、それに対面するのが伯牙の理解者「鍾子期《しょうしき》」、図1では区別がつきませんが左右に対向して「白虎《びゃっこ》」、「青龍《せいりゅう》」が配置されます。第三段鈕左側は「東王父」で、対向する鈕右側の双角風の頭上装飾をもつ像は「西王母」でしょう。第四段の鈕の下の左右には、中国の五行思想による木・火・土・金・水を神格化した五帝のひとりの黄帝などです。最上段と最下段は別の重列式神獣鏡銘文（呉、永安四〈二六一〉年銘）に「上應列宿　下辟不祥」とあることから星座を配置したとみて、最上段を「南極老人星」、最下段を北極星が神仙となった「天皇大帝」と解説されています。[2] むろん確定しているわけではなく、別の解釈が示されることもあります。

銘帯には紀年銘を備え、「建安十年五月六日作」（後漢、二〇五年）と製作年次が明確です。建安年間（後漢の最後から二番目の年号、一九六～二二〇年）に量産されるところから建安《けんあん》鏡とよばれることもあります。王仲殊《おうちゅうしゅ》先生の研究で建安六年以降、中国江南の会稽《かいけい》郡山陰（現在の浙江省紹興）あるいは武昌を中心に製作されたものであることが明らかとなりました。先生は、「建安」は後漢献帝の年号とはいえ、出土分布の地理的状況や二〇〇年以降の長江南岸下流域の政治的状況から建安紀年銘鏡を「後漢鏡」とみなすよりも「呉鏡」としてとらえるべきであると主張されています(3)。

鏡の生産が呉の政治的領域だけに留まるとは言い切れません。しかし、重列式神獣鏡を呉鏡の系統として理解することに異論はないと考えます。以下、夢野丸山古墳出土鏡は呉鏡ということで、話を進めます。

## ◆本当に複製品なのか？

図1に戻ります。銅鏡の状態の観察です。まず鈕の右上に割れが入っています。鈕から左下へ図像配置の四段目、五段目、鏡縁に向かって、やはり割れがあります。

特徴的なのは、紐通しの穴（鈕孔）が方形になることです。おおかた正方形に近い感じです。鈕孔の方向は上下方向です。そして、これらの特徴があらわれた鏡が森本六爾資料のなかにあったのです。図3・4をご覧ください。

図2　建安十年（205）銘重列式神獣鏡　面径 13.1 cm
（所蔵：五島美術館）

まず、図像が同じです。配置はもちろん神仙の姿態や持ち物、主神のかたわらの侍仙、左右の青龍と白虎、獣像、小像にいたるまで同形です。割れの方向、程度、位置関係、鈕孔の形状と方向、鈕上や鏡縁あたりのサビ具合、そして面径が一二・五センチで同じ大きさです。

図像が一緒、サビが一緒、割れが一緒、面径が一緒。しかしながら、一見するに実物ではありません。そこで、橿原考古学研究所の保存科学の担当者に蛍光X線分析をしてもらうと、鉛が七五パーセントぐらい検出されました。鏡の笵型を取り、そこに鉛を流し込んで複製標本をつくったのです。今日、現物に接することはできませんが、森本六爾資料の鏡標本は夢野丸山古墳から出土した鏡の鉛製複製品と断定しました。その昔、鉛製のおもちゃがありましたが、コピー製品をつくるの

**図3　夢野丸山古墳出土重列式神獣鏡複製品**　面径 12.5 cm
（森本六爾資料、提供：奈良県立橿原考古学研究所附属博物館）

には溶解温度の低い鉛が多く用いられていたのでしょう。それと同じ手法でつくられたのだと思います。

### ◆森本六爾資料に「在る」ことの意味

森本六爾の資料のなかにあったということが、複製品の由来に信頼性を与えています。

森本六爾は一九二七年（昭和二）に考古学研究会（のちに、東京考古学会に改組）を立ち上げ、坪井《つぼい》良平《りょうへい》・小林《こばやし》行雄《ゆきお》などと一緒に、先進性があるセンスのいい考古学の研究雑誌『考古学研究』をつくり活躍しました。

一九二八年には浅川ミツギさんとの結婚、三一年にはパリ留学もかないますが、残念なことに三六年（昭和一一）に三三歳の若さで亡くなりました。この間、生き急ぐか

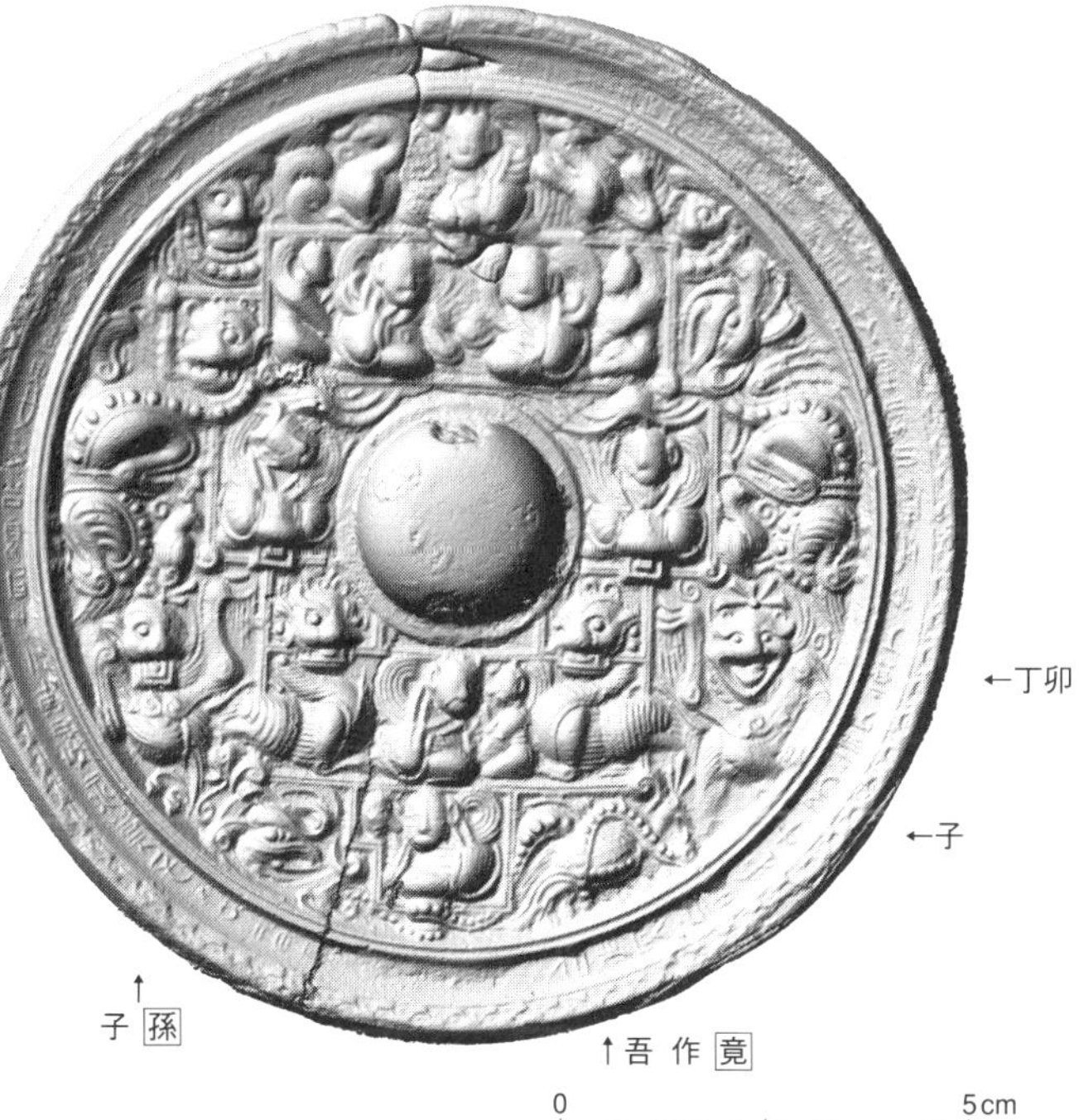


図1　夢野丸山古墳出土重列式神獣鏡複製品二次元計測画像
（提供：奈良県立橿原考古学研究所）

のようにひたむきに論文を発表したことは、あらためて言うまでもありません。

一九二四年（大正一三）、すなわちこの鏡が考古学雑誌に紹介された年の三月、二一歳の森本六爾は奈良から上京します。畝傍《うねび》高校にいた高橋健自《たかはしけんじ》を頼って東京の帝室博物館に奉職しようという志を抱いての上京でした。それは、かないませんでしたが、当時、帝室博物館の館長だった三宅米吉《みやけよねきち》のもと、東京高等師範学校の歴史標本室副手という形で職を得ました。のちほどくわしく述べますが、おそらくそういう関係からこの複製品を入手ないしは製作する機会があったのだろうと私はみています。

なお、この鏡は後藤守一《ごとうしゅいち》著の『古鏡聚英』（一九四二年）という本に出ています。これには「帝室博物館保管」と書いてあります。当時、帝室博物館に所蔵されているものは「所蔵」と明記しています。「保管」と書いてある場合には、別に所蔵者がいて、帝室博物館が預かっていたのでしょう。その後、鏡は所蔵者に返還されたのだろうと思います。今、とくにその方面を追跡しているわけではありませんが、依然として所在不明の資料です。

一九二三年の発見当時、この鏡は大いに注目を浴びた資料でした。報告者の梅原末治は「従来我が国では、いまだ発見例を聞かない珍しいものである」と記しています。重列式神獣鏡はコレクターの資料としては比較的豊富ですが、出土したものは戦後の発掘調査のなかでも、その発見例を聞きません。この鏡が一面あるだけです。

当時、森本六爾は梅原末治の研究を間髪《かんはつ》を容《い》れずに検証することが多く、夢野丸山古墳出土鏡への関心も高かったものと類推します。実見かなったのがいつかはわかりませんが、出土後、さほど日数を経たものではなかったと思います。実際、一九二四年八月の『考古学雑誌』一四巻第一三号に神戸市の得能山《とくのうざん》古墳のことを報告しています。そのなかで「神戸市夢野丸山古墳（前引）の階段式神獣鏡があり、南支那《〈ママ〉》所産と想ふべき可能性が認め得られると共に、甲斐鳥居原古墳出土の赤烏元年銘神獣鏡　後藤先生「赤烏元年銘鏡発見の古墳」がまた明に南方支那《〈ママ〉》の製作と知られるに於いて、わが上代文化に於ける南方支那《〈ママ〉》的要素の多かつたのを白分は肯かうと思ふのである」と記述しています。

一九二六年、後藤守一は『漢式鏡』（高橋健自監修）を著しますが、この鏡を本邦発掘鏡のうち「階段状（建安鏡式）神獣鏡」の唯一例としてとりあげています。そして「年号鏡に往々此の型式のものがある。それには建安又は黄武の年号があるので、半円方格帯の階段式神獣銘《〈ママ〉》と区別する為めに、本型式鏡を建安鏡式といふてもよかろう」と評価しています。

夢野丸山古墳出土鏡は型式学上、当時は階段式神獣鏡とよばれていた同向式神獣鏡と異なる鏡であり、半円方格帯をもたず、銘帯に紀年銘を有することもある後漢末期の建安年間に成立する神獣鏡であることを、日本考古学界では早くから認識していたことがわかりますが、右にあげた『考古学雑誌』のなかで、森本が図像を同一方向から見るように配置された鏡を一括して階段式神獣鏡と称しているのは、当時にあっては普通のことです。ちなみに、梅原は夢野丸山古墳出土鏡について、最初の学界発表となった『考古学雑誌』では階段式神獣鏡、翌年の報告書では重列式神獣鏡に名称変更しています。おそらく後藤の認識と同様、同向式神獣鏡と区別したのでしょう。そして、その後は重列（式）神獣鏡の名称が定着します。

さて、『漢式鏡』の例言に後藤が指導援助を受けた人物のひとりとして高橋健自、廣瀬都巽《ひろせとそん》、梅原末治につづき森本六爾の名前があがっています。後藤は一九一八年に帝室博物館雇員、一九二二年に同博物館鑑査官補、一九二六年に同博物館鑑査官となっています。帝室博物館にあり銅鏡研究の著作を上梓しようとしていた後藤と、同時期に東京で活動していた森本六爾が関係するなかで、森本が夢野丸山古墳出土鏡の複製品を資料としてもつに至った蓋然性は、すこぶる高いと考えます。

## ◆王仲殊論文による再評価

このように後藤、梅原、森本という学会をリードしていた方たちが一九二三年の発見直後から、注目していたにもかかわらず、鏡の存在はやがて忘れ去られました。概説書や図録に、日本列島で出土した呉の紀年銘鏡として鳥居原《とりいばら》（狐塚）古墳（山梨県市川三郷町）と安倉高塚《あくらたかつか》古墳（兵庫県宝塚市）出土の赤烏紀年銘鏡がとりあげられることがあっても夢野丸山古墳出土鏡への言及は、ほとんどありません。

再び脚光を浴びるのは、日本列島の三角縁神獣鏡は呉の工人たちが、はるばる「海東」の地にやってきてつくり始めたと王仲殊先生が説かれたことが契機となりました[4]。日本古墳出土の呉鏡と考えられる鏡を集め、検討されています。その論文のなかに、所在は不明だが、かつて神戸市の夢野丸山古墳から呉の領域でつくられた鏡が出ているということに言及されています。長く忘却されていた鏡ですが、複製品の発見が再々評価のきっかけになればと思います。

## ◆夢野丸山古墳出土鏡の銘文

梅原末治は、鏡の銘帯に「吾作竟」「子」「丁卯」「辛□子」「甲戌」など六三文字の銘文があるが、釈読が困難であったと報告しています。私も、複製品を読んでみました。

呉の確実な紀年銘鏡ということになれば、一八九四年に出土した鳥居原古墳の赤烏元年（二三八）銘の対置式神獣鏡（面径一二・四センチ）、一九三六年に出土した安倉高塚古墳の赤烏七年（二四四）銘の対置式神獣鏡（面径一七・〇センチ）の二面しかありません。紀年銘がみつかれば、それらに次ぐ三番目の確認ということになりますから期待を高めながら、梅原報告以上の銘文がないかどうか何度も確認しました。

銘帯の右下位置に「吾作竟」とあります。「竟」という字は、「金」扁《へん》を減筆したものです。字形が変化しています。通例なら「吾作明鏡」となるのに、「明」は省略されています。左回りに字句不明がつづき「子」という銘があります。次いで二字程度不明で『丁卯』とあります。干支表記は年号につづき月日を示す用例が多いのですが、前後をつなぐ銘は読めません。「辛□子」「甲戌」がどこかで出てくるはずですが、私は銘を確定できませんでした。ただ銘帯左下位置に「子孫」銘があります。「子」は左文字《ひだりもじ》（鏡文字）、「孫」のほうの旁《つくり》は読めませんが、「子孫」でしょう。梅原はなぜかこれを読んでいません。図4に、確認できた銘文を鏡縁まわりに記しておきました。

## ◆夢野丸山古墳出土鏡の製作年代と製作地を探る

紀年銘が確認できませんので、製作年代を別の方法で考えてなくてはなりません。

梅原末治は、もと富岡謙三所蔵の黄武六年（二二七）銘鏡（図5）との図像の共通性を指摘しました。王仲殊説は、もう少し微妙です。先に図像解説で紹介した建安十年（二〇五）銘鏡には、「君冝官　君冝官」という銘文が縦列に入っています（図2）。建安十九年（二一四）銘鏡まではこの副銘帯がありますが、夢野丸山古墳出土鏡にはこれがありません。それ以降となると、黄龍元年（二二九）七月陳世造作銘のある重列式神獣鏡（図6）に図像が近く、製作年代を黄龍年間（二二九〜二三二年）の可能性が高いとしました。

では、夢野丸山古墳出土鏡複製品（図3・4）を見てみましょう。青龍が向かって右端に、同様に白虎が左端にあります。最上段に南極老人星、最下段に天皇大帝、第二段の鈕上の二神仙は伯牙と鍾子期

図5　黄武六年（227）年銘重列式神獣鏡　面径 11.6 cm
（所蔵：和泉市久保惣記念美術館）

でしょうが、肝心の琴がみえないので断定できません。鈕左右の二神仙も東王父と西王母としたいところですが、断定はできません。第四段の鈕下は五帝のひとり黄帝かということになりますが、断定できません。それより、建安十年銘鏡とくらべると中央の神仙が小さくまとまるのに対して、両側端に配置された獣像が大きく、のびやかに姿態表現されている印象を受けます。

とくに第四段右端に配置された大きく口を開けた獣像は、顔を正面に向けています。特徴的なのは、①獣像の頭上に左右上方と斜め上方に向かう飾りがついています。あるいは頭上から光を放っているのかもしれません。建安十年銘鏡では第四段右端に位置して両手を持ち上げ、脚を踏ん張り、お腹は渦巻きで盛り上がるという、たぶん「蠡《れい》」という水の神様となった田螺《たにし》の姿ですが、これが夢野丸山古墳出土鏡では、②正面向きの図像に変化しています。対向する第四段左端に位置するのはおそらく「句芒《こうぼう》」

図６　黄龍元年（229）年陳世造作銘重列式神獣鏡　面径 11.6 cm
（所蔵：五島美術館）

という人面鳥身の神様です。青龍と白虎の配置との関係からすると、黄武六年銘鏡や黄龍元年銘鏡とは、③これら二神の位置が左右逆転の配置になっていることも注意されます。

いくつかこういう図像をもつ重列式神獣鏡を調べていくと、浙江省衢州で出土した黄武五年（二二六）銘鏡（図7）があります。この鏡にも同じような飾りを付けた正面向きの獣像が見えています。第四段右端に位置しており、句芒が青龍の真下にあるのも同じです。銘文には「天下太平　呉国孫王治□□　太師鮑唐而作」とあり呉王である孫権のもとで製作されたことを明記しています。

次いで浙江省鄂州市朱家垴第二一号西晋早期墓から出土した鏡にも第四

**図7　黄武五年（226）年鮑唐作銘重列式神獣鏡**　面径 15.5 cm
（王士倫編著『浙江出土銅鏡』〈修訂本〉、文物出版社、2006、図版 61 より）

段左端に正面向きで、頭上表飾があるようにみえる例があります（図8）。銘文に、黄武六年（二二七）につくられ、「会稽山陰作師鮑唐」とあります。会稽郡山陰（現在の浙江省紹興）の鮑と唐が製作した鏡だということです。もっとも王説では、武昌（現在の鄂州市）への二二一年（魏、黄初二）の遷都にともない、鮑氏と唐氏は会稽山陰から招致され、彼の地で銅鏡生産をおこなったとされているので製作地を会稽郡に限定するわけにはいきません。

以上をまとめると、同様の図像の特徴をもつ鏡が出てくるのが黄武五、六年、つまり二二六年、二二七年になります。夢野丸山古墳出土鏡は直接、紀年を刻銘しませんが、ほぼ黄武年間後半を中心に、会稽郡山陰の鏡師の製作になるものと考えます。ただ製作地は武昌の可能性もあるということです。

図8　黄武六年（227）年鮑唐作銘重列式神獣鏡　面径13cm
（丁堂華主編『鄂州銅鏡』鄂州博物館、2002、図181より）

**表1　本章関連年表**（奈良県立橿原考古学研究所附属博物館編『三国志の時代』特別展図録第77冊、二〇一二年。一部改変）

| | 年号 | 西暦 | 記事 |
|---|---|---|---|
| 後漢 | 建安　元 | 一九六 | 曹操、洛陽に入り、献帝を許（河南省）に移す。 |
| | 三 | 一九八 | 曹操、上表して孫策を呉侯に封じる。 |
| | 九 | 二〇四 | この頃、遼東の公孫康、楽浪郡の南に帯方郡を置く。 |
| | 一〇 | 二〇五 | 黒山の賊、曹操に降伏。 |
| | 一二 | 二〇七 | 遼東太守の公孫康、袁尚と袁熙を斬る。袁氏滅亡（九月）。 |
| | 一三 | 二〇八 | 周瑜、赤壁にて曹操の軍を破る。 |
| | 一四 | 二〇九 | 孫権、合肥から撤兵。 |
| | 一五 | 二一〇 | 曹操、鄴（河南省）に銅爵台を築く。 |
| | 一七 | 二一二 | 孫権、秣陵を建業（南京市）と改名。曹操、濡須に進軍。 |
| | 一八 | 二一三 | 曹操、鄴に帰還後、魏公となる。 |
| | 二〇 | 二一五 | 孫権、合肥を包囲（八月）、孫権と劉備が、荊州を二分支配（十一月）。 |
| | 二二 | 二一七 | 曹操、孫権討伐で濡須に進軍。 |
| | 延康　元 | 二二〇 | 曹操、洛陽にて死去。曹丕（文帝）が魏王を継ぎ、延康に改元（正月）。後漢の献帝、魏に禅譲（十月）。 |
| | 黄初　元 | 二二〇 | 黄初と改元（十月）、鄴から洛陽へ遷都（十二月）。 |
| | 二 | 二二一 | 孫権が臣従、呉王に封じる（八月）。 |
| | 七 | 二二六 | 文帝、洛陽に死去し、曹叡（明帝）が即位（五月）。 |
| | 太和　二 | 二二八 | 公孫淵が、公孫恭より遼東太守を奪取。 |
| | 六 | 二三二 | 許に景福殿、承光殿を建てる（九月）。 |
| | 青龍　元 | 二三三 | 魏は公孫淵を楽浪公に封じる（十二月）。 |
| | 五 | 二三七 | 公孫淵が自立。燕王と号し、紹漢の年号を立てる。 |

| | 年号 | 西暦 | 記事 |
|---|---|---|---|
| | | 二二一 | 孫権、公安から鄂（湖北省）に遷都、武昌と改称（四月）。 |
| | 黄武　元 | 二二二 | 孫権、自立して黄武の年号を建てる（十月）。蜀と関係修復（十二月）。 |
| | 黄龍　元 | 二二九 | 孫権、帝位につき黄龍に改元（四月）。武昌から建業に遷都（九月）。 |
| | 嘉禾　元 | 二三二 | 孫権、遼東の公孫淵に使者（正月）。魏の田豫、成山で使者を斬る。 |
| | 二 | 二三三 | 公孫淵を燕王に封じる（三月）。淵は魏に与して、呉の使者を斬る。 |
| | | | |

| 王朝 | 年号 | 年 | 西暦 | 事項 | 呉・年号 | 年 | 西暦 | 呉・事項 |
|---|---|---|---|---|---|---|---|---|
| 魏 | 景初 | 二 | 二三八 | 司馬懿、遼東の公孫淵を討伐。（六月〜八月）。遼東・帯方・楽浪・玄菟の四郡が魏に属する。 | 赤烏 | 元 | 二三八 | 赤烏に改元（九月）。 |
| 魏 | | 三 | 二三九 | 正月、明帝死去。曹芳（少帝）即位。倭の女王、卑弥呼が帯方郡に使者派遣。朝献を求める（六月）。使者、洛陽に至る。卑弥呼を「親魏倭王」に制詔す（十二月）。魏皇帝は金印紫綬を仮し、賜物（銅鏡百枚を含む）を授ける。 | | | | |
| 魏 | 正始 | 元 | 二四〇 | 翌年、帯方太守の使者が詔書、印綬、賜物を倭国に届ける。 | | | | |
| 魏 | | 四 | 二四三 | 倭王の使者魏に至る。 | | | | |
| 魏 | | 七 | 二四六 | 毌丘倹、高句麗王位宮を伐つ。丸都を落とす。 | 太元 | 元 | 二五一 | 太元に改元（五月）。 |
| 魏 | 嘉平 | 元 | 二四九 | 司馬懿がクーデター、政権を掌握（正月）。 | 神鳳 | 元 | 二五二 | 孫権、死去。孫亮が即位し建興と改元（四月）。 |
| 魏 | | 六 | 二五四 | 司馬師がクーデター、魏帝曹芳を廃す（九月）。曹髦を帝位に就ける（十月）。 | 太平 | 元 | 二五六 | 太平に改元（十月）。 |
| 魏 | 甘露 | 五 | 二六〇 | 曹奐を迎えて帝位に就ける。景元と改元（六月）。 | 永安 | 元 | 二五八 | 呉主孫亮が廃され、孫休を迎えて帝位に就ける。永安に改元（九月）。 |
| 魏 | 景元 | 四 | 二六三 | 蜀主劉禅、魏に降伏。蜀滅亡（十月）。 | | | | |
| 魏 | 咸熙 | 元 | 二六四 | 魏の司馬昭、晋王となる。 | 元興 | 元 | 二六四 | 呉主孫休が死去。孫晧を招いて帝位に就ける。元興に改元（五月）。 |
| 西晋 | 泰始 | 元 | 二六五 | 司馬炎、魏より禅譲。帝位につき泰始と改元。魏滅亡（十二月）。洛陽に都を置く。 | 甘露 | 元 | 二六五 | 甘露に改元（四月）。冬、呉主孫晧が武昌に遷都。 |
| 西晋 | | 二 | 二六六 | 円丘と方丘の祀りをあわせる。倭の女王壱与、使者を派遣。晋に朝貢か（十一月）。 | 宝鼎 | 元 | 二六六 | 宝鼎に改元（八月）。再び建業に遷都する。 |
| 西晋 | 太康 | 元 | 二八〇 | 王濬らが建業に進軍し、呉が降伏、滅亡（三月）。太康と改元（四月）。東夷二十国が朝貢。 | | 四 | 二八〇 | 呉主孫晧、晋に降り帰命侯に封じられ、洛陽に護送（五月）。 |

## ◆「黄初四年銘鏡」の存在から考える

『三国志』による黄初・黄武年間の魏と呉の関係について考えてみましょう（表1）。

魏は二二〇年一〇月に漢の年号の延康を黄初と改元し、その一二月に、現在の河南省の鄴《ぎょう》から洛陽へ遷都します。いよいよ魏が漢を受けて、中国の華北一帯を統治します。二二一年（黄初二）八月には呉の孫権が魏に臣従して、呉王に封じられます。魏と呉をくらべると、その力の差は歴然で、魏のほうがはるかに大きい国ですから、呉は臣従せざるをえなかったわけです。この四月に、呉は公安から鄂《がく》に遷都し、鄂を武昌《ぶしょう》と改称します。先ほど鏡師の移動が想定できると説明しました。二二二年（黄初三）一〇月には、孫権は自立して黄武という年号を立てます。一二月には太中大夫の鄭泉《ていせん》を使者に立て、白帝城《はくていじょう》にいる劉備《りゅうび》を訪問させ、呉と蜀は友好関係を回復します。しかし、依然として孫権は魏の文帝（曹丕《そうひ》）とも往来があって、翌年になってその交わりは絶たれたと『三国志』呉書、呉主伝は記します。

**図9**の鏡には、「黄初四年五月」という魏の紀年銘が入っています。右に述べたように、このとき呉はすでに自立していて、独自の年号をもっていました。黄初四年は呉では黄武二年です。銘文には「会稽師鮑作銘鏡」とあり、紹興《しょうこう》出身の鏡作り工人の鮑氏がつくった鏡だということを明記しています。図像は対置式神獣鏡ですが、これも呉鏡であることは明らかです。ここに魏の年号をもちながら製作地は呉という鏡があるのです。

魏と呉は軍事対立しているのに、なぜこういうことが起こったのでしょうか。

二二三年（黄初四）三月、魏の軍隊は、長江の北岸から完全撤退します。先の記事とも関連しますが、よってこの年の三月から一〇月までは緊張が緩和して、呉は魏と比較的良好な関係にあったのではないかというのが、王仲殊先生のお考えです。

つまり、問題の二二三年（黄初四）という年は呉と魏に、まだかろうじて往来があったということです。黄初四年銘鏡の存在を考えるときに、次の二二四年以降をどう考えるかということですが、まだ魏と倭との正式な交渉はありません。卑弥呼が帯方郡へ使者を送るのは二三八年（景初二）、もしくは二三九年です。

もう一度、夢野丸山古墳出土鏡について考えてみましょう。黄初四年銘鏡のように、たとえ呉で製作されたとしても、魏と呉の関係があれば呉から魏の領域へ来て、もしかする

図９　黄初四年（223）年鲍作銘対置式神獣鏡　面径 13.1 cm
（所蔵：五島美術館）

と楽浪郡、帯方郡を経て倭へ入るという図式が想定可能です。文物（銅鏡）の移動を妨げない政治情勢にあったからです。しかしこの鏡は、先学の梅原説、王説においても、また私の検討でも、魏と呉の断交後の二二四年以降の製作になるものです。よって、魏を仲介とした倭への流入は、少なくとも政治的には想定できないと判断できるのです。

## 夢野丸山古墳出土鏡の意義

### ◆赤烏紀年銘鏡を出土した古墳の時期

先にも触れましたが、日本列島で出土した呉の紀年銘鏡は、鳥居原（狐塚）古墳の赤烏元年（二三八）銘鏡と安倉高塚古墳出土の赤烏七年（二四四）銘鏡のわずか二面しかありません。いずれも大きな古墳ではありません。むしろ小さな古墳です。地域で最初につくられた古墳でもないようです。鳥居原古墳が直径約一八メートル強の円墳、長さ約二メートル強、幅一・二メートル、高さ一メートル内外と推定される割石小口積みの竪穴式石槨、安倉高塚古墳が直径約一七メートルの円墳、長さ六・三メートル、幅約七五センチ、高さ約六〇センチの河原石積みの竪穴式石槨と報告されています。

それでも、はるばる呉の紀年銘鏡がもたらされたことについて、大庭《おおば》脩《おさむ》氏は「日本の考古学では鏡の問題が重要な研究課題であるが、もっとも注目されるのは紀年鏡であり、その中でも、『景初三年鏡』であろう。申すまでもなく卑弥呼の使が魏へ行った年の紀年鏡だからである。もちろん翌年の『正始元年鏡』もこれに劣らず重要だ。ところが呉の『赤烏元年鏡』が出土していることも同等かそれ以上に注目されねばならない」と述べています[5]。

赤烏元年（魏、景初二）は、遼東半島の公孫《こうそん》氏の燕《えん》が滅んだ年です。中国江南地域の文物が公孫氏を経て倭に入ってきたということを前提にすると、その仲介者がいなくなるということです。呉から燕へは中国東海岸沿いに船を航行することが不可能ではなかったのでしょう。遼東半島にあった公孫氏の燕と江南の孫氏の呉の通交は、二三〇年代前半には政治的意味を帯びたものとなり、頻発しています。その紐帯を断絶できなかったがゆえに公孫淵《えん》は、明帝による司馬懿《しばい》と毌丘倹《かんきゅうけん》の遼東への出兵を招き、二三八年に滅亡するのです。

公孫氏が滅亡して、魏が山東半島から遼東半島、朝鮮半島北部西岸の楽浪郡、帯方郡への支配力を行使する二三〇年代後半以降に、呉鏡が日本列島へ入っていることの意味を考えなくてはならないと思います。

大庭氏の評価は、あくまでも銘文に記された紀年からほどなく日本列島に将来したことを前提としたものです。しかし、鳥居原古墳、安倉高塚古墳の双方ともに仿製内行花文鏡の出土があり、古墳編年上は前期後葉以降に位置づけることになります。とくに鳥居原古墳では滑石製臼玉の出土や、短く幅広ぎみの竪穴式石槨の平面形からすると中期古墳と考えるのが妥当だろうと思います。

ですから次のような解釈も可能でしょう。つまり、赤烏紀年銘の銅鏡がもたらされた時期を三世紀代ではなく、ヤマト政権の外交政策や通交事情が反映したもので、魏も呉も滅んだ後のもっと遅い時期にあてるとみることもできます。こうなると、「景初三年銘鏡」の存在意義と比較しての評価はむずかしくなります。

## ◆夢野丸山古墳の時期

いよいよここで、夢野丸山古墳出土鏡の存在が意味を発揮します。以下に解説しましょう。

図10は摂津地域の主要古墳の編年表です。東部の三島地域の桧尾川流域では一期に魏の青龍三年（二三五）銘鏡を出土した安満宮山《あまみややま》古墳が最初に出現します。次いで二期に奈佐原《なさはら》の丘陵上に弁天山《べんてんやま》A一号墳、西部の六甲山麓東群に西求女塚《にしもとめづか》古墳、そして三期の奈佐原では弁天山B一号墳、闘鶏山《つげやま》古墳、茨木川流域の丘陵には紫金山《しきんざん》古墳など、西部の長尾山系では数年前に現地説明会があった長尾山古墳、海岸沿いにあたる六甲山麓東群ではヘボソ塚古墳、乙女塚古墳、そして丘陵先端にあたる六甲山麓西群のなかで最初に築かれた前方後円墳として夢野丸山古墳が位置づけられます。

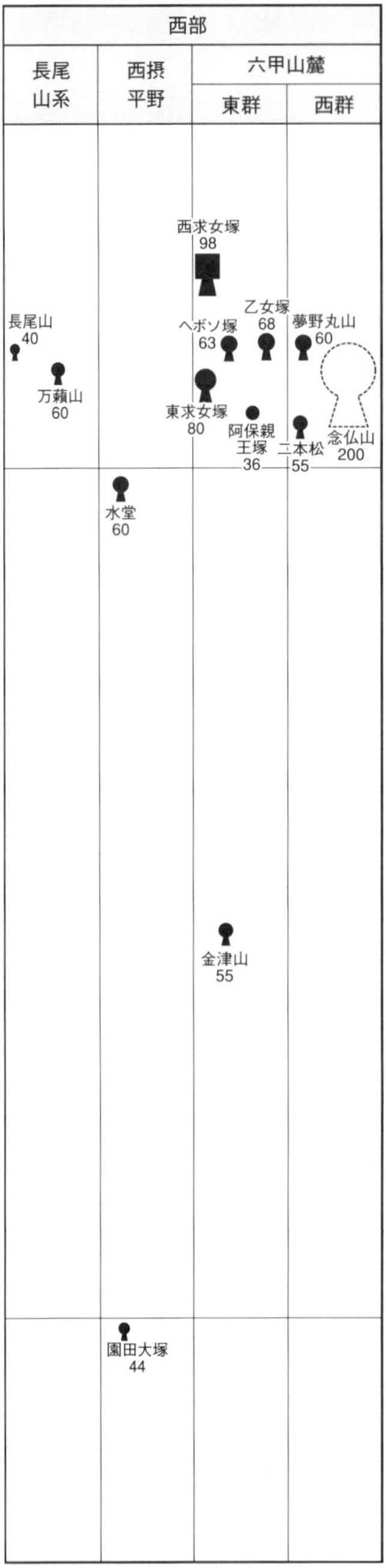


図10　摂津地域主要前方後円墳編年案
数字は墳長、単位：m、破線は推定
（今尾文昭「近畿・中南部」『講座日本の考古学7　古墳時代（上）』2011より。一部改変）

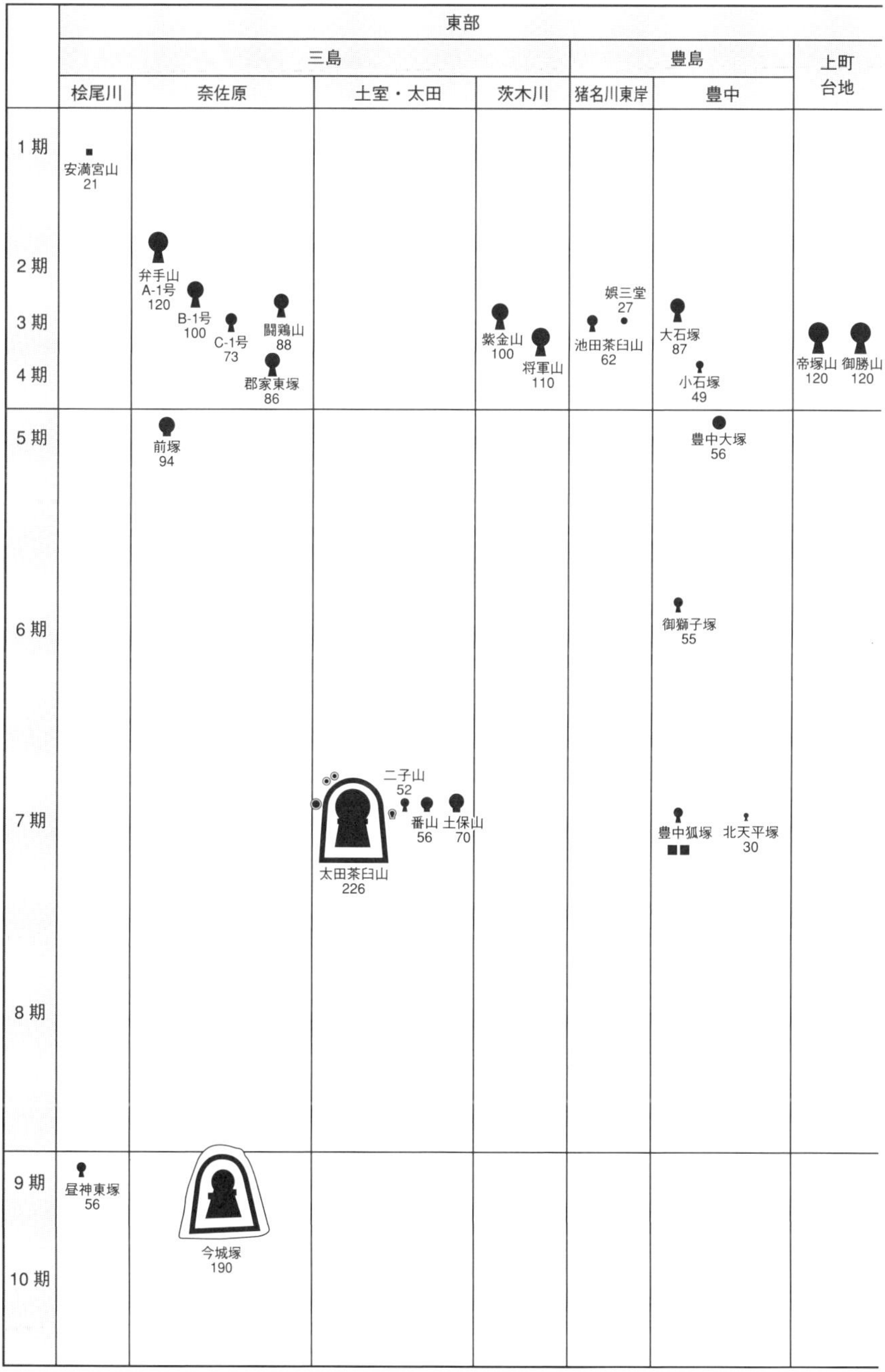
東部
三島
豊島
上町台地
桧尾川
奈佐原
土室・太田
茨木川
猪名川東岸
豊中
1期
2期
3期
4期
5期
6期
7期
8期
9期
10期
安満宮山 21
弁手山 A-1号 120
B-1号 100
C-1号 73
闘鶏山 88
郡家東塚 86
紫金山 100
将軍山 110
娯三堂 27
池田茶臼山 62
大石塚 87
小石塚 49
帝塚山 120
御勝山 120
前塚 94
豊中大塚 56
御獅子塚 55
二子山 52
番山 56
土保山 70
太田茶臼山 226
豊中狐塚
北天平塚 30
昼神東塚 56
今城塚 190

前期古墳を四つに時期区分（初葉・前葉・後葉・末葉）する試案の三番目の古墳時代のなかでも早い時期にあてることができるでしょう。[6] 夢野丸山古墳の埋葬施設は、粘土を用いた施設のようですが、周囲は割石や礫積みとなっています。梅原調査時の粘土の現存長二・三メートル、北端幅九二センチ、そのうち七〇センチが二一センチ程度窪み、朱の痕跡を留めていました。さらに関係者からの聴取で、発見直後は南北七・二メートル、中央幅一・五メートル、内側は外形にそった窪みとなり、南部が尖り、北部が円く楕円形状だったといいます。木棺の形状がこの粘土棺床に反映しているとみてまちがいないでしょう。舳先を海に向けた船形木棺葬の一例になる可能性があるのではないでしょうか。そして、この上が石積みとなります。範囲は南北一〇・八メートル（あるいは七・二メートル）、中央での幅二・七メートル、高さ一・二メートル、平面形は粘土の範囲と同じで、中央部分が割石を小口積みで九段程度、周縁は扁平な川原石で被覆します。粘土槨を積石で密封したような構造です。竪穴式石槨の天井石が以前に除去され、石槨の壁体部分が崩壊すると、こういった状態になるかもしれませんが、今回は経験の豊富な梅原が「蓋し埋葬を厳重にする目的に出た特殊の構造の一と解するのが穏当であろう」とした所見を尊重したいと思います。

　重列式神獣鏡以外にも銅鏃三一本、鉄鏃数十本、鉄刀五口、鉄剣六口、鉄矛、鉄鎌、鉄斧、土器などの出土があります。銅鏃八本分が図示されていて、柳葉《やないば》系の小形品（鏃身長が三〜四センチ）で箆被《のかつぎ》をもたないもの、定角《じょうかく》系の小形品で長鋒、箆被をもたないものがあります。鉄鏃は七本分が図示されていて、鏃身が圭頭《けいとう》形・定角形・方頭《ほうとう》形かなど有稜系の小形品と腸抉《わたくり》のある大形品がみられます。

夢野丸山古墳の編年上の位置については、図示された副葬品が限定的で同様に比較はしにくいのですが、あえて述べると、奈良盆地の黒塚《くろづか》古墳に次ぐ時期で、下池山《しもいけやま》古墳やさらには行燈《あんどん》山《やま》古墳、メスリ山古墳などが築かれた時期か、それに次ぐ時期かということでしょうか。

このことは夢野丸山古墳の重列式神獣鏡について、極端に長い伝世を見積もらなくてもよいということにつながります。夢野丸山古墳の実年代は、四世紀前半代のうちの早くにあるとみて大過ないでしょう。古墳出現年代を非常に早く見る考え方では、三世紀末葉という人もいるかもしれません。それでも中国江南地域で生産されてから摂津の一古墳に副葬されるまで、約一世紀を経ることになります。中国や日本列島内での伝世や二次的な所有ないしは流通があったことを前提に、夢野丸山古墳の被葬者のもとに副葬されたことを考えなくてはなりません。中国で伝世がないとはいえません。実際、中国の紀年銘資料では三国時代の呉の弩《ど》のなかに伝世や二次的所有の事例が認められます。(7)

もう少し丁寧に説明しましょう。かりに前期末葉や中期の古墳への副葬品だとすると、倭の領域にいつ重列式神獣鏡（夢野丸山古墳出土鏡）が入ったのかという解答に、「讃」とみられる倭王が四一三年（義熙九）に高句麗や西南夷の銅頭大師とともに中国江南の東晋に方物を献じた出来事（『晋書』安帝紀）や、これ以降に継続するいわゆる「倭の五王」の外交政策（『宋書』記載）などの背景にもとづく入手契機を考慮する必要が出てくるのですが、四世紀前半代の前期古墳だとすると、その可能性がひとつ排除できます。

要するに、夢野丸山古墳出土鏡は「三国志の時代」に倭にもたらされた蓋然性が高まるということになります。もちろん、西晋の泰始《たいし》二年（二六六）に倭人が方物を献じたことが『晋書』武帝紀にはみえるので、論理的にはこれに関係して、西晋代に倭にもたらされた可能性も否定できません。ただ、この場合でも重列式神獣鏡の出土分布は江南のかつての呉の領域に集中していますから、華北の西晋と倭国の正式な交渉からは導きにくいのではないでしょうか。

## 海でつながる倭と中国

以上のことから、夢野丸山古墳出土鏡は『三国志』には記されることのなかった、呉から倭への文物の流入を考えることのできる資料となるでしょう。

もちろん、呉と倭の正式な外交記録はありません。魏を介在した呉鏡の流入も考えられないわけではありませんが、魏と呉が断交した二二四年（魏、黄初五：呉、黄武三）以降には、魏国内での呉鏡の政治的理由にもとづいた入手は困難となったことでしょう。二三〇年代前半には、公孫淵が魏に背いて呉と誼《よしみ》を通じますから、ここを呉鏡の流入契機とみることは可能です。ただし、それは二三二年（魏、太和六：呉、嘉禾《かか》元）三月前後から翌二三三年（魏、青龍元：呉、嘉禾二）一二月までの期間です。あるいは長く見ても司馬懿の軍隊に公孫淵が斬られる二三八年（魏、景初二年：呉、赤烏元）八月頃までということになります。

ですから公孫氏が赤烏年間に製作された呉鏡の流通に介在した可能性は、ほとんどないと考えられます。また、今のところ楽浪郡、帯方郡が置かれたとされる地域からの重列式神獣鏡の出土報告例がない点も、三世紀前半代の朝鮮半島北部と中国江南地域の結びつきが薄いとする微弱ながらの傍証となるでしょう。ことに二三〇年代後半以降には、公孫氏や魏の役人が呉鏡の倭への流入に公式関与したという政治情勢にはないといってもよいと思います。

そこで、江南の呉の領域から倭をむすんだ非公式というか、民間交易といったものの存在を考えてみることが必要なのではないでしょうか。

私には、ある年の五月頃、浙江省会稽郡山陰の鏡師の工房（あるいは長江南岸の武昌）から舟山群島、中国東海岸沿いに進み、山東半島先端の成山（あるいは黄海を直接、横断して黒山群島）を中継地

図 11　中国江南から倭への海上ルート

に朝鮮半島南部西海岸から対馬、壱岐を通過して博多湾から瀬戸内海（あるいは日本海沿岸）の津々浦々をたどり到来する船に載せられた夢野丸山古墳出土鏡を包んだ行李《こうり》が見えます。

図11には、金文京氏が紹介された一九九七年の中韓の研究者による帆付きの筏《いかだ》による東シナ海横断の航路を示しました。航海実験では、六月一五日に舟山島を出発して、黒山群島を経て七月八日に韓国仁川港に到着しています。中国江南から韓国西海岸への直接航海が証明されたということです[8]。むろん、こういったルートは遼東半島から山東半島に渡る、のちの遣唐使の「北路」や、帯方郡の官吏にともなわれた卑弥呼の使者の難升米、都市牛利がたどったルートとは異なるもので、季節限定の不安定なものだったと思います。また、中国江南からの「一方通行的」なものであったかもしれません。

使者が携えてきた外交文書の往復と、朝貢品と下賜品の交換が確実におこなわれなければならない倭の正式外交の交通路とは違うルートです。ゆえに、邪馬台国（あるいは狗奴国でも）の外交機構の介在などのない、できればその介入を避けたいルートというのは少々、「アナーキー」でしょうか。

中国の江南地域や東海岸からの倭への文物・技術の流入契機はいつでもあることになりますが、そうはいっても列島内外の政治的、軍事的緊張の真っただ中というより、それが緩和された直後に「動き」があるのではないでしょうか。ついては、夢野丸山古墳出土鏡がもたらされるのを景初三年以前の二三〇年代前半に近くみなすことも想定可能だと考えます。

二三九年の明帝の死去（景初三年正月一日）による翌年の改元が既定のものと認識されてい

たであろうにもかかわらず、景初四年（魏、正始元：呉、赤烏三）の陳氏作銘の斜縁盤龍鏡（京都府福知山市広峯一五号墳）が存在します（図12）。これは洛陽の情報が容易に入らない、つまりその情報網から離れた「絶地」での製作か、さもなければ意図的に魏の新たな年号を「忌避」した場合にしかおきないでしょう。吉祥句を刻銘した銅鏡が後者の事情によるとは考えられず、前者でしょう。その「絶地」は日本列島内の蓋然性があると思います。

なお、そのうえに情報の伝達が副次的なだけに邪馬台国

図12　広峯15号墳出土景初四年銘斜縁盤龍鏡　面径16.8 cm
（提供：福知山市教育委員会）

の外交機構がじかに及ばないところではないでしょうか。夢野丸山古墳出土鏡がもたらされた背景につながる状況があるのではないでしょうか。

ただ、銅鏡の図像や技術上の系譜論を混同させてはいけません。それは、別の議論として組み立てなければなりません。

最後になりますが、私論の是非はともかくも、文献史料に記されない「三国志の時代」の歴史を考古資料で考えていくときに、森本六爾資料にある夢野丸山古墳出土鏡の複製品は、今、見ることのできるものとして意義づけられるのです。この鏡は、まさに「海でつながる倭と中国」を解き明かす資料となる、本当に忘れてはならない呉鏡なのです。

この備忘のために「忘れてはならない呉鏡」として話をしました。

註

（1）今尾文昭「備忘の呉鏡」『三国志の時代』特別展図録第七七冊、奈良県立橿原考古学研究所附属博物館、二〇一二年

（2）林巳奈夫「漢鏡の図柄二、三について」（『漢代の神神』臨川書店、一九八九年所収、初出は一九七三年）。五島美術館学芸部編『前漢から元時代の紀年鏡』特別展古鏡図録、財団法人五島美術館、一九九二年

（3）王仲殊「『建安』紀年銘の神獣鏡について」（『三角縁神獣鏡』学生社、一九九二年所収、初出は一九八八年）

（4）王仲殊「日本の三角縁神獣鏡の問題について」（『三角縁神獣鏡』学生社、一九九二年所収、初出は一九八一年）。「日本出土の呉鏡」（同右、初出は一九八九年）

（5）大庭脩『親魏倭王』學生社、一九七一年

（6）今尾文昭「近畿・中南部」『講座日本の考古学7　古墳時代（上）』青木書店、二〇一一年

（7）今尾文昭「三国時代呉弩の伝世と所有形態」『日中交流の考古学』同成社、二〇〇七年

（8）金文京『三国志の世界』中国の歴史04、講談社、二〇〇五年。金健人編『中韓海上交流史探源』北京学苑出版社、二〇〇一年。この実験による航路は、宋徽宗の一一二三年（宣和五）五月の高麗への遣使の随員である徐兢の見聞録『高麗図経』海道条の南方航路に同様である。内藤雋輔「朝鮮支那間の航路及び其の推移に就いて」『朝鮮史研究』東洋史研究会、一九六一年

『三国志』の時代

# 曹操墓の発見

徐 光輝

私は中国北方考古学を研究しています。今回は中国河南省安陽市付近で、最近みつかった三国時代の魏の武王、曹操の墓についてお話しします。

## 三国時代と魏の曹操

中国は紀元前二二一年に、秦《しん》の始《し》皇帝によって統一されました。始皇帝が亡くなったのち、紀元前二一〇年に起きた「秦末の乱」で秦王朝は滅び、楚漢《そかん》戦争の末、項羽《こうう》を破った劉邦《りゅうほう》によって建てられた前漢王朝が約二〇〇年間つづきます。前漢王朝の末頃に農民蜂起がおこり、数十年の混乱期におちいりますが、西暦二五年には劉秀《りゅうしゅう》が洛陽《らくよう》で後漢王朝を開きます。同じ劉氏一族の政権として、前漢が約二〇〇年、後漢も約二〇〇年間存続し、その間に王莽《おうもう》の新が短期間登場しますが、四〇〇年以上にわたって中国では統一された状態がつづきました。しかし、黄巾《こうきん》の乱が起こり、軍閥混戦によって中国は始皇帝の統一以来、初めて大きな分裂期に入ります。

図1は、陳寿《ちんじゅ》が編纂した『三国志』などの文献史料をもとに、西暦二六二年頃の魏《ぎ》・呉《ご》・蜀《しょく》三国の領域をあらわしています。黄河が現在の河南省洛《らく》陽《よう》市の北を西から東へと流れていますが、洛陽を中心にして魏の都、洛陽城がありました。これに対して、四川盆地を中心にして、劉備《りゅうび》が建てた蜀の都、成都《せいと》があります。成都も洛陽と同じで、二〇〇〇年前頃からずっと名前は変わっていません。ところが、呉の都は地名が何回も変わりました。三国時代には建業《けんぎょう》、南北朝時代には建康《けんこう》、その後は金陵《きんりょう》、今は南京《なんきん》となっています。

三国時代とは中国古代史の時代区分

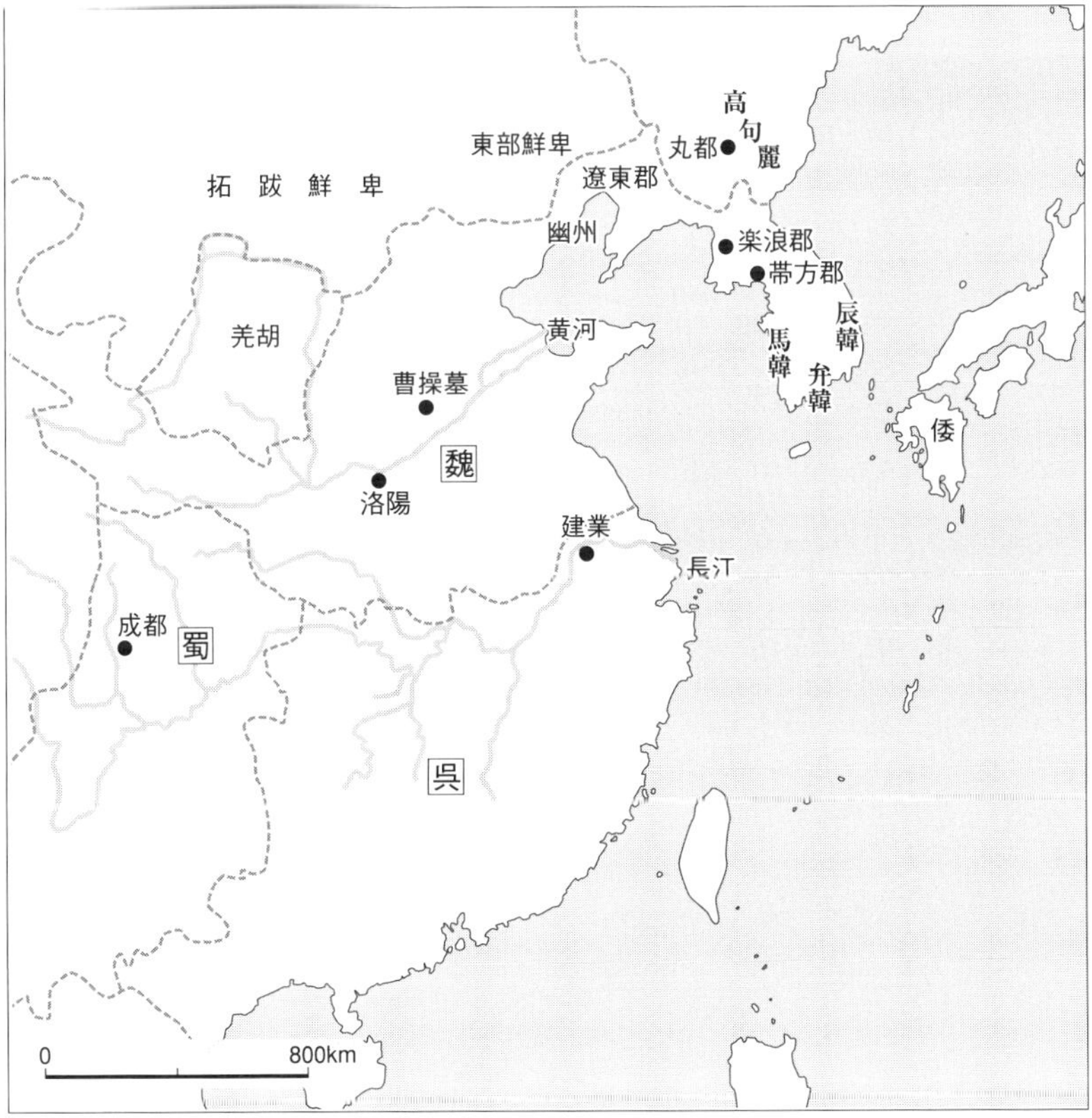


**図1　三国時代略図**（譚其驤主編『中国歴史地図集』1982より。一部改変）

の一つとして、後漢王朝が滅亡した二二〇年から西晋王朝が中国を再統一した二八〇年までをさします。『三国志』ではもう少し時代をさかのぼり、一八四年にまず華北地方に起こった張《ちょう》角《かく》らによる黄巾の乱が始まる頃から記していますので、それからすると三国時代は約一〇〇年の歴史をもつことになります。

　中国では一般的に魏を曹魏《そうぎ》と言います。曹氏一族を中心としたという意味です。魏王の曹操《そうそう》は、二二〇年に六六歳で亡くなるのですが、漢の献帝を倒してみずから皇帝にはなりませんでした。彼が亡くなってから間もなく、息子の曹丕《そうひ》が洛陽で初めて魏の皇帝となり、その後、劉備と孫権《そんけん》もそれぞれ蜀と呉の皇帝となりました。この時代に中国では、三人の皇帝が鼎立《ていりつ》していたのです。この分裂状態が少しずつ治まるのは二六五年頃からです。西晋が魏を倒して政権を奪い、二八〇年には呉を滅ぼしたことで、三国時代は終わりました。

『三国志・魏書・武帝紀』によれば、曹操は現在の安徽《あんき》省亳《はく》州出身で、黄巾の乱や董卓《とうたく》の乱を平定するなかで頭角をあらわし、官渡《かんと》の戦いで袁紹《えんしょう》を破り、また三郡烏丸《うがん》を撃退するなど、短期間に北方を統一しましたが、二〇八年の赤壁《せきへき》の戦いで劉備と孫権の連合軍に大敗し、天下三分の情勢となりました。しかしながら後漢の献帝をうまく抑え、魏武王の爵位をもらい、死後に武帝と追謚《ついし》されました。官吏選抜制度や農業生産重視などで成果をあげ、文学や軍事思想の面においてもすぐれた才能があったといいます。晩年、死後の葬式に関して薄葬の令を下し、実務に励んだ一面もうかがわせます。最近、安陽市郊外でみつかった後漢大墓がその一端を見せてくれました。

## 後漢大墓調査の主要成果

二〇〇九年一二月、河南省文物局より河南省安陽《あんよう》市西高《にしこう》穴《けつ》村後漢大墓の発見が正式に公表されました。うち第二号墓の被葬者は魏の曹操で、後漢末の魏武王、曹操の陵墓であると認定されたのです。翌二〇一〇年には中国国家文物局により、二〇〇九年度の全国十大考古発見に選ばれました。

安陽市の北部には殷《いん》の後期の都、殷墟《いんきょ》があり、すでに行かれた方も多いと思います。この殷墟から、西北へ三〇キロぐらい離れている西高穴村の近くで二基の後漢大墓がみつかったのです（図2）。

第二号墓は昔から盗掘され、近年にも盗掘者が中に入り、すでに多くの副葬品が盗まれたといわれています。この盗掘がきっかけとなり、二〇〇八年に河南省の文物局と河南省文物考古研究所が真剣に検討し、まず地表調査から始めました。

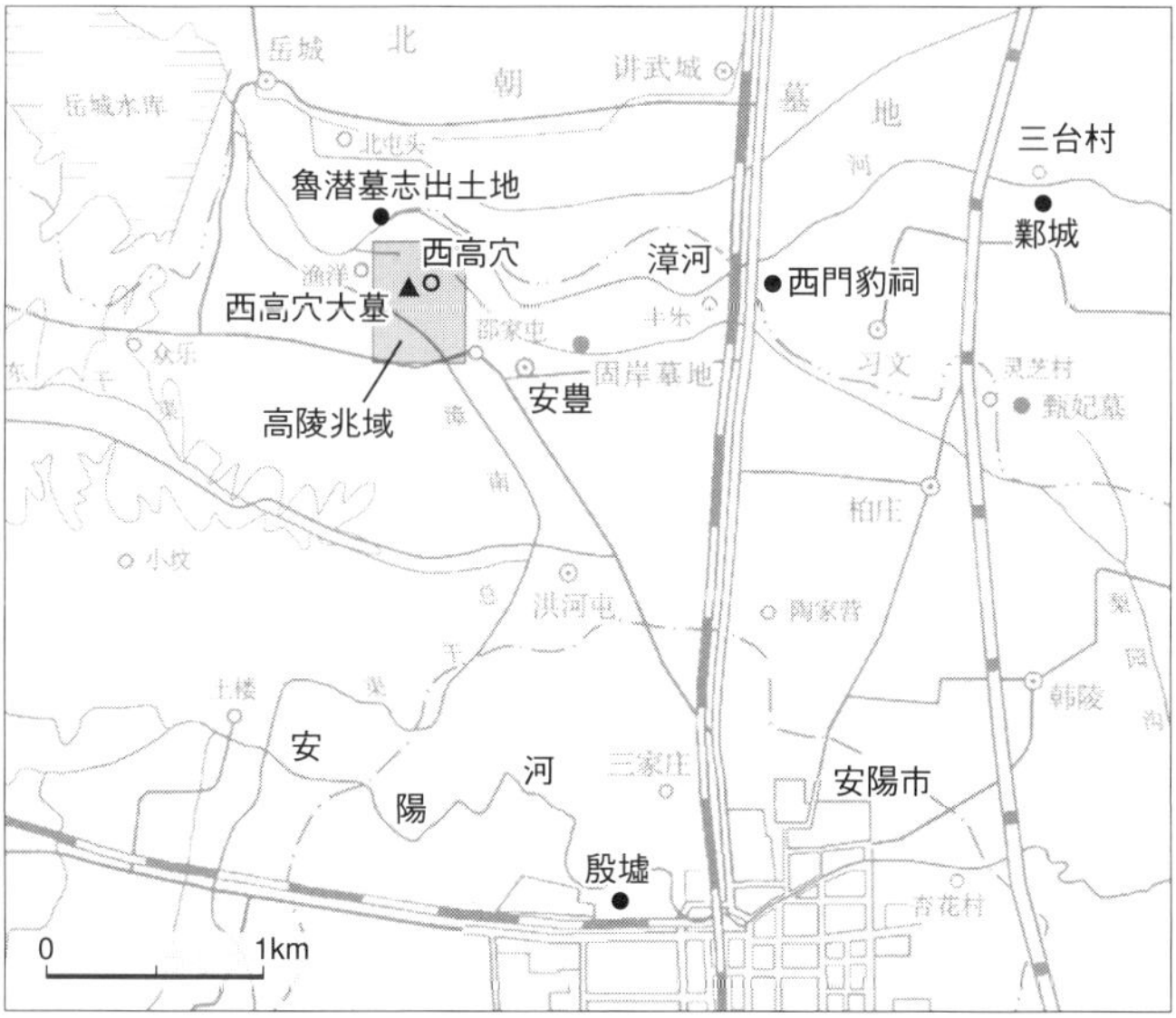

図２　西高穴村後漢大墓とその周辺（参考文献１より。一部改変）

その調査によって、兆域《ちょういき》は平面長方形で南北の長さは五〇〇〇～六〇〇〇メートルはあるとわかりました。兆域とは陵墓の全体の範囲ですが、当初は兆域を示す城壁があって常に墓を守り、祭祀に携わる守墓者がいたはずです。秦の始皇帝の兵馬俑《へいばよう》などを見た時に実感されたと思いますが、真ん中に置かれた始皇帝の陵墓を中心に大きな陵苑《りょうえん》、つまり兆域があるわけです。西高穴村後漢大墓も同じです。始皇帝の陵苑の規模とは比較になりませんが、かなり大きな兆域です。この中で第一号墓と第二号墓の二基の墓が確認されました。注目されるのは、第二号墓です。

『三国志・魏書・武帝紀』によれば、曹操は死後高陵に葬られたと書いてありますから「曹操高陵」という呼称を使っていいのかもしれませんが、正式には魏武王高陵か、魏武帝高陵とよぶべきです。後者の場合、息子の曹丕が皇帝となったので、自分の父親を武皇帝として追諡したからです。

それでは、なぜ西高穴村第二号後漢大墓が曹操の墓と認定されたのかをみてゆきましょう。

### ◆第二号墓の形式構造

第二号墓の平面は、甲字形になっています（図3）。長軸線は普通にみられる南北方向ではなく、基本的には東西になっています。斜めの長い墓道（図4）があり、つづいて墓門、甬道《ようどう》、前室、後室と四つの側室から構成されているため、全六室を有するかなり高い規格でつくられたことがわかります。

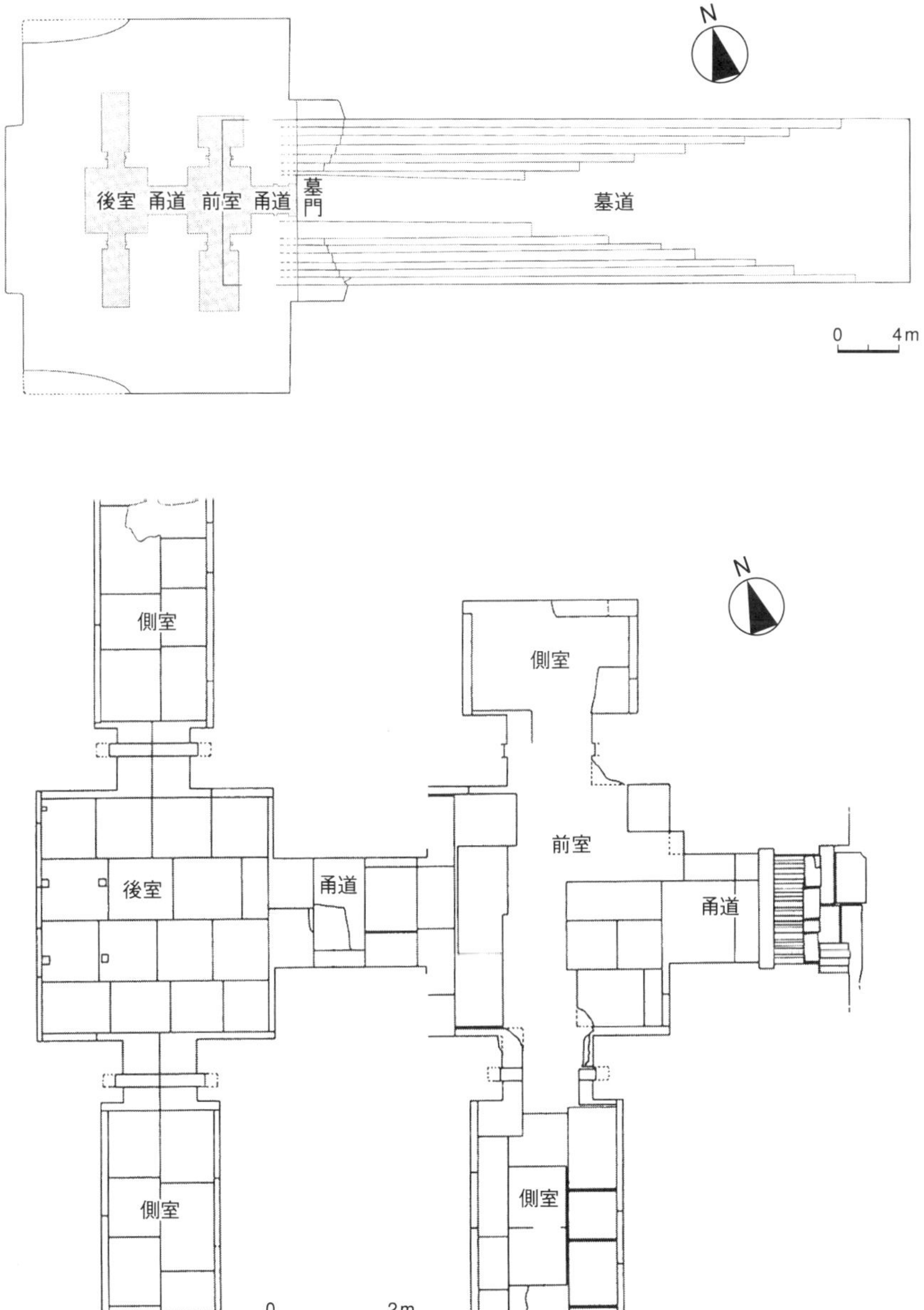


**図3　第2号墓の形式構造**（参考文献1より。一部改変）

墓道は長さ三九・五メートル、幅九・八メートル、もっとも深いところで地下一五メートル、現在の五階建ての建物の高さに相当します。しかし、漢、魏、晋、南北朝、唐時代の大型墓とくらべると、トップランクの規模ではありません。

墓門は、アーチ形になっています（図5）。墓門をレンガで塞いでいますが、レンガはとても大きく、分厚いものです。後漢時代から中国では、中央アジアや西アジアの影響を受けたアーチ形の門がみられます。この墓門を中に入り、甬道を通って前室に入ります。甬道とは、墓門と墓室をつなぐ細長い通り道です。

前室（図6）は平面方形で、四角錐状の天井をもち、南北両側にそれぞれ平面が長方形の側室がついています。前室は前堂、つまり応接間で、威信財を中心とした副葬品が置かれた場所ですが、両側に側室が一つずつ付いており、各

図4　墓道と墓門（参考文献3より）

**図5　アーチ型墓門**
東から西を見る。(参考文献3より)

**図6　前室**（東から西へ）
奥が後室、両側が側室。(参考文献3より)

種の副葬品が置かれていました。

前室からさらに甬道を通って後室に入ります。後室は主に柩《ひつぎ》を置く場所です。後室も前室と同じように平面方形で四角錐状の天井をもち、南北両側にそれぞれ平面が長方形の側室がついています。側室は二つとも石門で封じられていました。各室には当初、柩が一基ずつ置かれており、三人が葬られていたことがわかります。石牌《せきはい》などの副葬品の名札が多数出ており、装身具を中心とした副葬品が各室に置かれていました。

前述したように、この墓の内部には前室、後室、側室の六室があります。六室の墓というのは、文献記録のなかに出てくる皇帝の規格ではありません。皇帝の場合、普通はさらに中室が設けられ、それに二つの側室が付きますので九室になります。つまりトップランクの規格というこことです。ところが、第二号墓は六室ですから、皇帝の次の規格にあたります。

この墓の総面積は七三六平方メートル、墓室の総面積は三八〇平方メートルでした。

## ◆被葬者は曹操と二人の夫人か

二号墓の墓室からは、三人分の遺骨と三組の棺材の残欠が検出されました。中国社会科学院考古研究所の王明輝先生の鑑定によれば、後室の南の側室付近から発見された遺骨は五〇歳、または五〇歳以上の女性であり、北の側室付近の遺骨は二〇歳から二五歳の女性であると判明し、曹操の夫人たちと考えられます。

曹操とされる六〇代の男性の頭蓋骨は前室でみつかりましたが、後室の副葬品は男性用のものが主なので、墓主は男性と考えられます。報道によれば、この男性の頭蓋骨には、刀で切られた痕跡もあるそうです。現場調査の写真から見る限り、頭蓋骨が大きく二つに割れています。文献史料によれば、二四九年の正月に起きた「高平陵事件」、つまり太僕《たいぼく》の司馬懿《しばい》が主導した宮廷政変によって、曹氏の皇族勢力が一掃されたことと深く関連すると推察されます。

### ◆さまざまな副葬品

この二号墓から出土した遺物は約四〇〇点ありますが、そのなかには、のちに公安、警察の追跡によってとり戻された盗掘品も一部あるといいます。六室における副葬品の平面分布図を見る限り、ほとんどが小型のものであり、石牌に記している威信財に属する武器や甲冑などは見あたらない状態です。これらの副葬品を大きく分けて説明しましょう。

**①礼　器**　身分をあらわす礼器は、おもに石璧《せきへき》三点、石圭《せきけい》一点と玉佩《ぎょくはい》などがあげられます（図7）。石圭の形に近い圭型石もあり、本来各副葬品に付けられていた名札または目録として、「魏武王常所用挌（打つという意味）虎大戟」（図10左上）、「魏武王常所用挌虎大刀」「魏武王常所用犀盾」などの刻字が見られます。

このほか、威信財として、前室の主室から金メッキを施した蓋弓帽《がいきゅうぼう》（図8、一三五ページ図7参照）が出ているため、車馬具を副葬した可能性もあります。また、遠距離殺傷用武器である弩機《どき》の部品も二点出ており、鉄刀、鉄剣、鎧の小札も出土しました。

**②銅製印符**　後室の主室で曹操の軍事統帥権を表す銅製印符が一点検出されました（図9）。

図7　石圭（左）と石璧（右）（参考文献3より）

図8　鍍金した銅製蓋弓帽（参考文献3より）

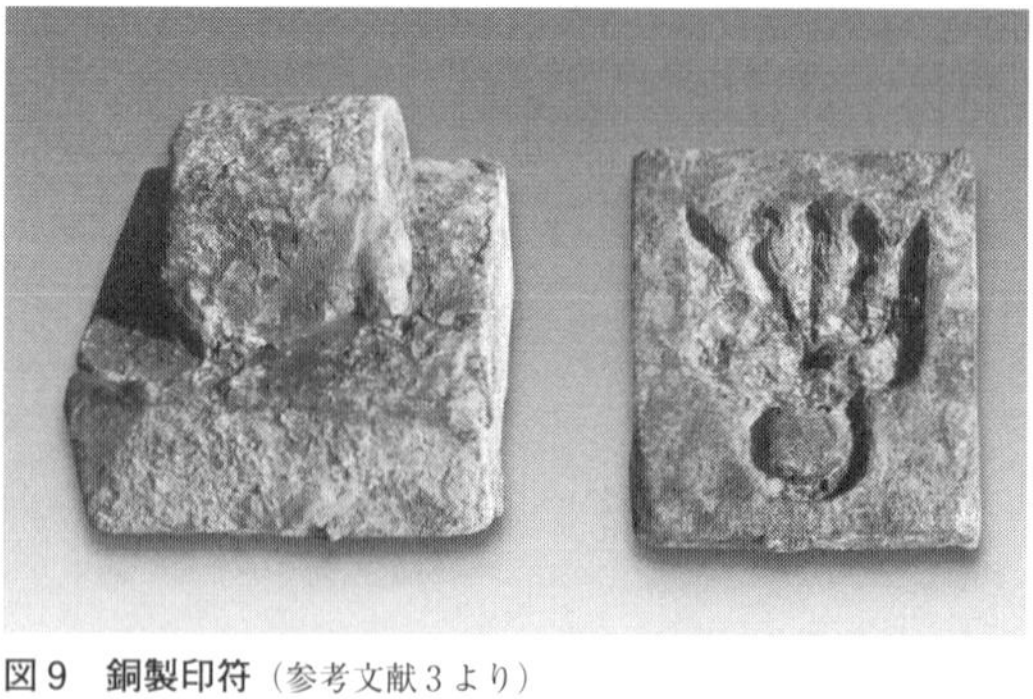

図9　銅製印符（参考文献3より）

「魏武王常所用挌虎大戟」

「鏡台一」

「木墨行清一」

「香嚢卅双」

「白練単裙一」

「胡粉二斤」

「渠枕一」

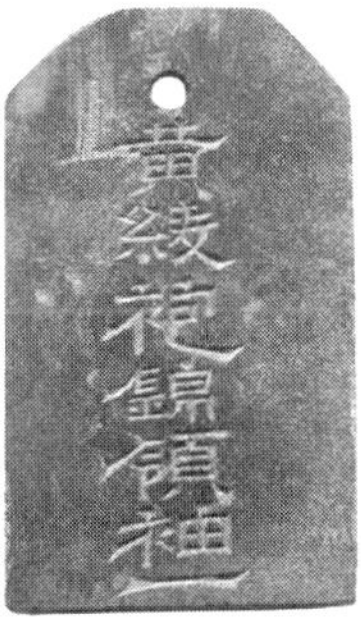
「黄綾袍錦領袖一」

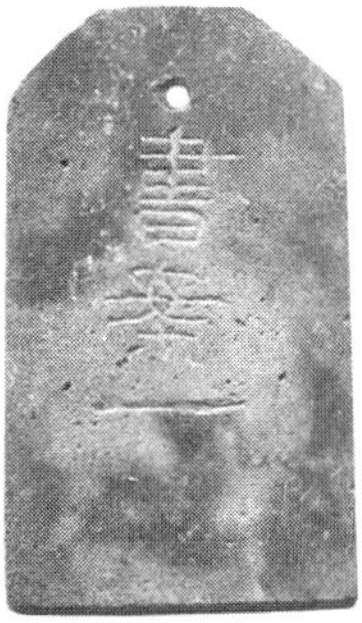
「書案一」

**図10　各種石牌**（参考文献3より）

印面の内容について、曹操の手形または「曹」字であるとの見方があります。

**③刻銘石牌**　刻銘石牌は全部で六二点出土しました。これらの多くは六角形を呈しており、副葬品の名札または目録として、おもに身分象徴品、文房具、服飾品に属する「尺刀一具」「木墨行清一」「壁四」「書案一」「鏡台一」「香嚢卅双」「胡粉二斤」「黄綾袍錦領袖一」などの銘文が刻まれています（**図10**）。また、実物として絹類に包まれて錆びた鉄鏡が一枚出ました。

とくに「黄綾袍錦領袖一」は、実物がないためはっきりと言えませんが、官服の可能性が高く、曹操が皇帝から授かったものかもしれません。

このほか、骨簪、玉《ぎょく》・瑪瑙《めのう》・翡翠《ひすい》などでつくった装身具も一部出ており、なかには女性用のものも少なくありません。

**④石　枕**　凹形石枕一点が出ています（**図11**）。裏面には「魏武王常所用慰項石」という刻銘があります。

**⑤建築部材**　画像石や石製建築部材が大量に出たと報道されていますが、完形のものはなく、墓室から一部出たほか、多くは第一号盗掘穴の地表から五メートルの深さでみつかったと報告されています。墓室はレンガ積みなので、画像石は墓室の壁に飾られていたとは考えられませ

**図11　石枕**（参考文献2より）

ん。後室の主室の床面にはかなり重いものが置かれた圧痕が残っており、周囲には画像石が一部散在していることから、おそらく曹操の遺体が安置されていた内棺は、さらにひとまわり大きな石槨の中に置いてあったと推測されます。この石槨の外面に画像が線刻されていたのでしょう。その内容として「七女復讐」「宋王車」「文王十子」「咬人」「神獣」などの歴史物語があげられます。一方、建築部材として、門柱、瓦当、龍文石刻などがみられます。

⑥**生活道具類**　生活道具類では土器が多く、実用品ではない明器が少なからずあります。たとえば竈《かまど》、井戸、食案、耳杯《じはい》、豚舎などがあり、罐、壺、鼎、尊などの容器、煮炊き具もあります。

このほか、漆器の残欠も検出しました。

以上、第二号墓は、その型式構造や規格、そして「魏武王」という銘文が刻まれている各種石牌などから、皇帝に次ぐ王侯級の陵墓に属し、曹操の陵墓、つまり文献記録に見られる「高陵」だと考えられます。

もちろん、曹操の墓ではないという反対意見もあります。たとえば、元中国考古学会長を務めた徐苹芳先生を代表とする一部の考古学者は、王侯級陵墓からつくりがあまりよくない土製の生活道具類明器などが出るはずがないと主張しています。

## 歴史地理からの傍証

図2に示したように、第二号墓の立地する西高穴村の東に、曹操の居城だった鄴《ぎょう》城の跡があります。戦国時代に鄴城は、すでに七雄の一つとして知られている魏国の重要な地方都市でした。

司馬遷が著した『史記』に「西門豹治鄴」という名文がありますが、魏の文侯の代に西門《せいもん》豹《ひょう》という人物が鄴の長官として派遣され、民間人の少女を犠牲として漳河の神様にささげてきた年老いた巫女を少女のかわりに川に投げ込み、また管内の水利施設を整え農業生産を促進させ、民心を得たという有名な逸話が残っています。それを記念するために、地元の人びとは「西門豹祠」を建て、これが地名として今も残っています。

この鄴で初めて大規模な土木事業がおこなわれたのは、曹操の時代です。曹操はここを重要な本拠地として活躍し、やがて北方を統一しました。

鄴は五胡十六国時代を経て、南北朝時代には東魏と北斉の都でもありました。しかし、五八九年に隋の文帝が中国を統一してゆくなかで、鄴城は完全に壊されてしまいました。このあたりには漳河が流れています。かつての漳河の大規模な氾濫によって、鄴城遺跡は現在の耕土層の数メートルも下にあるのです。

『三国志・魏書・武帝紀』によれば、二一八年六月、六四歳になった曹操は鄴城で部下たちに終令を下し、「天下はまだ安定していないため、西門豹祠の西にある高台に寿陵を定め（原文は「規西門豹祠西原上為寿陵」）、高台をそのまま利用し、封土を盛らず、樹木も植えず（原文は「因高為基、不封不樹」）、普段着で下葬する」など、簡素に葬式をおこなってほしいと告げました。この終令から曹操の薄葬意識がよくわかりますが、息子の文帝以降も薄葬だったそうです。

　前に触れたように、第二号墓から出土した石璧、石圭は被葬者の王侯級の身分をあらわす礼器であるため、本来であれば礼儀制度に従い、これらの礼器を良質な玉でつくるはずだったと考えられます。また、副葬品の名札または目録も玉でつくるはずだったと思います。

　地勢からみると、このあたりでいちばん高い所は、西高穴村です。西高穴村の後漢大墓が曹操の墓に間違いないという根拠のひとつです。

　もうひとつの傍証はその後につくられた墓誌です（図12）。曹操が亡くなって一二五年後、中国は五胡十六国時代に入りますが、後趙王朝の官吏だった魯潜《ろせん》という人物の墓誌が後漢大墓の西北から、近年地元の農民によって偶然みつかりました。こ

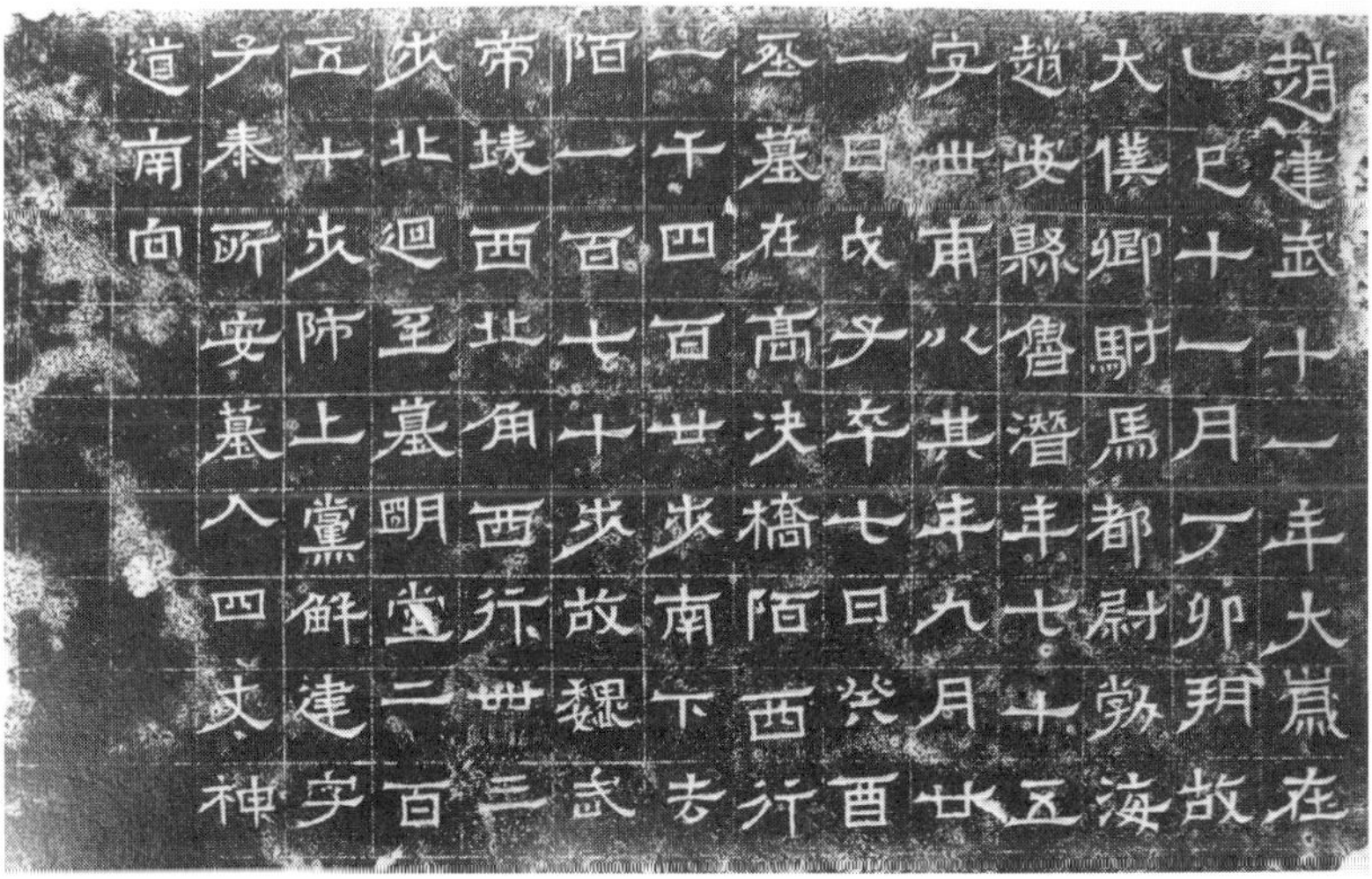


図12　魯潜墓誌銘拓本（参考文献3より）

の墓誌銘によれば、魯潜は三四五年に七五歳で亡くなった後趙王朝の高級官吏です。そして、墓誌には「(魯潜の墓から)南へ約一七〇歩のところに魏の武帝の陵がある」とあります。これは曹操墓の所在が後世に長く伝えられていたことを意味する、もう一つの重要な根拠と考えられます。

## 曹魏王朝と東アジア

最後に四十数年の歴史をもつ曹魏王朝と東アジアとの交流関係について簡単に述べておきます。

安陽市郊外の後漢時代第二号墓の被葬者が曹操であると述べてきましたが、彼に対する古人の評価は時代によって変わりました。

『三国志・魏書・武帝紀』に書いてあるとおり、陳寿は彼を「非常の人、超世の傑」と評価していますが、中世に入ってから儒教思想の影響で、『三国志演義』などでは漢王朝を倒した奸雄とみなしていました。近年には曹操の歴史的貢献を客観的に評価する論著が増えており、すぐれた政治家、軍事家であるとともに文学においても、「建安文学」を代表する三曹(曹操と息子の曹丕、曹植)の一人として積極的に評価しています。

魏は曹操によって基礎が築かれ、彼が亡くなった二二〇年に息子の丕(文帝)が後漢王朝の献帝の禅譲を受け魏帝になってから、叡《えい》(明帝)、芳《ほう》(斉王)へとつづき、のちに髦《ぼう》(高貴郷公）、奐《かん》（元皇帝）と存続しましたが、ただ形式のみで実権は司馬氏が握り、二六五年に終焉を迎え、次の西晋王朝時代に入りました。

注目されるのは、当時の東アジア諸国間の交流史の解明において欠かすことのできない文献史料として『魏志』倭人伝があげられます。このなかに登場する邪馬台国の女王卑弥呼が初めて使節を魏に派遣したのは二三九年のことで、その一連の交渉関係は曹操と曹丕の時期ではなく、次の明帝と斉王の代のことでした。明帝の代にはまだ皇族が実権を握っていたのですが、明帝は司馬懿を重用するなど、後者の勢力がしだいに大きくなっていく時期でもありました。二三八年に遼東の公孫氏の割拠政権を一掃したのもこの時期のことで、司馬懿の果たした役割は無視できないでしょう。今後、曹魏王朝後期における対朝鮮諸国、倭国の外交政策の研究のうえでさらに重視すべきだと思います。


**参考文献**

1　河南省文物考古研究所・安陽県文化局「河南安陽市西高穴曹操高陵」『考古』二〇一〇年　第八期
2　河南省文物考古研究所『曹操墓真相』科学出版社、二〇一〇年
3　河南省文物考古研究所『曹操高陵考古発現与研究』文物出版社、二〇一〇年

# 辰韓・弁韓の対外交渉

## ——楽浪郡・帯方郡および倭との関係

井上主税

二、三世紀の頃の朝鮮半島南部には馬韓・辰韓・弁韓という三韓が存在し、西北地域には漢の郡である楽浪郡がありました。三世紀になると、楽浪郡の南に帯方郡が設置され、帯方郡が中国との交渉の窓口になっていたと考えられています。

三韓の時代は、韓国の考古学では原三国時代とよび、文献史学では三韓時代といいます。この時代は、初期鉄器時代につづく鉄器時代にあたります。その始まりについて、以前は紀元後から三世紀ぐらいまでと考えられていたのですが、最近ではもう少しさかのぼって、紀元前一世紀から紀元後三世紀までと考えられています。考古学者のなかには三韓時代という時代区分を用いて、その始まりを紀元前三、四世紀までさかのぼらせる人もいますが、私は、原三国時代として紀元前一世紀ぐらいからと考えています。

この三韓のうち、辰韓・弁韓の対外交渉、とくに楽浪郡、それから倭との関係を中心に話をします。

これまでの研究では、辰韓・弁韓の対外交渉は楽浪郡との関係が中心でした。一方、同じ時期の日本列島の対外交渉は中国（楽浪郡）と倭との関係が中心でした。今回は、辰韓・弁韓と楽浪郡・帯方郡との関係、そして辰韓・弁韓と倭の関係という二つの関係を、遺物を中心にみていきます。

結論から先にいうと、対外交渉をあらわす遺物からみた辰韓・弁韓と楽浪郡・帯方郡の関係、そして辰韓・弁韓と倭の関係というのは、関連遺物が流入する時期や、また流入する地域などが一致する部分が多いのです。そのため、両者の関係を一緒にみていくことが必要なのです。

## 辰韓・弁韓と楽浪郡

辰韓・弁韓地域の考古学の調査は、一九九〇年代から二〇〇〇年代に入って非常に進み、いろいろなことがわかってきました。辰韓・弁韓社会の成長過程において、とくに重要なのは楽浪郡との交渉関係です。もうひとつの成長の基盤として重要な点は、鉄器の普及、鉄生産でした。

### ◆辰韓・弁韓の文化

まず簡単に辰韓・弁韓の文化について概略を説明しましょう。辰韓・弁韓は、朝鮮半島の嶺《ヨン》南《ナム》地域とよばれる地域に該当します（図1）。現在の行政区分としてはおおむね慶尚北道《キョンサンブクト》と慶尚南道《キョンサンナムド》にあたります。この地域の主要な水系としては、南北に洛東江《ナクトンガン》とよばれる大きな川が流れ、その支流には琴湖江《クモガン》と南江《ナムガン》があります。

『魏志』韓伝には「辰韓・弁韓共に一二国から成る」と書かれています。文献史学の成果によって、それぞれの国の比定はされていますが、はっきりした場所がわかる国は限られています。たとえば辰韓の場合、現在の慶州にある斯盧《しろ》（サロ）国、それから現在の金海にある弁辰狗邪《べんしんくや》（ビョンジンクヤ）国といった国などは比較的調査も進んでおり、位置比定には問題がないと考えられています。文献には辰韓の斯盧国や弁韓の弁辰狗邪国などが盟主国となり、小国連盟体を形成していたとあります。辰韓と弁韓の文化の違いはほとんどなく、土器や鉄器などの形が違うということはありません。ただし、文献記録には祭祀の面で弁韓と辰韓はやや異なるとあります。

図1　辰韓・弁韓の遺跡

実際の考古資料からみると、辰韓・弁韓の文化には、大きな三つの特徴があります。もちろん、漢の文化の影響が認められますし、前段階から引き継いだ朝鮮の青銅器文化との連続性も認められますが、まず大きな特徴の一つとして、鉄器の生産と普及があげられます。鉄器は鍛造鉄器などが中心です。前段階からつづく青銅器は消滅していきます。

二つ目の特徴として、墓制は原三国時代前期は木棺墓、その後、木槨墓《もっかくぼ》が出現します。

三つ目の特徴として、土器は前期（古式）瓦質土器と後期（新式）瓦質土器があります。これが原三国時代の前期と後期に対応しており、墓制もそれぞれ、前期瓦質土器が出る墓が木棺墓で、後期瓦質土器が出るのが木槨墓になります。前期瓦質土器の代表的な器種として袋壺《ふくろつぼ》（巾着《きんちゃく》袋壺）や組合式牛角形把手付壺《ぎゅうかくがたとってつきつぼ》があります。後期瓦質土器には、台付長頸壺《だいつきちょうけいつぼ》や炉形土器などがあります。

図2は弁辰狗邪国、すなわち金海地域の墓制の変遷をあらわしたものです。一世紀後半から二世紀前半は木棺墓で、その規模は時代が下るにつれ大きくなっていきます。二世紀後半になると木槨墓が出現し、この段階になると鉄器や土器などの副葬量が非常に増えます。三世紀中葉ぐらいになると、墓はさらに大型化へと向かいます（図3）。

## ◆辰韓・弁韓出土の楽浪系遺物

では辰韓・弁韓地域から出土した楽浪系遺物をみていきましょう。ここで楽浪系遺物とは、楽浪郡を通じて辰韓・弁韓地域に流入した遺物ということです。

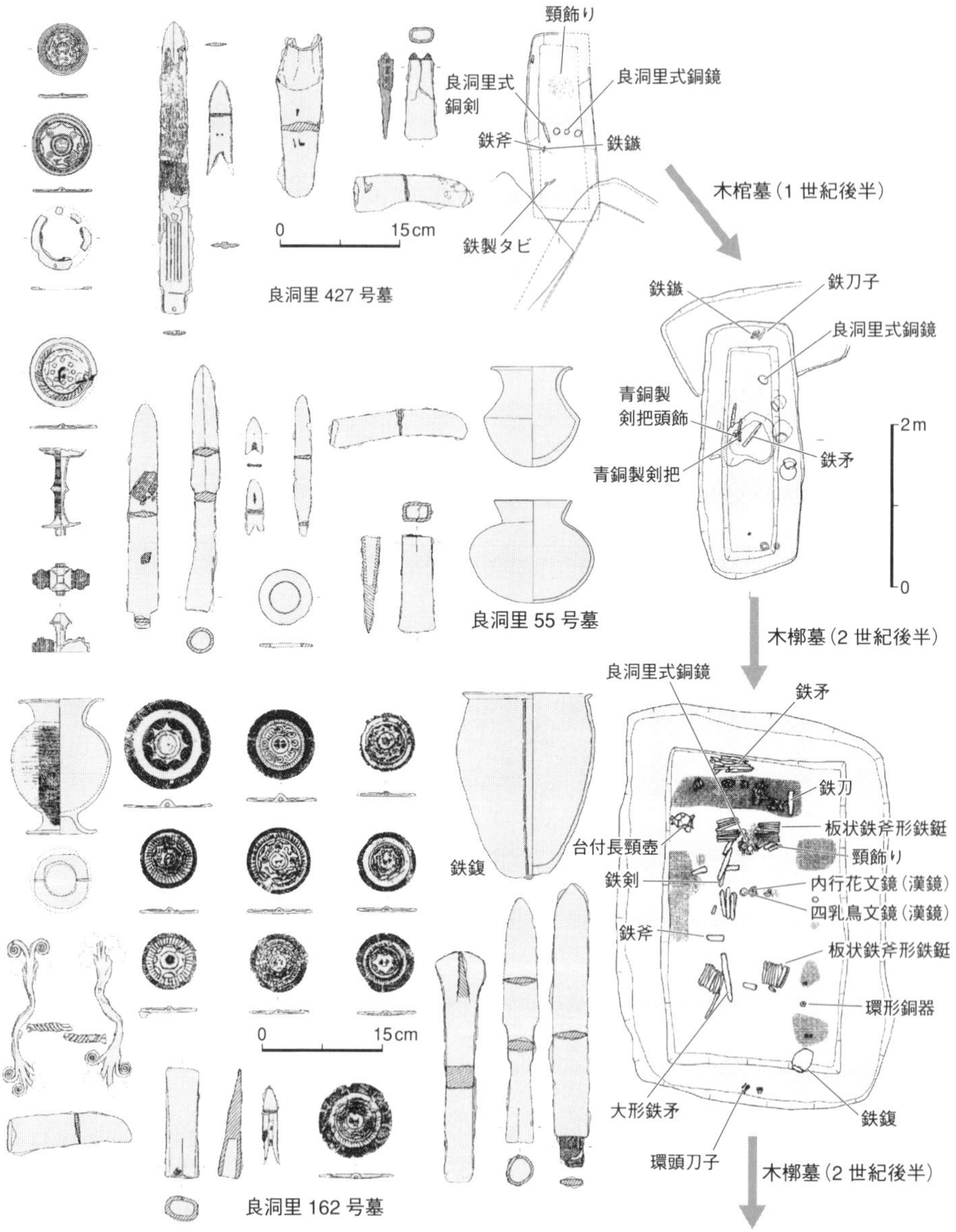


**図 2　金海地域の墓制の変遷 1**
（東義大学校博物館『金海良洞里古墳文化』2000 より。一部改変）

楽浪郡は紀元前一〇八年に漢の武帝が、衛氏朝鮮を滅ぼして設置した郡です。現在の平壌地域で、楽浪郡時代の墳墓や土城が多く調査され、その実態がわかってきました。楽浪郡には漢の文化が移植されましたが、そのなかには在地系の古朝鮮文化も残っていました。ですから実際の資料をみると、楽浪漢墓といっても、紀元前一世紀代の副葬品には、古朝鮮の文化が色濃く残っており、紀元前一世紀の後半になって、ようやく在地の文化のなかに漆器や鉄剣、青銅容器などの漢の文化が少しずつ入ってきます。

紀元後一世紀になると、漢文化の影響が副葬品全般にわたってみられるようになります。滑石混入土器といわれる植木鉢形の土器は、在地の古朝鮮の

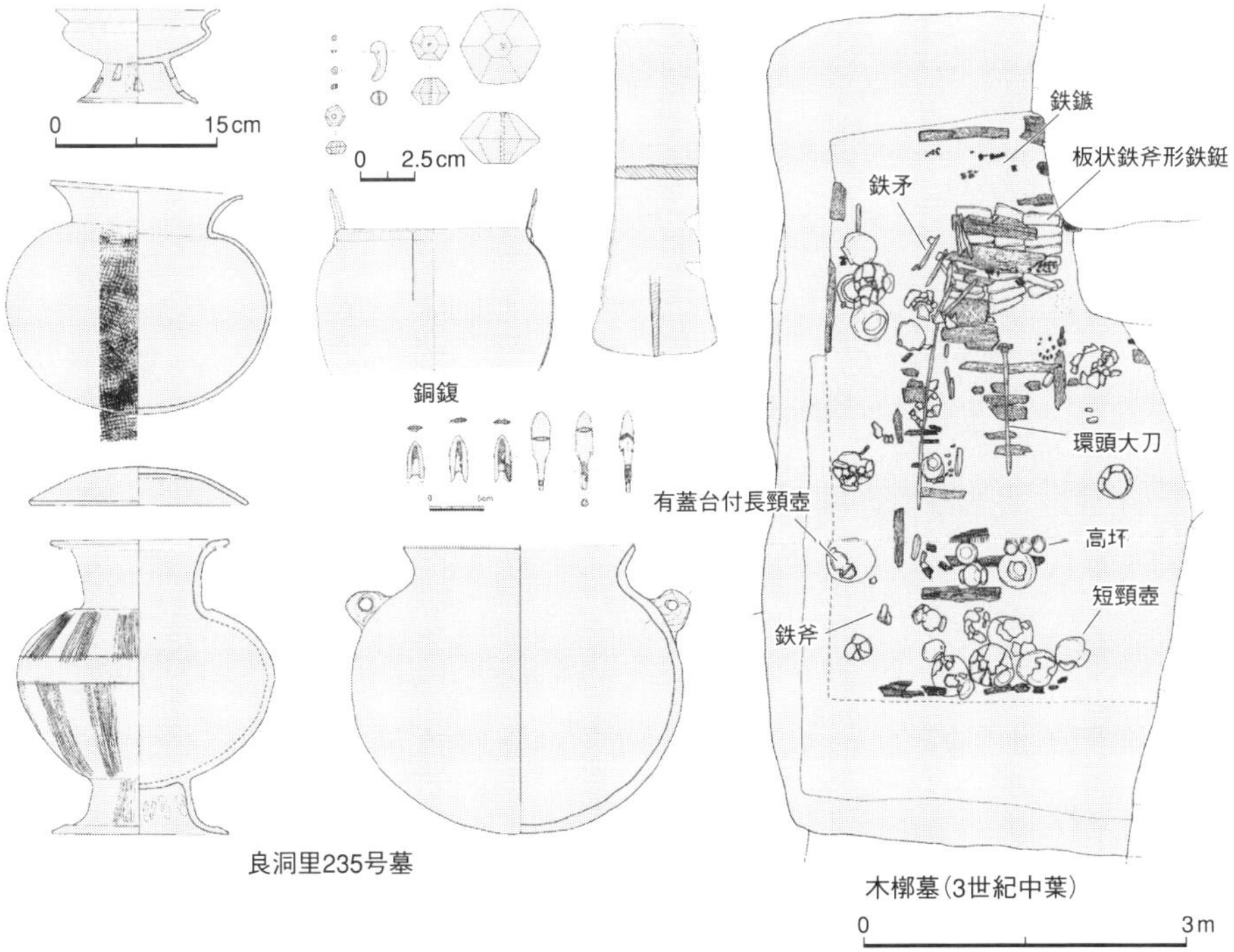


**図3　金海地域の墓制の変遷2**
(東義大学校博物館『金海良洞里古墳文化』2000より。一部改変)

土器ですが、漢代の流れをくむ還元焔焼成の楽浪瓦質土器などは新しい技術でつくられたものです。このように楽浪郡下の文化というのは少し複雑な様相を見せています。

辰韓・弁韓地域の外来系文物には漢式のもの、古朝鮮伝統のもの、そして北方系のものという三つの系譜があります。それでは、順にみていくことにしましょう。

**漢鏡**　図4は、前漢代から後漢代にかけての鏡の分布図です。新代の鏡の位置づけが少し難しいのですが、慶尚南道と慶尚北道で分けると、前漢代の鏡が琴湖江流域の慶尚北道圏に集中し、後漢代の鏡は慶尚南道圏、とくに金海に集中しているということがわかります。

前漢鏡のうち、異体字銘帯鏡という鏡は銘帯に文字があります。篆書《てんしょ》なので読みにくいのですが、「精白」や「昭明」という文字が刻まれており、「昭明鏡」とか「精白鏡」ともよばれます。星雲文鏡も前漢の半ばから後半にかけての鏡です。それから、虺龍文《きりゅうもん》鏡は、前漢の後半から後漢の前半ぐらいにかけての鏡です。

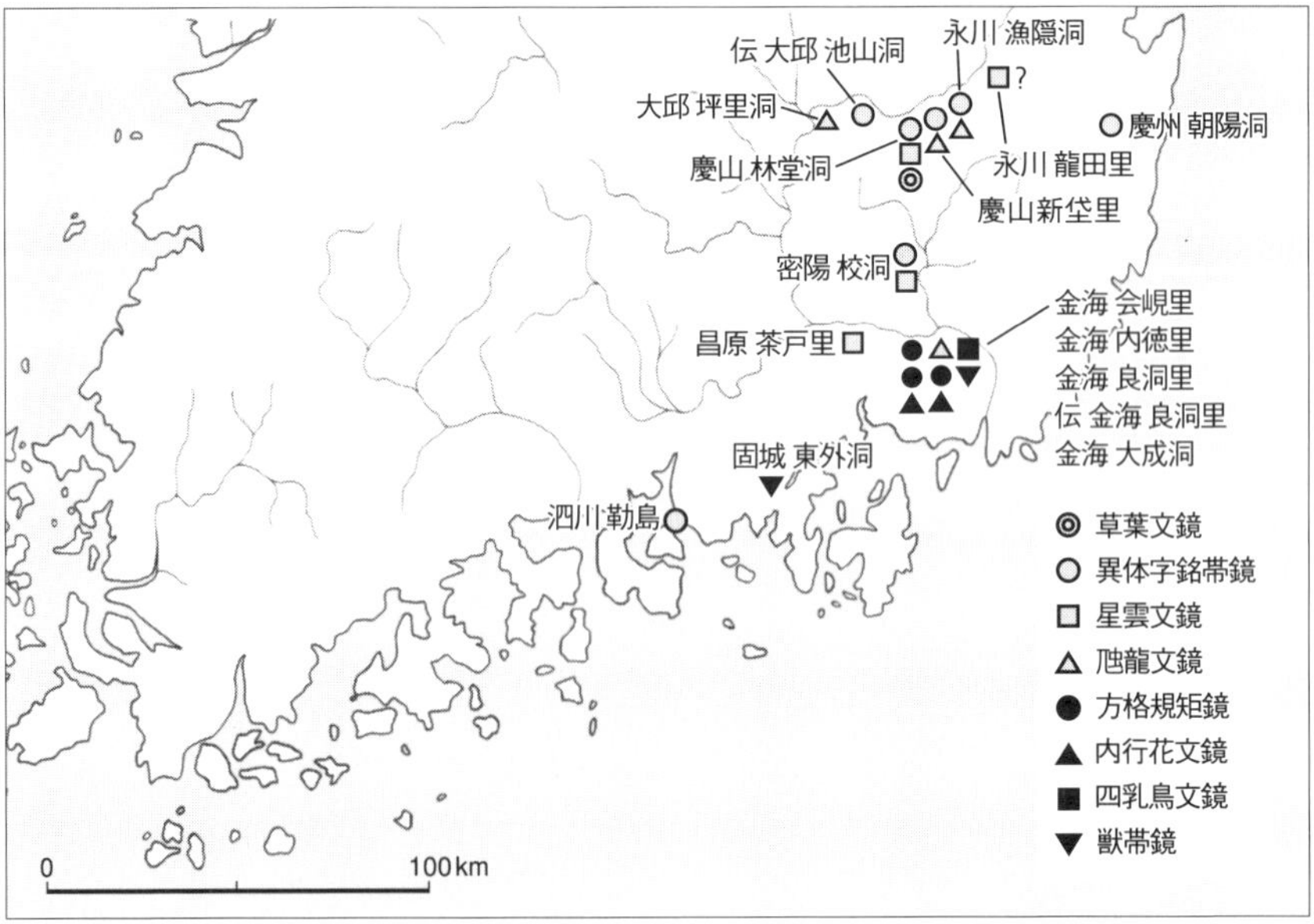

図4　朝鮮半島東南部における漢鏡の分布

後漢鏡としては、方格規矩四神鏡があります。この鏡の出現は前漢の末ですが、おおむね新代から後漢代にかけての鏡です。内行花文鏡も後漢代の鏡です。細線式獣帯鏡も後漢代のものです。

**図5**は慶山林堂洞の木棺墓から出土した鏡を再加工したものです。「円筒形銅器」というものです。中に木製の芯があり、その蓋と底板として鏡を再加工したものを用いています。蓋となった鏡片には「臣楽」とあり、これは草葉文鏡《そうようもんきょう》とよばれる前漢前半の古い鏡です。底の部分は星雲文鏡を再加工した鏡です。漢鏡に関する岡村秀典さんの研究をもとにすると、この再加工品は漢鏡二期・三期にあたり、鏡の年代は前二世紀後半から前一世紀前半に属します。これ以外にも、慶山林堂洞からは、異体字銘帯鏡を加工したものが出土しています。

前漢鏡は北のほうの慶尚北道圏に集中し、後漢鏡になると南の金海のほうに集中するという分布の違いが**図4**から読みとれます。

**中国貨幣**　一部は内陸で出土していますが、おおむね海岸沿いでみつかっており、済州島でも出土例があります。南海岸に位置する勒島《ヌクド》遺跡では、紀元前二世紀の初め頃に鋳造された半両銭《はんりょうせん》が出土しています。済州島《チャジュド》の山地港からは貨布《かふ》、貨泉《かせん》、大泉《たいせん》五十、五銖銭《ごしゅせん》が出十しています。この

**図5　慶山林堂洞E-58号出土円筒形銅器**
（韓国国立中央博物館『考古学からみた韓国古代国家形成』1998より）

うち貨布、貨泉、大泉五十は王莽《おうもう》の新の時代のものです。貨泉は日本でも高塚遺跡（岡山市）などで確認されています。

**帯鉤**《たいこう》　ベルトのバックルにあたります（図6）。昌原茶戸里《チャンウォンタホリ》一号墓から青銅製のものが出土しています。辰韓・弁韓の地域ではありませんが、馬韓の清堂洞《チョンダンドン》から鉄製と青銅製の帯鉤が出土しています。帯鉤のなかには、虎形や馬形などの動物意匠のものもあり、馬形の帯鉤は日本でも榊山《さかきやま》古墳（岡山市）などでまとまって出土しています。

動物形の帯鉤は、現在のところ北方系といわれており、広くユーラシア地域に分布するもので、戦国時代から漢代にかけて北方との交流を通じ、胡服《こふく》とともに入ってきたと考えられています。動物意匠の帯鉤は、中国の中原地域でも出土していますが、辰韓のものは北方系で、在地生産の可能性も指摘されています。

**車馬具**　図7の車馬具は一つの図面になっていますが、実際の資料からいうと、漢式の車馬と古朝鮮式の車馬の二系統をあわせて描いています。車馬のなかで使われている箇所がわかりやすいので載せました。馬の胸繋《むながい》には馬鐸が、傘の先端の装飾としては蓋弓帽《がいきゅうぼう》が使用されており、これらは漢式の車馬に使われるものです。蓋弓帽は日本では地蔵堂遺跡（山口県下関市）で一点だけ出土しています。

**図6　燕下都址出土青銅俑**
（韓国国立中央博物館『楽浪』2001より）

それに対して、馬の顔の部分を覆う馬面、鑣轡《ひょうぐつわ》、笠頭形銅器は、在地の古朝鮮式車馬にともなうものです。

**銅鼎**《どうてい》　弁韓地域である金海良洞里《キメヤンドンニ》三二二号墓や、辰韓地域の蔚山下垈《ハデ》二三号墓で確認されています。ともに三世紀代の大型木槨墓からの出土です。良洞里三二二号墓から出た鼎（**図8**）には、「宮」や「鼎」の文字が刻まれており、宮廷用につくられた鼎であったことがわかります。鼎は漢式と考えられますが、楽浪土城でも製作していたとの指摘もあり、在地生産の可能性があります。この場合の在地生産というのは、楽浪郡でつくられ、それが辰韓・弁韓地域に入ってきた可能性ということです。

**鍑**《ふく》　煮炊きをするためのものです。銅鍑と鉄鍑があります（一三〇〜一三一ページ**図2・3**参照）。辰韓地域の慶州舎羅里《キョンジュサラリ》一三〇号墓例が比較的早い時期のもので、それ以外は金海地域で出土しています。だいたい二世紀後半から四世紀前半ぐらいまでの出土です。銅鍑も鼎と同じように楽浪郡で製作された可能性はありますが、その起源は北方系で、匈奴《きょうど》や夫余《ふよ》などの地域に系譜が求められます。良洞里三一八号墓の鉄鍑は、

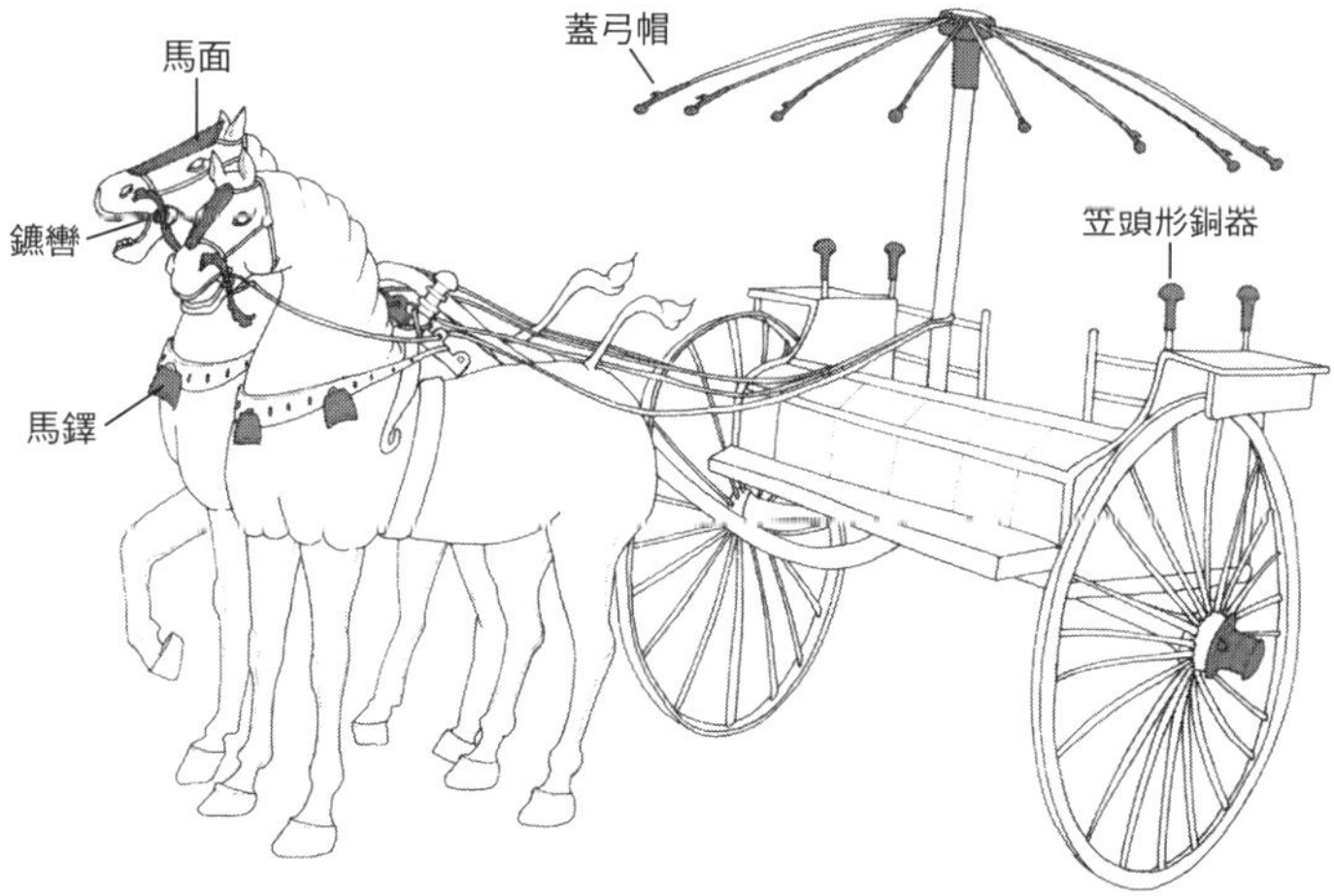


**図7　車馬具復元図**
（韓国国立中央博物館『楽浪』2001より。一部改変）

図８　良洞里 322 号墓出土銅鼎（韓国国立中央博物館『楽浪』2001 より）

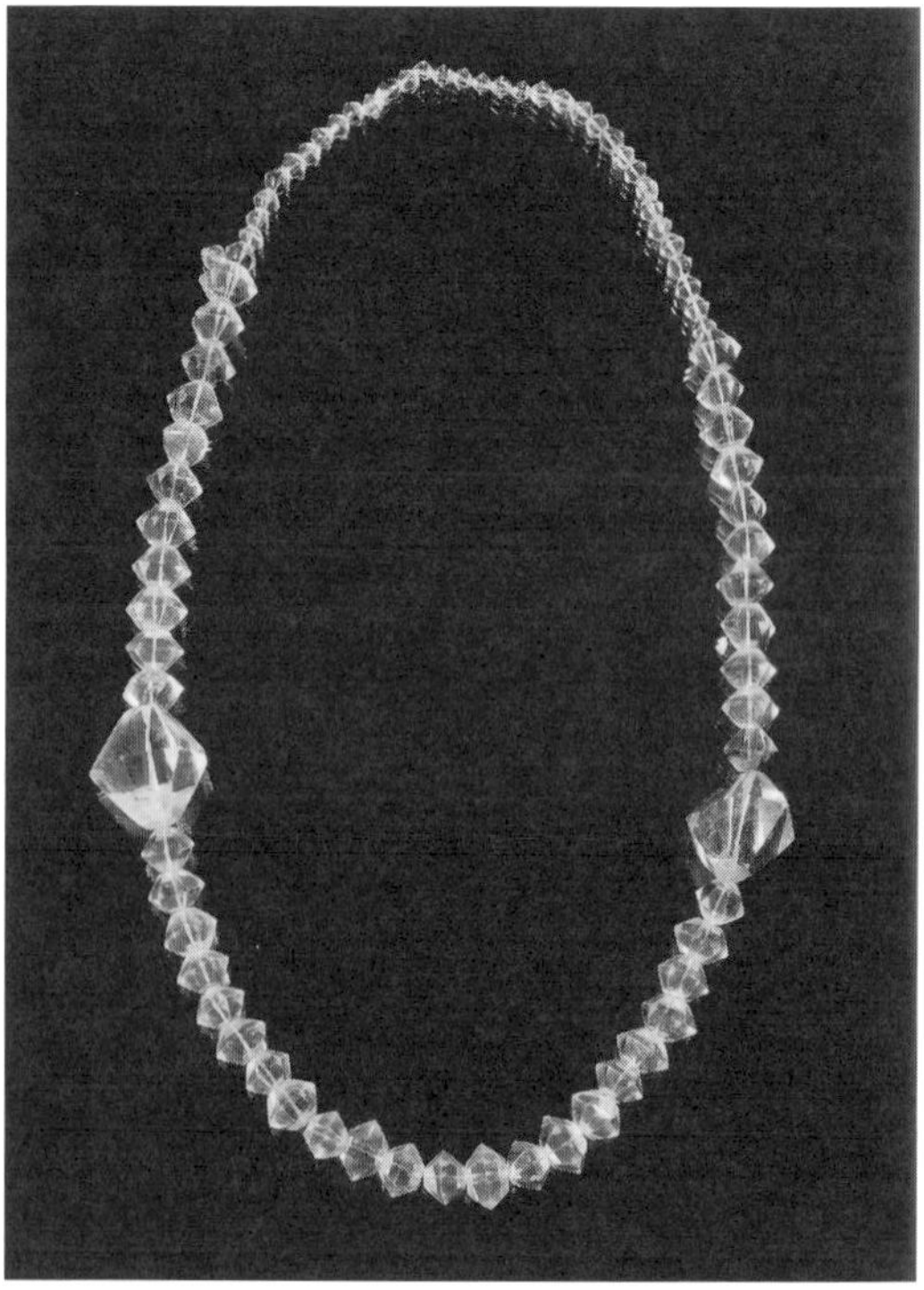

図９　良洞里200号墓出土水晶製頸飾
（韓国国立中央博物館『楽浪』2001 より）

鉄製と青銅製の違いはありますが、対馬のクビル遺跡から出土したもの（カバー写真参照）と形がよく似ています。

**頸飾り**　図9は良洞里二〇〇号墓から出土した水晶でつくられた頸飾りです。楽浪漢墓出土の頸飾りとよく似ているので、楽浪郡から入ってきたのだろうと考えられています。水晶は楽浪郡から入ってきたのでしょうが、楽浪郡で出土している水晶とは形の異なるものもあります。そういう形の異なるものは、辰韓・弁韓地域で加工していたのではないかと考えられます。

## ◆勒島遺跡出土の外来系遺物

辰韓・弁韓地域のうち、外来系遺物がまとまって出土した勒島遺跡の遺物をみてみましょう。図10は、楽浪郡から北部九州を結ぶ交易ルート上の拠点であった勒島遺跡から出土した、外来系遺物です。左上の土器は、いわゆる植木鉢形土器で、滑石混入の古朝鮮系の土器です。漢鏡は、先ほど説明した異体字銘帯鏡です。勒島遺跡から出土したこの鏡は縁の部分がやや広く、琴湖江沿岸の伝大邱《テグ》池山洞《チサンドン》出

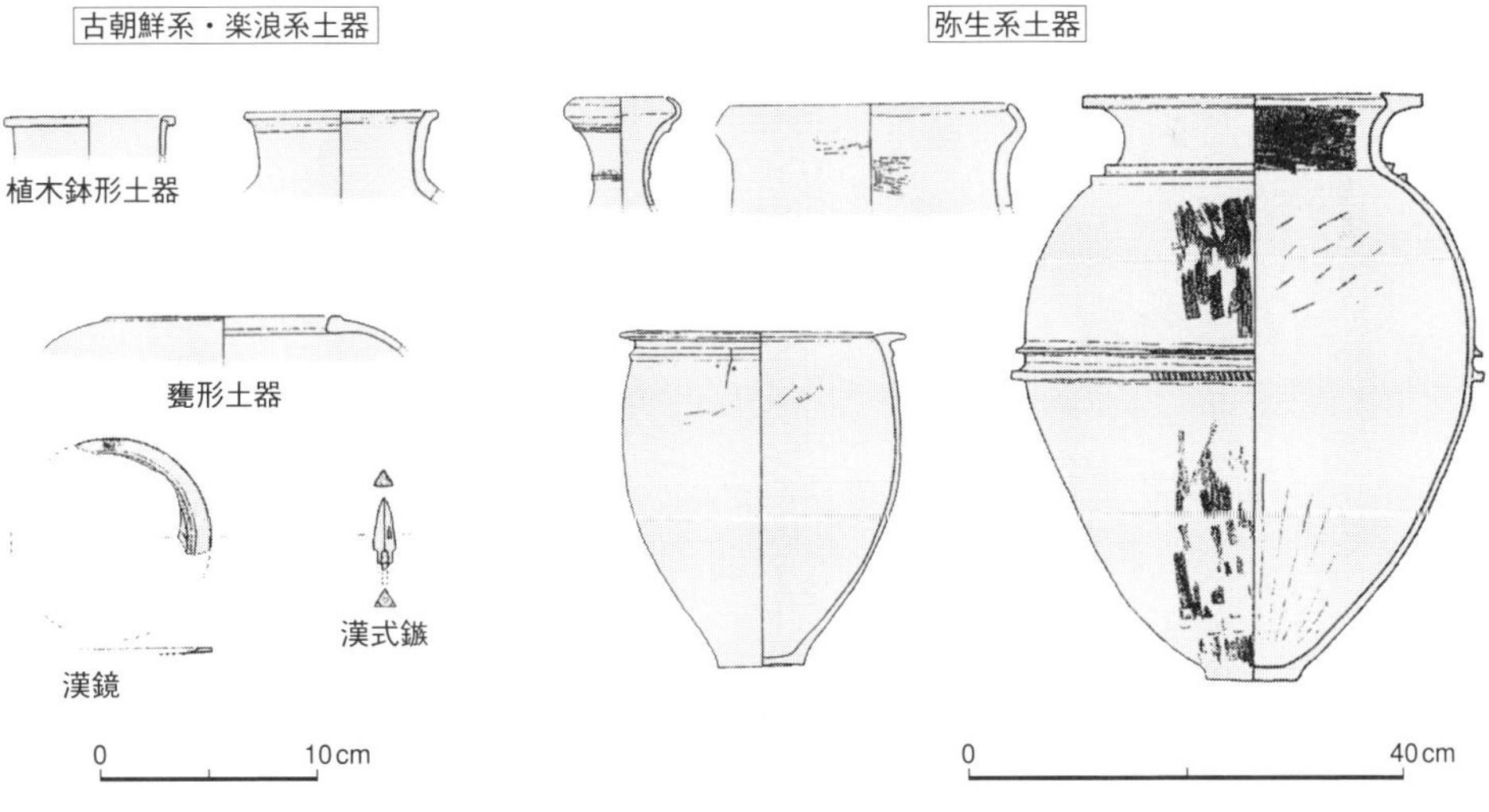


図10　勒島遺跡出土の外来系遺物
（井上主税「勒島と対外交流」『季刊考古学』13、2010より。一部改変）

土のものと似ています。漢式の鏃《やじり》は、断面が三角形になる鏃です。このほか、図面にはありませんが半両銭も出土しています。

### ◆楽浪郡との交渉

辰韓・弁韓と楽浪郡の交渉形態は、楽浪郡を通じて中国と間接的に交渉をおこなう朝貢形式をとるものと、楽浪ないしは中国の承認による交易活動という二面性があります。

楽浪系遺物として辰韓・弁韓地域に入ってくるものには、植木鉢形土器や、細形銅剣と鞘のセット、車馬具、それからS字形の鑣轡、鉄剣、鉄矛など古朝鮮伝統の文物があります。漢式のものとしては、楽浪土器、漢鏡、帯鉤、銅鼎、馬鐸、貨幣、ガラスなどがあげられます。

北方系のものとしては、銅鍑、鉄鍑、動物意匠の帯鉤、両端が蝶の触角のように巻いた触角式の把頭飾《はとうしょく》などがあります。

このうち、漢式の遺物は楽浪漢墓を調べていくと、上位階層の墳墓に副葬されることが多く、おそらく楽浪の上位階層との交渉によってもたらされたものだろうというのが高久健二さんなどの説です。それに対して古朝鮮の系統のものは、楽浪でも下位の墳墓に副葬されているので、下位の階層との交渉であるといわれています。

# 辰韓・弁韓と倭

## ◆辰韓・弁韓出土の倭系遺物

辰韓・弁韓地域で出土した日本列島系の遺物、いわゆる倭系遺物を紹介します。

**弥生系土器**　図11は弥生時代中期後半と後期の土器の分布です。弥生後期には一～二点の出土が多く、土器の全体量が非常に少なくなっています。後期の初めぐらいまでの土器はありますが、後期でも前半以降の土器というのは非常に少ないのです。後期の土器がみられるところは、それまで弥生土器が確認されていなかった遺跡も比較的多いという特徴があります。

**武器形青銅器**　銅矛や銅戈といった青銅器です。集中しているのは、慶尚北道の琴湖江流域と金海地域です（図12上）。

**小形仿製鏡**　弥生後期の小形仿製《ぼうせい》鏡は、重圏文系と内行花文系の二つの系統があります。重圏文系は、朝鮮半島でつくられた鏡（韓鏡）だといわれています。内行花文系は、倭の「奴国」の須玖《すぐ》地域を中心につくられたと考えられています。その分布をみると、琴湖江流域に重圏文系が集中するのに対して、内行花文系は金海地域のほうに集中するというように、はっきりとわかれています（図12下）。この分布の違いをどう理解するかが問題です。最近では、製作技術などの検討から重圏文系も倭でつくられたものだ、つまり小形仿製鏡はすべてが倭製であるという意見も出ています。しかし、私はすべてが倭製だとは考えていません。

弥生時代中期後半

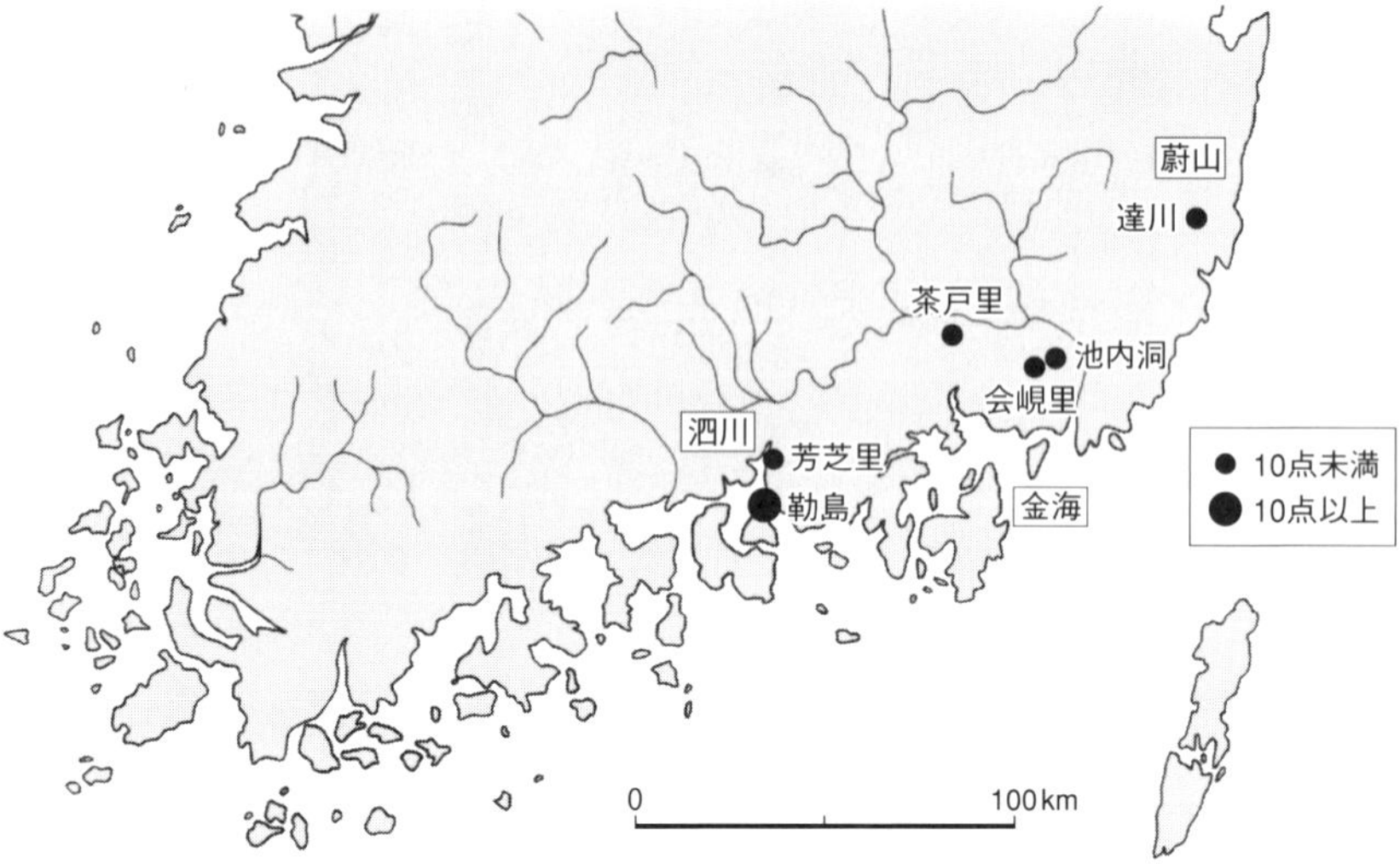


弥生時代後期

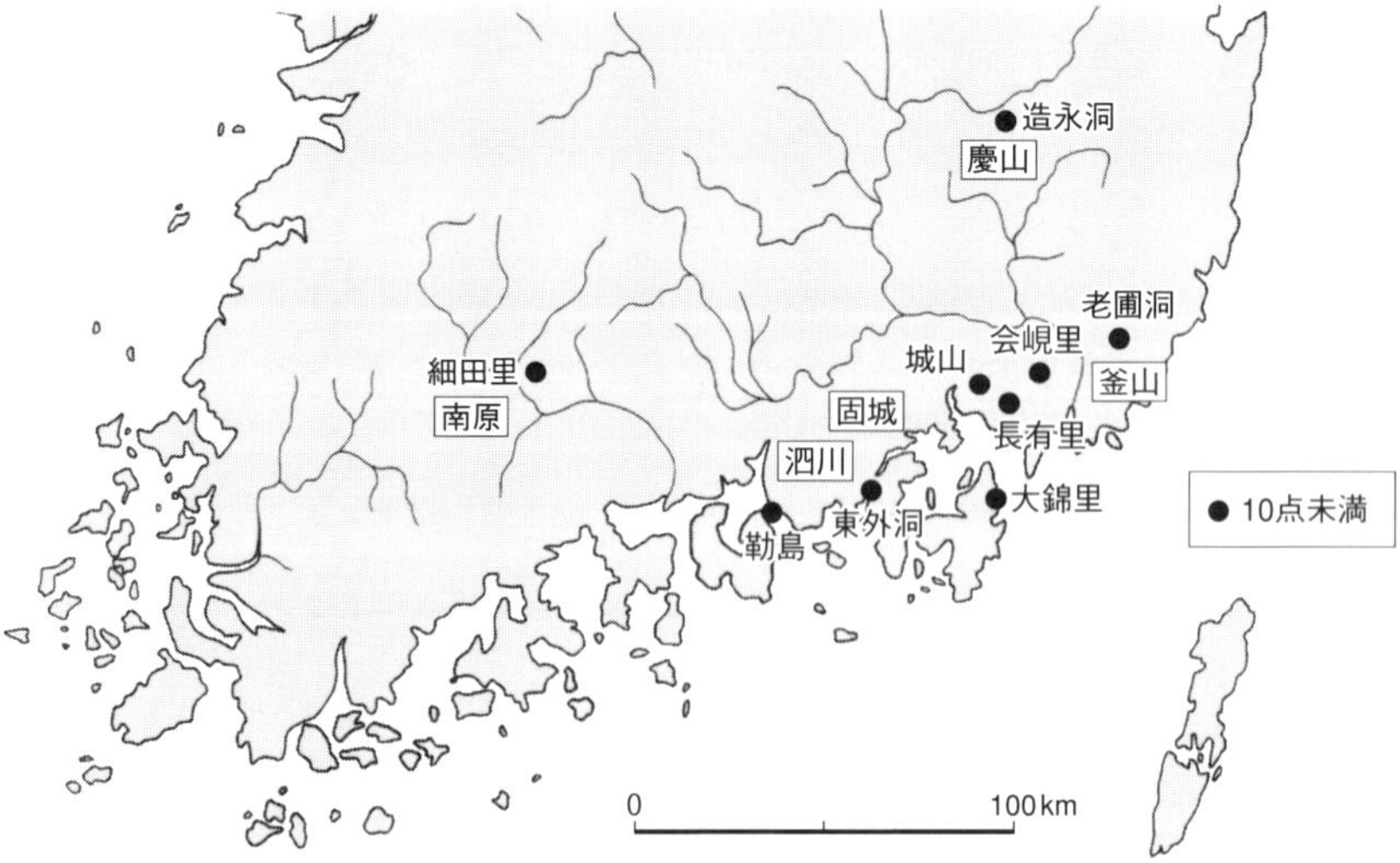


図 11　朝鮮半島南部出土の弥生系土器の分布

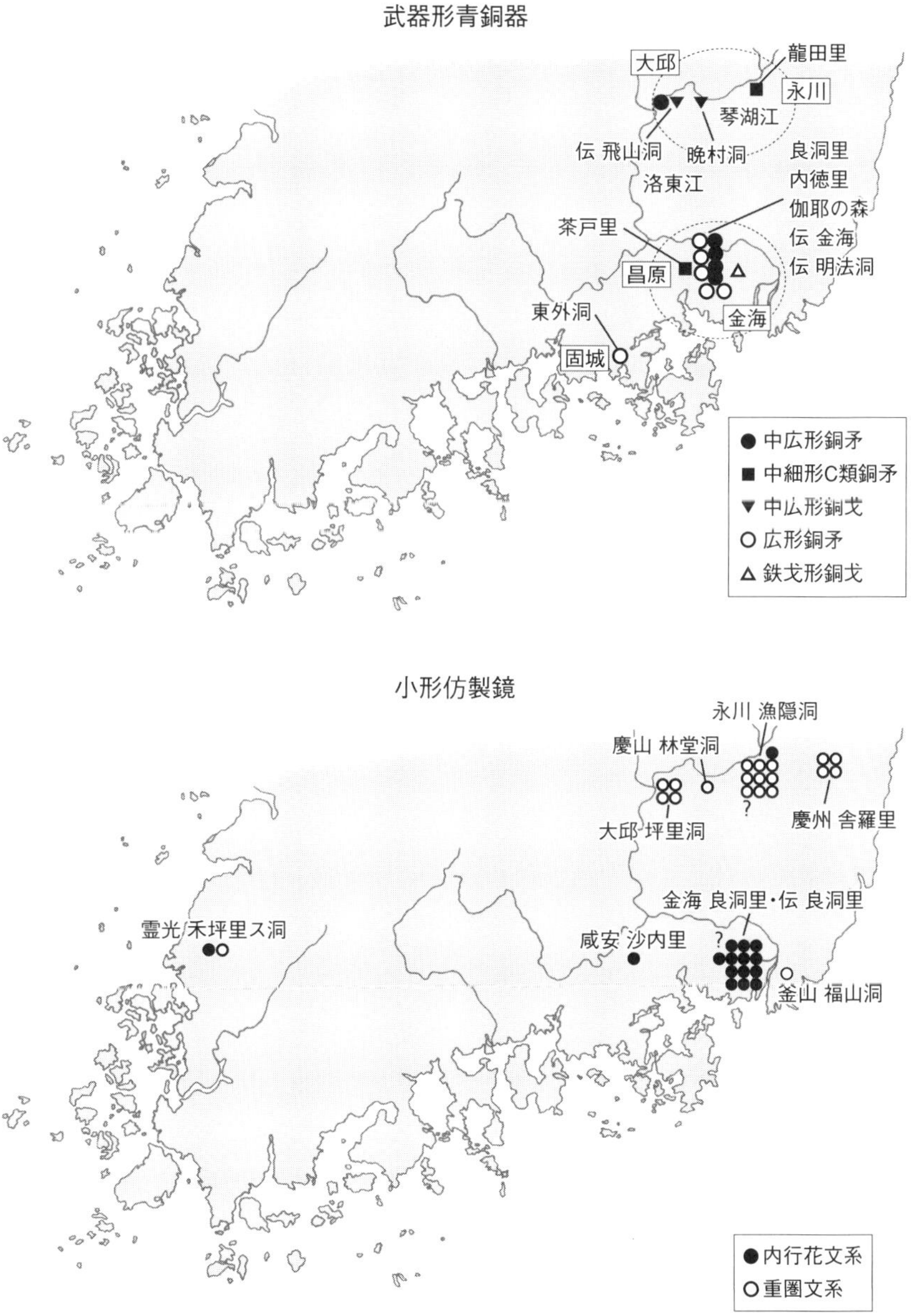


図12　朝鮮半島南部出土の倭系青銅器の分布
（済州島健入洞出土品は除く）

### ◆倭との交渉

以上のように倭系の遺物は、辰韓・弁韓地域では弥生系土器のほか、武器形青銅器や小形仿製鏡などの青銅器があります。ただし、倭系の土器と青銅器は、朝鮮半島では同一の遺跡で出土することはほとんどありません。その理由として、青銅器は政治支配者の統制下で専門工人によって製作され、個人が簡単に持つことができるものではありませんでした。そのため、弥生土器とは性格や意味が異なっていたと考えられます。

このことから、弥生土器と青銅器があらわす交渉形態の違いを指摘できると思います。具体的には、青銅器は墳墓から出土することが多く、政治支配者、すなわち首長間の交渉の結果もたらされたと考えられます。一方、土器の場合、集落からの出土が大半を占めており、日常的な交易の結果と考えることができます。

## 辰韓・弁韓の外来系遺物の搬入時期とその特徴

楽浪郡が設置されてから、帯方郡設置までの紀元前一世紀前半から紀元後三世紀にかけて、辰韓・弁韓地域にみられる楽浪系の遺物、それから倭系の遺物について、どのようなものが、いつ頃から入ってくるのかという点をみていきます。

◆紀元前一世紀前半

この時期の土器は、まだ瓦質土器ではありません。無文土器、すなわち前段階からの土器であるのが特徴です。

副葬品は青銅器が中心です。このなかで楽浪系の遺物として指摘できるとすれば、馬鐸があげられます。本来は車馬を構成するものですが、これだけが単独で、イレギュラーな感じで出土しています。

◆紀元前一世紀後半代

この頃には瓦質土器が出現しています。漢鏡の異体字銘帯鏡が出土しています。触角式の把頭飾もあり、北方系といわれるものです。このほか漢式の帯鉤。そして馬鐸もみられ

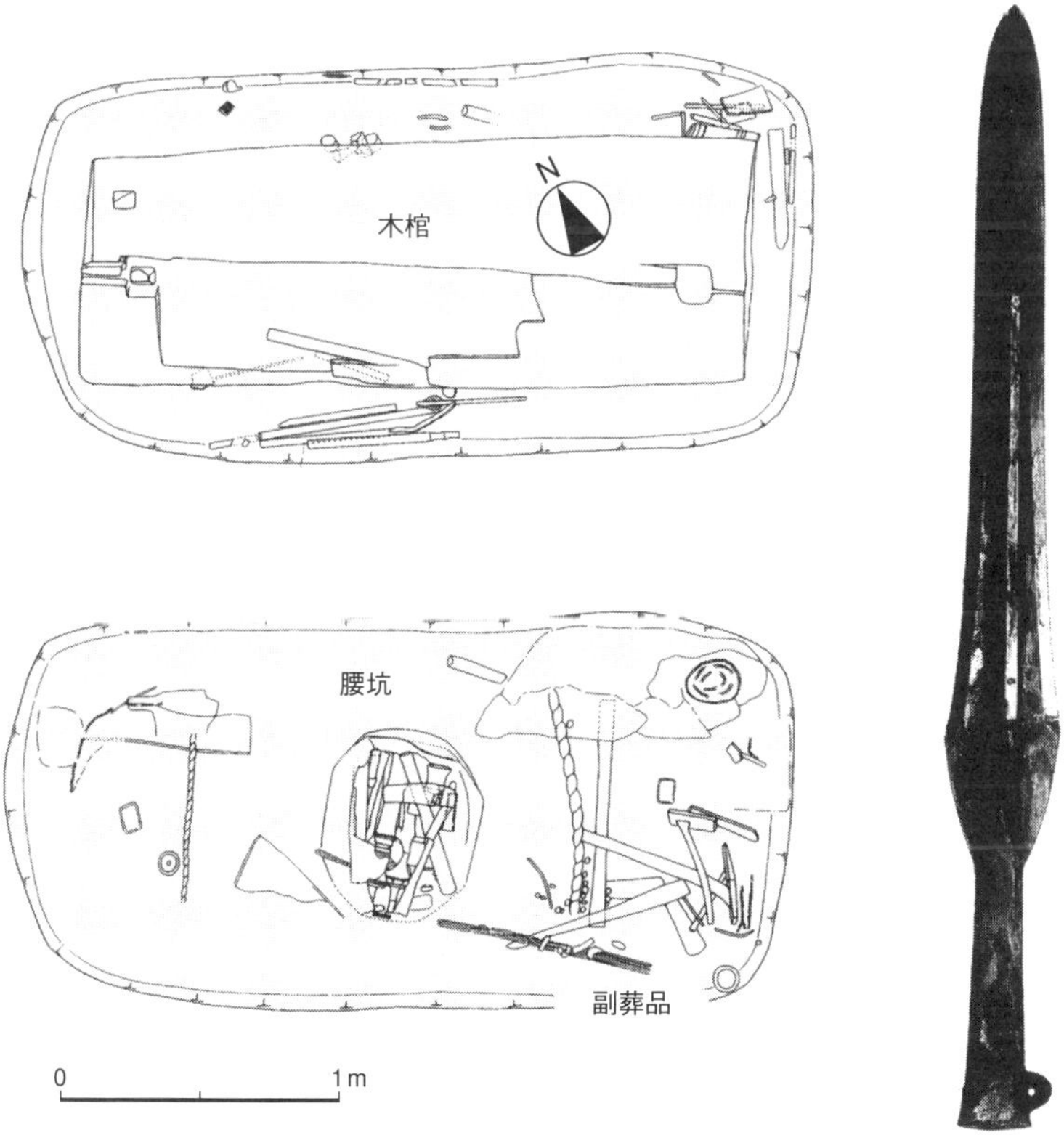


図13　昌原茶戸里1号墓出土の中細形C類銅矛
（李健茂ほか「義昌茶戸里遺蹟発掘進展報告Ⅰ」『考古学誌』1、1989より作成）

ます。注目されるのは、倭製と考えられる中細形C類銅矛が出土している点です。この時期の代表的な遺跡である、昌原茶戸里一号墓（図13）や永川《ヨンチョン》龍田里《ヨンジョンニ》木棺墓において確認されています。辰韓・弁韓地域における楽浪系の遺物と倭系の青銅器が、同じような時期にあることは非常に重要です。

茶戸里一号墓には刳抜き式の木棺があり、その下に腰坑《ようこう》とよばれる副葬品を納める穴が掘られています。そこに竹籠が置かれ、中に鉄矛や銅剣などが入っていたのですが、ここに中細形C類銅矛も副葬されていました。

ほかに楽浪郡との関係が指摘できるものとして、漆器があります。注目されるものとしては、文房具があります。復元されたもの（図14）をみると、筆は毛の部分が両側についています。書刀《しょとう》は、消しゴムのかわりとして使われたものです。木簡に筆で字を書いて、間違えたら削るのです。漆塗りの鞘に入っていました。

それから、鋳造鉄斧があります。これは鋳造したときの内型の砂がそのまま残っており、実際には使用に耐えないものです。それが二つ一組になっていて、鉄素材として使われたのだろうと考えられるものです。板状鉄斧も出土しており、木製の柄がとり付けられて

**図14　茶戸里１号墓の筆と書刀**（復元品）
（韓国国立中央博物館『草原の中の国 茶戸里』2008より）

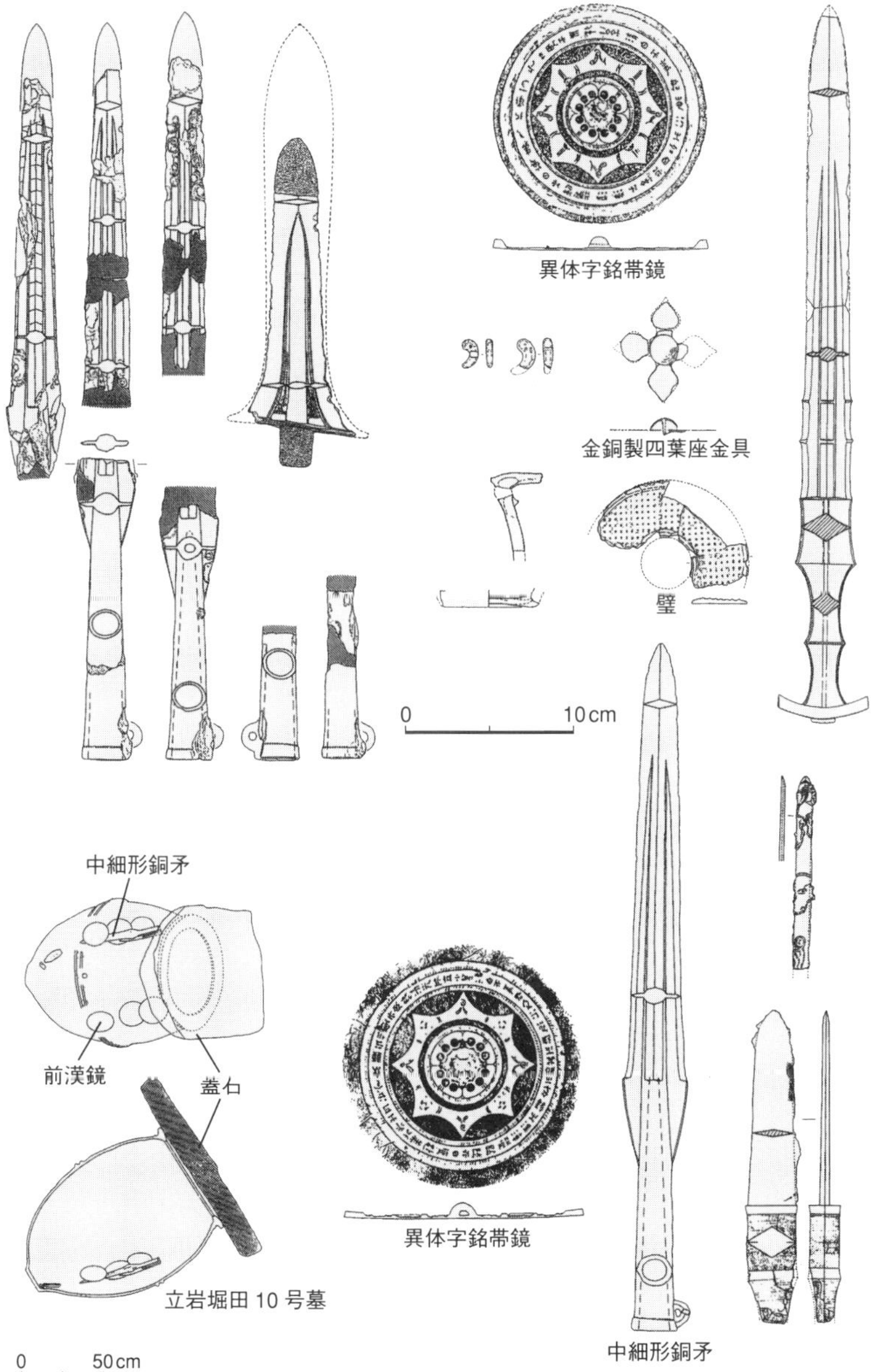


**図 15　北部九州の首長墓**

左上：須玖岡本D地点、右上：三雲南小路 1 号墓、下：立岩堀田 10 号墓

（岩永省三「須玖岡本遺跡 D 地点出土青銅利器の再検討」『MUSEUM』373、1982。柳田康雄編『三雲遺跡―南小路地区編』福岡県文化財調査報告書 69、1985。岡崎敬編『立岩遺蹟』立岩遺蹟調査委員会、1977。以上より作成）

いるものは、刃がけっこう研がれているのですが、柄がついていないものは、刃が研がれていないので、これもやはり鉄素材だったろうと考えられます。

この茶戸里一号墓の紀元前一世紀後半代というのは、日本列島でも楽浪系の遺物が入ってくる時期です。北部九州の「奴国」の須玖岡本D地点の甕棺墓や三雲南小路一号甕棺墓（「伊都国」の首長墓）などで中国（楽浪）系の遺物が出ています（図15）。異体字銘帯鏡、ガラスの璧、金銅製四葉座金具などが茶戸里一号墓と同じ時期にみられます。また、この時期の首長墓には、中細形式の銅矛が副葬されており、先ほど述べたように、辰韓や弁韓の首長墓からも出土したわけです。

北部九州では中細形式の銅矛や楽浪系の遺物を副葬し、その同じ時期に海を超えた弁韓の茶戸里や辰韓の龍田里でも中細形C類銅矛や楽浪系の遺物が副葬されています。ですから、この時期は北部九州の「奴国」や「伊都国」を考えるうえで、中国や楽浪郡とのかかわりだけでは

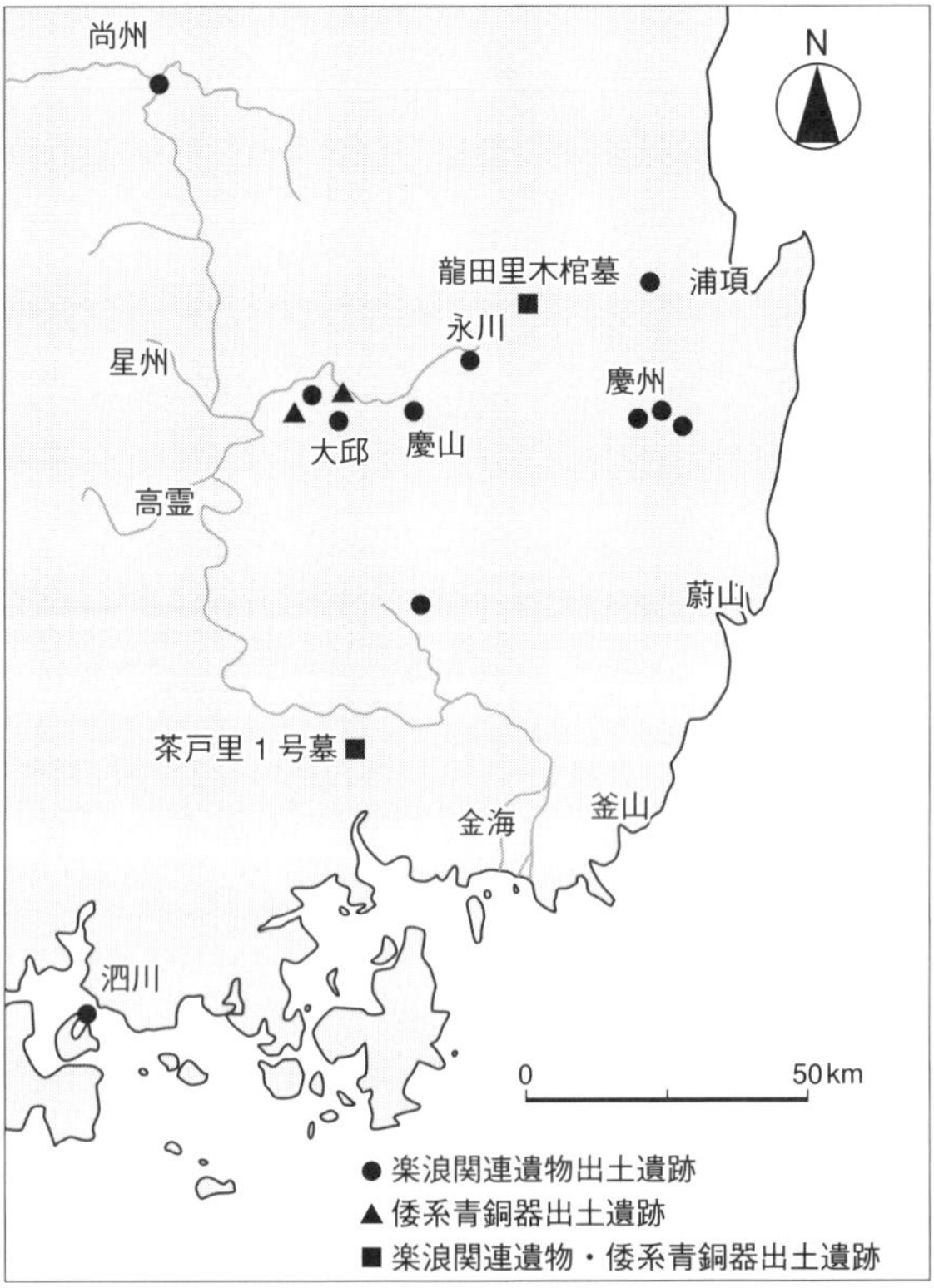


図16　朝鮮半島東南部の楽浪系遺物と倭（列島）系青銅器の共伴関係

なく、海を渡った朝鮮半島南部の弁韓や辰韓との関係も注目する必要があるということを、中細形C類銅矛が教えてくれます。

図16は、紀元前一世紀代の楽浪関連遺物と、倭系青銅器の分布状況をあらわしたものです。楽浪関連の遺物と倭系の青銅器の分布というのは比較的一致しています。これが何を意味するのかは後ほどお話しします。

### ◆一世紀前半代から後半

一世紀前半の段階になると、慶尚北道圏の墳墓などから先ほどあげた古朝鮮式の車馬具などと一緒に虺龍文鏡などが出土します。動物意匠の帯鉤や銅泡（ボタン）なども北方系といわれているものです。それから中広形銅矛と、中広形銅戈が出土します。銅戈の柄の部分には文様が鋳出されています。

つづいて、一世紀後半代には慶州舎羅里一三〇号墓から動物形の虎形帯鉤、鉄鍑が出ています。漢式の車馬具にともなう蓋弓帽も出土しています。

### ◆一世紀後半から二世紀前半

この時期の遺物は、慶尚南道圏の金海良洞里でみられます。この段階は小形仿製鏡があるものの、楽浪系遺物というのは、とくに目立たない時期です。二世紀後半代になると、良洞里一六二号墓で鉄鍑と一緒に後漢鏡二面が出土していますが、小形仿製鏡もみられます。

### ◆三世紀前半代

この時期になると、金海良洞里や東外洞《トンウェドン》貝塚で広形銅矛などが出土します。楽浪系のものとしては、水晶製の頸飾りがあげられます。良洞里二三五号墓は三世紀中葉ぐらいの墳墓ですが、

**図 17　迎日郡出土「晋率善穢佰長」印**
印面は縦 2.8 cm、横 2.2cm（韓国国立中央博物館『楽浪』2001 より）

ここに銅鍑が副葬されています。

三世紀代のものとしては、先ほどあげた銅鼎や、鉄鍑、それから銅鍑、金箔ガラスなどがあげられます。三世紀以降は、容器類や頸飾りなどが増えてくる時期です。

ここまでみてきたのは、楽浪郡や帯方郡との関係をあらわす遺物です。ただし、帯方郡の遺物がどのようなものかといわれるとちょっと難しい部分があります。これは参考資料にあげているのですが、楽浪郡・帯方郡以外に、辰韓・弁韓地域で魏や晋との関係をあらわす資料として、銅印があります（**図17**）。迎日《ヨンイル》、現在の浦項《ポハン》から出土したとされるのですが、出土状況がはっきりしません。この印は駝鈕《だちゅう》で、ラクダの形をしています。これは晋との関係をあらわすものです。また、伝尚州出土の「魏率善」と書かれた銅印は魏とのかかわりを示すものです。

ここまで、辰韓・弁韓出土の紀元前一世紀から紀元後三世紀までの外来系遺物をみてきました。最後に、辰韓・弁韓の対外交渉の変遷を振り返ってみましょう。

## ◆辰韓・弁韓の対外交渉の変遷

まず、紀元前一世紀前半というのは、馬鐸のみで基本的には楽浪系や倭系などの遺物はありません。

次の紀元前一世紀後半には大きな画期がみられます。この時期に楽浪系の遺物が本格的に流入してきます。漢鏡、貨幣、車馬具、帯鉤などがあげられます。これら楽浪系遺物の本格的な流入は、楽浪郡の発展と大きく関連しています。

この時期のもう一つの特徴としては、倭系の青銅器も同時に出現しており、ここから威信財とみられる倭系青銅器の本格的な流入がみられます。楽浪系遺物が出土している遺跡や近接する遺跡からは、倭系の青銅器も出土します（一四六ページ図16）。このことから楽浪系遺物と倭系の遺物は、非常に関連性が強く、おそらく楽浪系遺物を入手するための遠距離交易網を通じて、倭系の青銅器も辰韓・弁韓地域に流入したのではないかと考えます。

紀元前一世紀後半が一つの画期とすると、紀元後一世紀後半が、もう一つの画期となります。それまで慶北圏に集中していた楽浪系遺物の分布が慶南圏に移動します。倭系の青銅器も南のほうに分布の中心が移動していきます。これは、後漢の盛期と弁韓一二国の一つである弁辰狗邪国の成長と関連するものと考えられます。この時期に、金海地域では倭製の小形仿製鏡が集中して出ています。このことから青銅器を生産した倭の「奴国」と、金海地域の弁辰狗邪国とは関係があったとわかります。

二世紀になると、楽浪系遺物の流入は停滞するようになります。後漢鏡や鉄鍑などもありますが、やはり後漢の混乱が関連しているようです。

三世紀以降は、倭系の遺物にはそれほど大きな画期といえるようなものはありません。広形銅矛が一部みられますが、土器の量もわずかです。しかし、楽浪系遺物からみると大きな画期があります。すなわち、再び楽浪系の遺物が増加する時期にあたり、とくに銅鼎、銅鍑、鉄鍑などの容器類、水晶を用いた装身具などが目立ちます。良洞里三二二号墓出土の鼎には、「宮」の「鼎」と書いてありました。この地域まで宮廷に使用される鼎が流入するということは、やはり後漢の滅亡や楽浪郡の衰退、帯方郡の設置と密接な関連があると考えられます。

日本列島では、この時期に女王卑弥呼による帯方郡を通じた魏との交渉があったことが、中国の記録に残っています。また、考古資料では、魏鏡とみられる三角縁神獣鏡が出土しています。

一方、辰韓・弁韓と倭との対外交渉というのは、文献記録には残っていないので、具体的に知ることはできません。また、考古学からもこの時期に倭系遺物が少なく、交渉自体が不振であった可能性もあります。この時期については資料の増加を待って、あらためて検討してみたいと思います。その後、三世紀でも後半になると、布留式系の土器が釜山地域などでみられるようになり、四世紀以降は土器だけではなく、石製品や巴形《ともえがた》銅器などの日本の古墳から出土するような遺物が顕著となります。すなわち、弁辰狗邪国の後身である金官国と畿内政権との政治的な交渉が活発となっていくのです。

『三国志』の時代

# 考古資料からみた海外交渉

## ――楽浪土城からホケノ山古墳まで

坂　靖

今回お話するのは、主に二世紀から四世紀代の日本列島と朝鮮半島の関係です。中心になるのは、やはり『魏志』倭人伝の世界です。『魏志』倭人伝に、卑弥呼は魏の出先機関である帯《たい》方《ほう》郡を通じ、「親魏倭王」という称号をもらい、金印紫綬を賜ったということが記されています。魏と倭が交渉する際には、かならず中間にある帯方郡がその窓口となりました。

## 帯方郡と楽浪郡

### ◆帯方郡はどこにあったか

ところが、この帯方郡が、どこにあったのかよくわかっていません。その政庁である郡治の位置をめぐって古くからの論議があります。

駒井《こまい》和愛《かずちか》は、「帯方郡の位置は、ソウル近辺にある」と主張しています（『楽浪』中公新書、一九七二）。この説は、まだ消えていません。しかし、最近、ソウル近辺の発掘調査がずいぶんと進んできて、この説を主張する人は少なくなってきています。とりわけ、漢江《ハンガン》のすぐ南に風納土城《プンナップトソン》という大きな土城がありますが、その発掘調査が進み、百済がソウルに都をおいた漢《ハン》城《ソン》時代の王城であるということがはっきりしてきました。ですからソウル近辺には、帯方郡治ではなく、初期の百済王城があったことが、考古学的に固まってきています。

駒井の説に対する説として、北朝鮮のピョンヤンのすぐ南側、黄海北道《ファンヘボクド》の鳳山《ポンサン》郡沙院《サウオン》里にある智塔里《チダンリ》土城を帯方郡治と考える説があります（図1）。

なぜこの智塔里土城と帯方郡治が結びついたかというと、この近くの古墳から帯方郡太守張撫夷と書かれた塼が、一九一一年（明治四四）に発掘調査で出土したからです。太守というのは、中国の政府から派遣された長官のことで、この古墳が帯方太守の墓ということが証明できれば、郡治の位置も、間接的ですが、この付近ということになります。現在、天理参考館には「大歳在戊漁陽張撫夷塼」という銘文塼が展示されていますので、ご覧になってください。

発掘調査では、戊申という干支が書いてある塼が一緒に出ていますが、これには十干十二支の干支だけが書いてあって、中国の皇帝が発した正式の年号は書いてありません。戊申については、西晋武帝太康九年（二八八）説、東晋穆《ぼく》帝永和四年（三四八）説があり、この人が本当に中国の政府から派遣された帯方郡の太守であるならば、当然この年号を知っているはずなのに、干支だけを書いているのです。もちろん、干支だけで表記した塼の事例はあるのですが、

**図 1　智塔里土城と石碑**

2005 年撮影。土城土塁に「保存遺跡 第 293 号 智頭里土城」と記された石碑が立つ。
（提供：田中俊明）

中国の政府とはかかわりのない地元の人間が、帯方太守を詐称したという説が浮上してきたのです。

高句麗の侵攻により、三一三年に楽浪郡は滅びます。戊申を三四八年と考えると、帯方郡は楽浪郡を分割して成立したものですから、帯方郡はもう存在していなかった可能性が高いと考えられます。そうすると詐称説はもっと真実味をもち、あくまで古墳の被葬者が帯方太守と名乗っていただけのことであって、必ずしも実際の帯方郡と結びつくかどうかは、不明ということになります。

楽浪郡が分割されて、帯方郡がつくられたわけですから、ピョンヤンのすぐ南のあたりになるのか、かなり離れたソウルのあたりになるのか、結論を急がず、今の段階ではその広い範囲のなかで帯方郡は求められるべきでしょう。

## ◆楽浪郡

これに対し楽浪郡の位置は、はっきりしています。ピョンヤンの大同江《テドンガン》南岸にある楽浪土城《ナンナン》が楽浪郡治であることが証明されています（図2）。楽浪土城が楽浪郡治だとわかったのは、ここから「楽浪礼官」と書かれた瓦や封泥《ふうでい》（荷物を相手方に送り届けるときに封印する粘土塊）が出土したことによります。とくに、「楽浪大尹章」と書かれた封泥が出たことによって、ここに楽浪郡の長官にあたる人物がいたことが証明されたのです。楽浪郡の長官は、「太守」ですが、新の王莽《おうもう》が始建国元年（西暦九年）に「大尹章」にあらためています。

楽浪土城からは、ほかにもたくさんの封泥が出ています。当時の楽浪郡には昭明県とか不而県などの県がおかれていました。昭明県は、ピョンヤンの南側の黄海道《ファンヘド》信川《シンチョン》郡あたりで、北部面土城《トソン》里にある信川土城が県治の推定地です。楽浪土城からは、昭明県の役人の職階である「丞」を記した「昭明丞印」が出ています。また、同じように、不而県の役人の職名である尉が記された「不而左尉」の封泥が出ています。不而県治の推定地は、日本海側の所羅洞《ソナトン》土城がその推定地です。つまり、楽浪郡各地にあった県治や、そこにいた役人にむけて送るつもりであった荷物につけるはずの封泥が、この楽浪土城からたくさん出ているのです。

本来、封泥というのは荷物を送られた先で封を開けるわけですから、送られた

図２　楽浪郡と帯方郡

ほうで出るべきで、送り主のほうにたくさんあるはずはないのですが、そこが本当の郡の政庁であれば、送るつもりでいたものが、たまたまそこが襲撃されたか、火事にあったのか、なにか事故や事件などがあって送られることなく残ってしまったという可能性が考えられます。

このように、楽浪土城は楽浪郡治として一応確定したのですが、移転説があります。もとはピョンヤンの市街地付近にあったのが、のちに今の楽浪土城のあたりに移ったのだという説です。とくに発掘調査を担当した駒井は、楽浪郡治は本来、この場所にあったのではなくて、後世にこの場所に移ってきたと、この移転説を主張しています。

## ◆楽浪郡の成立から滅亡まで

楽浪郡は言うまでもなく、紀元前一〇八年に前漢の武帝が、朝鮮半島に楽浪・臨屯《りんとん》・玄菟《げんと》・真番《しんばん》という四郡を設置したなかの一郡です。朝鮮半島の北部地域は漢の郡県制が敷かれ、漢王朝の支配下におかれました。なかでも、楽浪郡は衛氏朝鮮を滅ぼして設置され、以後、長く政治的な拠点となります。

その後、漢王朝の力が衰え、魏が建国される漢の末期から魏にかけて、遼東半島に公孫《こうそん》氏が勢力を張ります。公孫氏も、もとは中国の政府から任じられる形で遼東太守となったのですが、半独立状態になって大きな勢力をもつようになります。そして、楽浪郡も公孫氏が一手に支配しますが、最終的には魏が奪還します。そして西晋の時代になっても、楽浪郡は存続します。しかし、高句麗の侵攻によって三一三年に楽浪郡は滅びました。この楽浪郡の末期、建安年間

（一九六～二一九年）に楽浪郡の南側に設置され、倭国との交渉の窓口になったのが帯方郡です。当時の倭と朝鮮半島の対外交渉を考えるときに、楽浪郡や帯方郡を切り離して考えることはできません。その意味で、楽浪郡治や帯方郡治の実態がわかれば、当時の海外交渉の状況もみえてくるのですが、現在の政治状況もあって隔靴掻痒《かっかそうよう》の感はぬぐえません。

## ◆楽浪土城の現況

ここで、現在の楽浪土城がいったいどうなっているのかを、実際に現地へ行かれた方の記録などをもとに、お話ししたいと思います。

楽浪土城は、ピョンヤン市街地の南岸部にあります。現在、付近の丘陵は開発され、たくさんのアパートが建てられ、高速道路も通っているようです。アパートを建てるにあたって、楽浪土城の南側一帯の古墳群の発掘調査がおこなわれています。韓国を通じて私どもの研究所にも、この楽浪地区《ナンナン》の発掘調査の報告書が入っていますので、ある程度の調査の状況というのはつかめるのですが、報告の内容がかなり粗く、写真や図面の量も非常に少ないという状況にあります。土城の一部と、南側にある一部の古墳だけが史跡という形で保存されているというのがその現状のようです。

**図3**は、田中俊明さんが二〇〇五年に現地を調査されたときに撮られた写真です。アパートの敷地に、土城の土塁が残されています。

調査当時は畑地帯で、塼築遺構が出ています（**図4**）。封泥が出土した場所があり、そこに

**図 3　楽浪土城の現況**
2005 年撮影。楽浪土城の土塁である。上、中央の石碑には「保存遺跡第 21 号 楽浪土城」の文字が刻まれている。（提供：田中俊明）

中心的な施設があったと考えられますが、それぞれの遺構の性格はわかりにくいようです。

調査によりたくさん遺物が出土していますが、そのなかで、現地でつくられた土器が日本列島に入ってきています。とくに対馬・壱岐・北部九州に多く出土していますので、この土器こ

**図4　楽浪土城の塼築遺構**（上）**と調査当時の土城遠景**（下）
朝鮮古蹟調査会撮影（韓国国立中央博物館『特別展 楽浪』2001より）

そが、当時の海外交渉を示す、われわれが手にとることのできる重要な考古資料です。

## 土器からみた海外交渉

### ◆楽浪土器

当時の日本列島はまさに弥生時代で、楽浪郡でつくられた土器（＝楽浪土器）と弥生土器は、まったく違います。当時の日本列島では、まだ窯で焼いた還元焰の瓦質土器は生産されていません。楽浪土器には、轆轤《ろくろ》を使用し、還元焰焼成で、非常にたくさんの白いつぶつぶの滑石が混入している土器と、泥質で石の混じり気の少ない土器の二種類があります（図5）。

これらの土器の編年がわかって、それを基準として話ができれば簡単なのですが、残念ながら楽浪土器は、不確定な要素が非常に多く、その年代や系譜については、実はあまりよくわかっていません。

最近、韓国の嶺南大学校の鄭仁盛《チョンインソン》さんが、遼東半島の土器とのかかわりのなかで、この楽浪土城の土器の系譜を考えられています。

ところで、韓国や北朝鮮には「楽浪王国」説があります。ピョンヤンにあったのは中国政府の出先機関ではなく、楽浪国という朝鮮民族の王国だったというのです。こうした視点での韓国のテレビドラマをご覧になった方もおられることと思います。もちろん、鄭仁盛さんはそういう立場ではありません。中国政府の出先機関は、朝鮮半島にはなく、遼東半島にあったとい

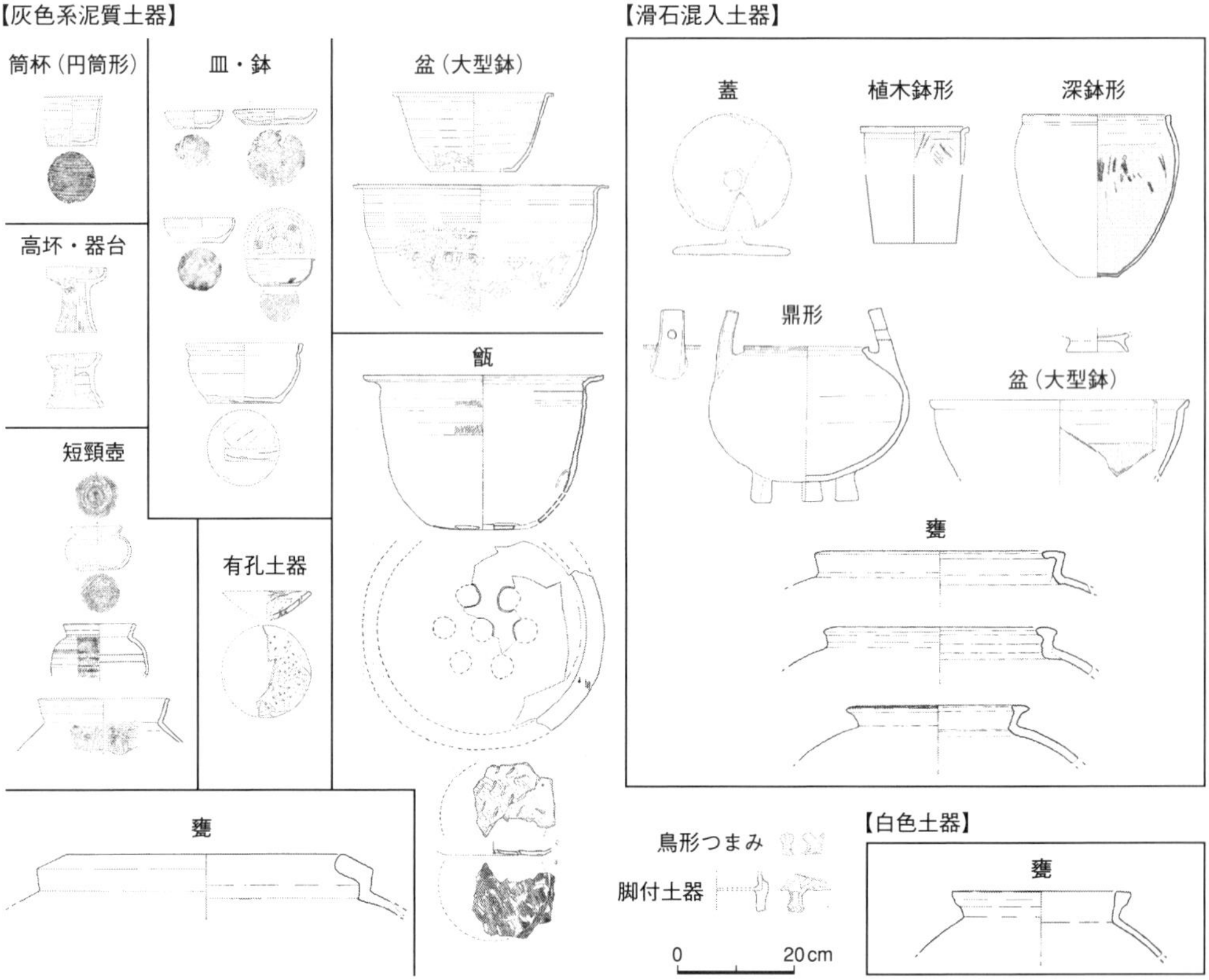


**図5　楽浪土器の器種**

（谷豊信「楽浪土城の土器〈上・中・下〉楽浪土城研究その2・3・4」『東京大学考古学研究室紀要』3・4・5号、1984・1985・1986より。原図を再構成）

う、そうした意識もあるということを頭の片隅においていただけたらと思います。

楽浪土器の年代はあまりわかってはいませんが、日本列島に入ってくる前の段階に、楽浪郡から南の地域に強い影響を与えます。そして、鉄の生産も広がっていきます。

楽浪郡でつくられた土器が楽浪土器ですが、それと類似する土器が、韓国で出土しています。それらを楽浪系土器とよんで区別しています。その楽浪系土器が朝鮮半島の南部地域にたくさん分布し、当時の影響関係を物語っているのです。なかでも、楽浪郡のすぐ南の馬韓《ばかん》といわれた地域、あるいは朝鮮半島南部の弁韓《べんかん》といわれた地域では鉄生産とかかわって、この楽浪系土器が波及していきます。

## ◆楽浪系土器と鉄器生産

朝鮮半島西南部、馬韓地域の旗安里《キアンリ》遺跡や大成里《テソンリ》遺跡から大量の楽浪系土器が出土しています。そして、この二つの遺跡では鉄や鉄器生産を盛んにやっています。旗安里遺跡からは、日本の鞴羽口《ふいごはぐち》にくらべて、大きさも違えば太さも違う、形も違う送風管が出土しています。このような大型の送風管は、大規模な鉄生産や鉄器生産にかかわる遺物です。旗安里遺跡では、製鉄がおこなわれていたと考えられます。

朝鮮半島南部地域では三龍里《サムヨンリ》窯跡や石帳里《ソクチャンリ》遺跡など楽浪系土器はほとんど出土していない遺跡ですが、ここからも大型の送風管が出ています。このような大型の送風管を使う大規模な鉄生産が朝鮮半島に定着し、一世紀から三世紀ぐらいまで、おこなわれていたことがわかっています。

ところが、こういう技術は日本列島にはまったく伝わらず、こうした大きな送風管そのものは、まったく日本列島では使われませんでした。しかし、土製品の生産には影響を与えていた可能性があります。辻川哲郎さんの検討で、韓国の鞴羽口の底部に輪を巻いて、そのうえに粘土を積み重ねていくというつくり方と日本の「淡輪《たんのわ》技法」と呼ばれる埴輪のつくり方がよく似ていることがわかってきました。朝鮮半島の最新の鉄生産技術は、まったく日本には伝わってこなかったのですが、その一部である土製品の生産にかかわるところだけ、五世紀以降に日本に伝播してきたと考えられます。

### ◆海洋民がもたらした鉄器生産技術

福岡県の博多遺跡群から出土する蒲鉾《かまぼこ》形鞴羽口（一二三ページ図7右参照）というものがありますが、これもやはり朝鮮半島の技術です。ソウルからずっと東のほうに行った日本海側に、江原道《カンウォンド》がありますが、この江原道の江陵《カンヌン》市の安仁里《アニリ》遺跡と東海《トンヘ》市の望祥洞《マンサンドン》遺跡から博多遺跡群や纒向遺跡で出ているような蒲鉾形鞴羽口とよく似たものが出土しています。

ただ、両方の年代は隔絶しています。安仁里遺跡や望祥洞遺跡の年代は、紀元前ないしは紀元後でも二、三世紀までの段階になります。博多遺跡群は、三世紀後半ないし四世紀の段階になると思います。地域的にみても、江原道地域から朝鮮半島の南部地域に伝わって、北部九州に至るわけですから、その間は非常に離れています。ですから、安仁里遺跡や望祥洞遺跡の人びとが日本列島に来て、技術を直接伝えたということではありません。

その当時の最先端の技術というのは、日本列島にはなかなか伝わりませんでした。こうした技術は、いわば国家機密であったのでしょう。政治の中心から離れた周辺地域の、しかも鉄生産に実際に携わった人からの直接的なものではなく、間接的に海洋民などを通じて伝わってきている可能性が非常に強いのです。日本列島に伝わった技術というのは、そういう人びとが、もとの地域にあった生産技術を横で見ていて、あくまで間接的な形で日本列島にもたらしたと理解しています。

二〜三世紀の日本列島の鉄器生産は、鉄の鋼《はがね》の縁を切って整形するという弥生時代的な要素もかなり残しています。列島の鉄器生産は、あまりレベル的に技術の高くない小さいものをつくるだけの段階であると思います。北井さんの「金属器生産技術の変化」（一二二ページ）を参照してください。

当時の鉄器生産技術は朝鮮半島の海洋民がもたらしたもので、政治的なかかわりを強調することはできません。この当時の海外交渉において、こうした海洋民のかかわりを強調されているのが、武末純一さんです（武末純一「三韓と倭の交流―海村の視点から―」『国立歴史民俗博物館研究報告』第一五一集、二〇〇九）。

### ◆対馬・壱岐にもたらされた楽浪系土器

鉄器生産の話で、時代が新しくなってしまいました。楽浪系土器に話を戻します。楽浪系土器はどういう形で日本列島に入ってきたのか。当時、日本列島のなかで交渉の窓口となったのはどこなのか。それぞれの人びとがどういった役割を果たしていたかということを少し考えてみたいと思います（図6）。

まず、対馬の楽浪系土器です。七遺跡で出土していますが、一遺跡につき一、二点と出土量が非常に少ないという特徴があります。これが何を意味するかです。やはり、海洋民が交易活動をするなかで、楽浪系土器が入ってきたのでしょう。容器が主であったのか、中に入っていたものが主だったのか、それが問題ですが、たぶん中に入っていた物のほうが主だと思います。対馬は交易拠点として、朝鮮半島から対馬、対馬から北部九州へという形で、中継地としての役割を担った場所であったと考えられます。

次に、壱岐です。やはり楽浪系土器が集中

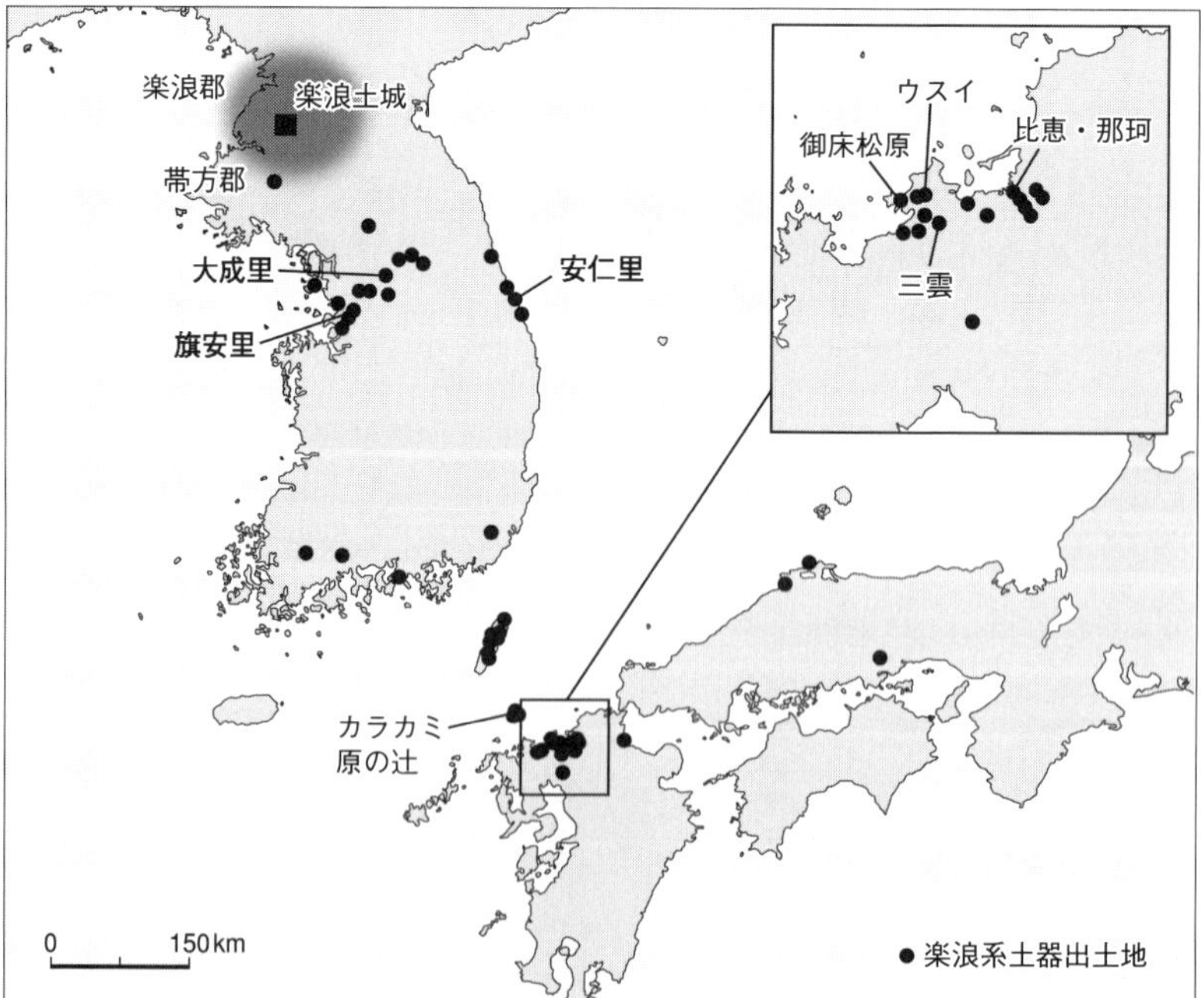


図6　楽浪系土器の分布
（寺井誠「日本列島出土楽浪系土器についての基礎的研究」『古文化談叢』第56集、2007をもとに作成）

していています。そうは言っても、量的にはたいしたことはありません。その後の交流を考えても、二〜四世紀代の朝鮮半島と日本列島の交流というのは、多くの人びとが来て定着していたというものではないようです。そういうなかで、壱岐ではカラカミ遺跡と原《はる》の辻《つじ》遺跡での出土量が卓越しています。原の辻遺跡は広大な遺跡で、これ自体が壱岐国と認識されていた可能性すらある大きな遺跡です。

さらに、対馬や壱岐からは、馬韓・弁韓・辰韓の三韓時代に関連する三韓系土器や、その後の高句麗・百済・新羅の三国が鼎立した三国時代にかかわる三国系土器もたくさん出ています。三、四世紀代近くまでこういう土器が出ていますから、人びとは朝鮮半島と日本列島を行き来し、二つの島はずっと交易の拠点となっていたのです。『魏志』倭人伝が「南北に市糴す」という書き方をしているのもうなずけるし、田はあまりなかったという書き方をしているというのも、交易の拠点として位置づけていたからなのでしょう。

## ◆九州の楽浪系土器

楽浪と日本列島を結ぶ拠点となった場所は、伊都国です。伊都国からは、楽浪系土器が集中して出土しています。伊都国は、北のシマの地域と南のイト地域に分かれます。本書の「伊都国の王と有力者たち」でシマの地域は、あるいは『魏志』倭人伝の「斯馬国《しま》」かもしれないという岡部さんの話がありますので（一九八ページ）、参考にしてください。

さて、南のイト地域は広大な地域に巨大な集落が置かれていて、『魏志』倭人伝を見ると、

「世世王あり」と記されています。それからもうひとつは、「女王国に統属していた」ということが書かれています。また、「郡使の往来、常に駐まる所なり」ということも書かれています。帯方郡の役人が来たら、必ずここにとどまるという、まさに『魏志』倭人伝の世界のなかでも、いちばんの交易の拠点になっていた、そういう場所です。

それからもうひとつ、伊都国には「一大率を置く」と書かれています。一大率というのが倭国の役人の名前なのか、それとも帯方郡の役人の名前なのかわかりませんが、常に恐れられた存在であって、国々を巡検していました。その国々を巡検するなかで、常に伊都国で政務をとっているという書き方がされています。『魏志』倭人伝では、この伊都国が非常に重要です。

とくに「世世王あり」とされた場所には、平原《ひらばる》の王墓があります（一八九ページ図6参照）。また、一八一ページの図2の川に挟まれた地域が三雲《みくも》・井原《いわら》遺跡といわれた巨大集落です。まさに伊都国の王都といわれています。楽浪土器の出土のあり方でみると、この集落でいちばん注目されるのが三雲・番上《ばんじょう》遺跡です。この遺跡からは大量の楽浪系土器が集中して出土しています。発掘調査の面積が非常に狭いなかで、三〇点以上が出土しました。ここに王がいて、その王の管轄下、あるいは一大率とかかわるなかで、楽浪郡や帯方郡の人たちが滞在するような施設が存在した可能性があります。つまり、倭国において、帯方郡の使節が滞在した可能性が非常に高い地域が、この三雲・番上遺跡の周辺部にあたる場所ではないかと考えられます。

この三雲・番上遺跡の楽浪土器のあり方は、いままでお話ししてきた海洋民たちが自由に交易した様態とは、まったく違って、政府間の交渉とかかわる可能性があるのです。

一方、海洋民と深くかかわるのが伊都国の北側、シマの地域です。ここには御床松原《みとこまつばら》遺跡や一の町遺跡・ウスイ遺跡があります（一七七ページ図1参照）。一の町遺跡のすぐ横にあるウスイ遺跡には、交易センターのような大型の建物があり、楽浪系土器がみつかっています。御床松原遺跡のほうが港に近く、それより奥まったところに一の町遺跡・ウスイ遺跡がありますす。楽浪から来た海洋民たちの交易の拠点となる場所で、そこを通じて各地とやり取りをしていたと考えられます。

糸島地域は、北部九州における楽浪系土器の集中地点であり、倭人伝の世界では交易の拠点となっていたのです。ところが、この地域はその後、交易の拠点として長らく続いてゆくわけではありません。朝鮮半島の南部地域とのかかわりも、この後は濃厚であったかというと、そうではなさそうなのです。

## ◆奴国へ移る交易拠点

それでは交易の拠点は、糸島地域からどこへ移ったかというと、非常に重要なのが、金印のみつかった志賀島のある博多湾、とくに湾の東側の地域の博多平野のあたりです。『魏志』倭人伝では奴国《なこく》の領域にあたります。

この地域には楽浪系土器も若干入っているのですが、朝鮮半島南部の三韓系土器が圧倒的に多いのです。交易の拠点は、糸島地域より博多平野の比恵《ひえ》・那珂《なか》遺跡群へと移り、この地域は朝鮮半島南部とのかかわりを深めていきます。

比恵・那珂遺跡群は、非常に広大な遺跡です。奈良県の庄内期の纒向遺跡の集落範囲よりもかなり大規模です。纒向遺跡が何か非常に小さいものに感じられます（図7）。もう少し言うならば、庄内期の纒向遺跡は、邪馬台国とのかかわりで論じられるわけですが、両者を比較すると規模が非常に小さいわけです。久住猛雄さんが、この比恵・那珂遺跡群を積極的に論じられているとおり、集落の規模や大型建物の規模などから、庄内期の纒向遺跡は、けっして過大には評価できないと思います。

### ◆朝鮮半島と纒向遺跡のかかわり

では、いよいよ近畿地方へと入っていきます。近畿地方では、楽浪系土器は出土していません。纒向遺跡から黒色の瓦質の土器がわずかに出ていますが、ハケメが施されていて、寺井誠さんが述べられているとおり、金海《キメ》や釜山《プサン》あたりの朝鮮半

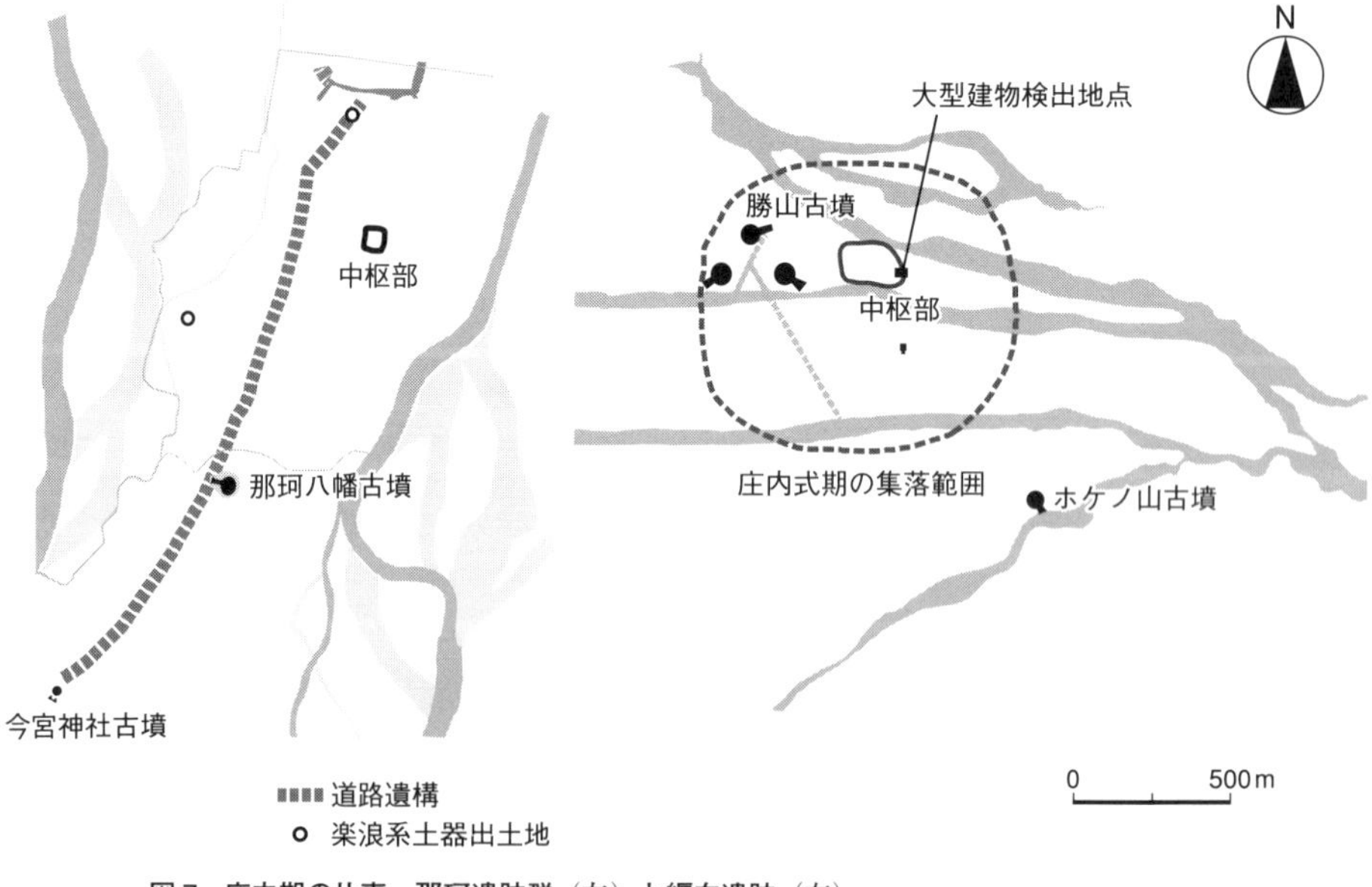


**図7　庄内期の比恵・那珂遺跡群**（左）**と纒向遺跡**（右）
（比恵・那珂遺跡群は、久住猛雄「福岡平野　比恵・那珂遺跡群－列島における最古の「都市」」『弥生時代の考古学　8』同成社、2008、図13をもとに作成。纒向遺跡は、桜井市埋蔵文化財センター『ヤマト王権はいかにして始まったか～王権成立の地　纒向～』2007、図5をもとに作成）

島の南端部とかかわる資料ではないかと考えられます。

朝鮮半島から日本海を渡り、瀬戸内海を通ると、その最奥部にあるのが近畿地方です。朝鮮半島とのかかわりは庄内期より布留期、布留期より五世紀というふうに、時代を経るごとに深まっていきます。三～四世紀の朝鮮半島の三韓あるいは高句麗・百済・新羅の三国時代の土器の分布を示したのが図8です。

庄内期以前においては、唐古・鍵遺跡で後漢鏡の破片が出土していますが、盛んな海外交渉をしていたという様相は認められません。庄内期～布留期の交易のルートとして重要なのは、河内湖から大和川をさかのぼって纒向遺跡に至るルートです。纒向遺跡に至るまでの池島・福万寺遺跡、加美遺跡などで、朝鮮半島南部とのかかわりをもつ土器が、わずかに出土しています。

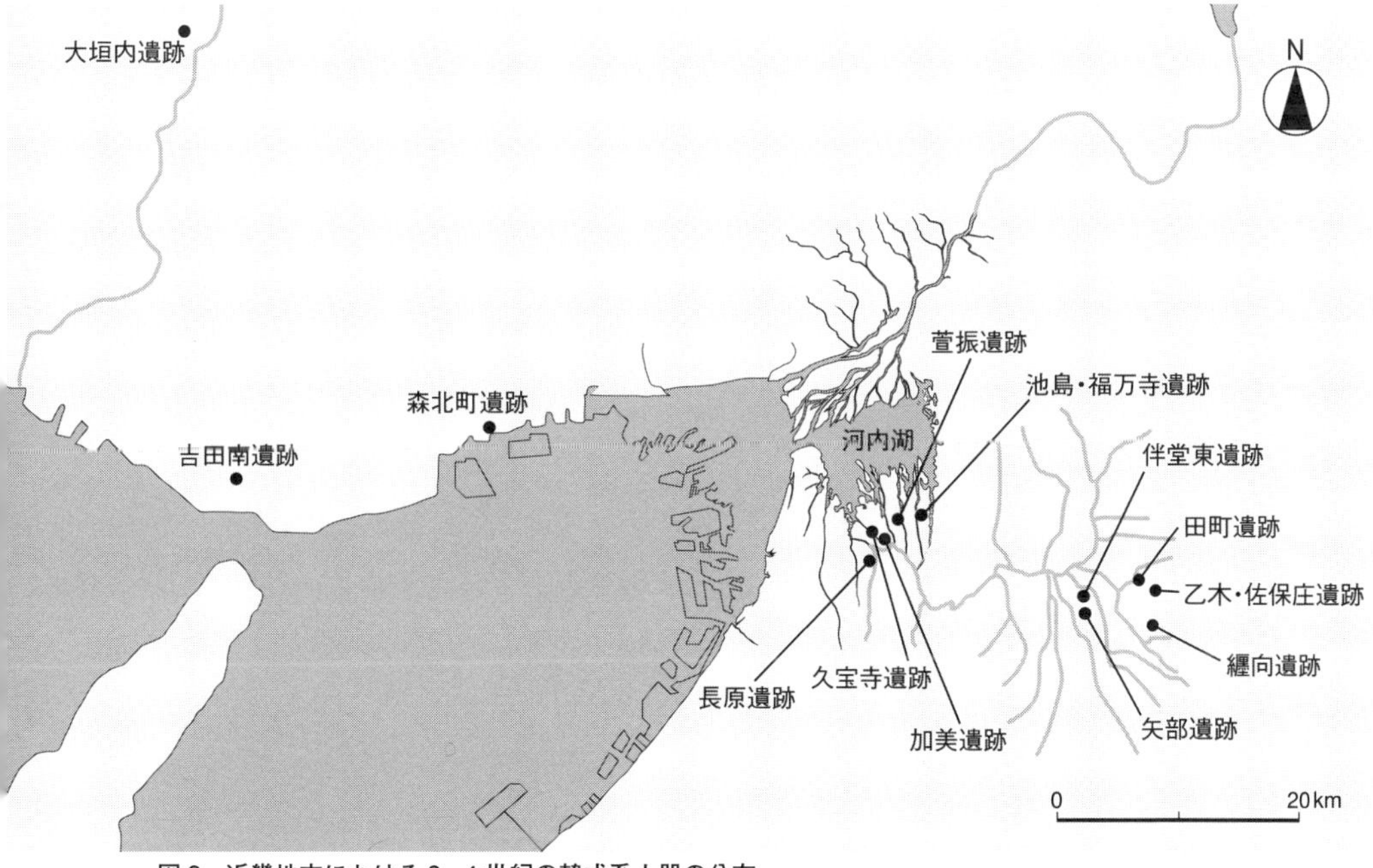


**図8　近畿地方における3～4世紀の韓式系土器の分布**

（大阪湾の地形復元は、趙哲済・松田順一郎「河内平野の古地図」『大阪100万年の自然と人のくらし』2003、韓式系の土器の分布は、寺井誠「近畿地方出土三韓系・三国系土器の再検討」『大阪歴史博物館研究紀要』第5号、2006をもとに作成）

纒向遺跡は、布留式期の段階、三世紀の後半～四世紀に大規模な集落になってゆきます。箸墓古墳から渋谷《しぶたに》向《むかい》山《やま》古墳がつくられるまでの間、長い期間にわたって、この遺跡は日本列島で最大規模の集落でした。まさに、ヤマト王権の時代、巨大な前方後円墳がつくりはじめられた時代に、政治中枢として機能した巨大集落遺跡であったのです（図9）。

### ◆ホケノ山古墳とヤマト王権

ホケノ山古墳からは、二枚の鏡が出ています。一枚は、画文帯同向式神獣鏡です。中国の鏡のなかでも、できのいい鏡だということです。製作年代は、二世紀の後半以降、三世紀の前半頃です。もう一枚は、破片で神獣の部分し

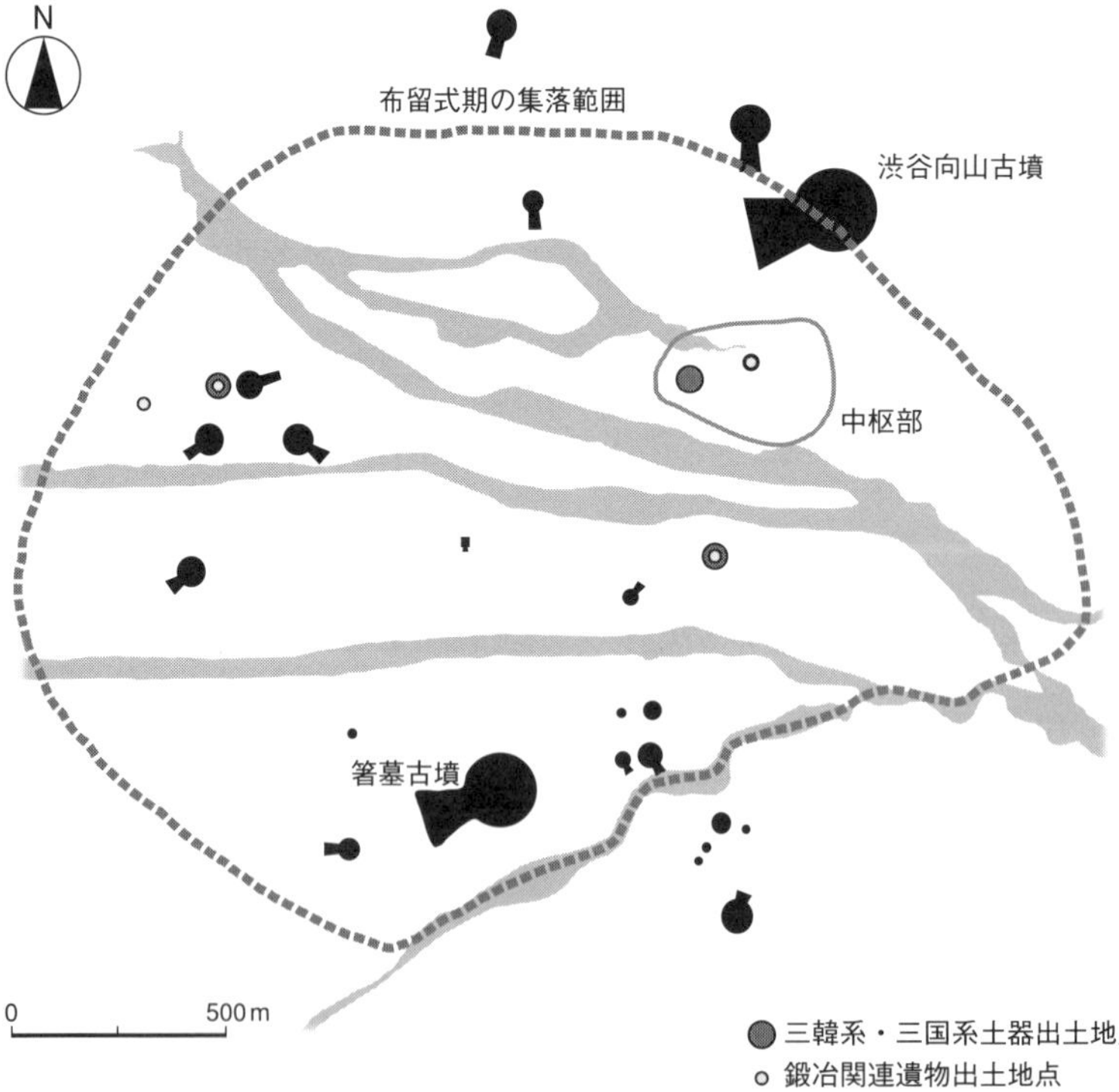


図9　布留式期の纒向遺跡

（桜井市埋蔵文化財センター『ヤマト王権はいかにして始まったか～王権成立の地　纒向～』2007、図5をもとに作成）

かないので、全体の形を把握するのはむずかしいのですが、復元すると画文帯求心式神獣鏡であろうといわれています。この画文帯求心式神獣鏡は、画文帯同向式神獣鏡よりもさらに後に生産された鏡で、三世紀の中頃の鏡ということです。このことからホケノ山古墳の築造年代は、三世紀半ば以降ということになります。その被葬者は、中国とのかかわりが非常に強いのです。出土した大刀や槍、剣などは、日本の鉄器生産技術のなかでできたかどうか疑問です。

ホケノ山古墳に副葬された鉄製品には大型品がありますし、その次の段階の黒塚《くろづか》古墳や椿井《つばい》大塚山《おおつかやま》古墳などには中国製の甲冑《かっちゅう》なども副葬品として入っています。そういうものも含めて、これらの古墳に葬られた人びとは、朝鮮半島というよりも中国と深いかかわりがあったと考えられます。ホケノ山古墳の被葬者が中国と一定の政治的交渉をもった人物であるというのは、おそらく間違いないと思います。ヤマト王権の海外交渉の一端を担った、ヤマト王権の指導者層と意義づけられるのではないでしょうか。

## ◆ヤマト王権と海外交渉

三〜四世紀の朝鮮半島と奈良盆地とのかかわりをみると、それは中央部・東南部のごく限られた地域にとどまります。ところが、五世紀になるとその様子が一変します。

図10は、五世紀以降の奈良盆地の韓式系土器の分布です。土器の分布は朝鮮半島系の人びとが渡来したことを物語るもので、ほかの生産品からもさまざまな技術の移植に、この人びとが指導的な役割を果たしたこともわかっています。ヤマト王権のもとで海外交渉がおこなわれ、

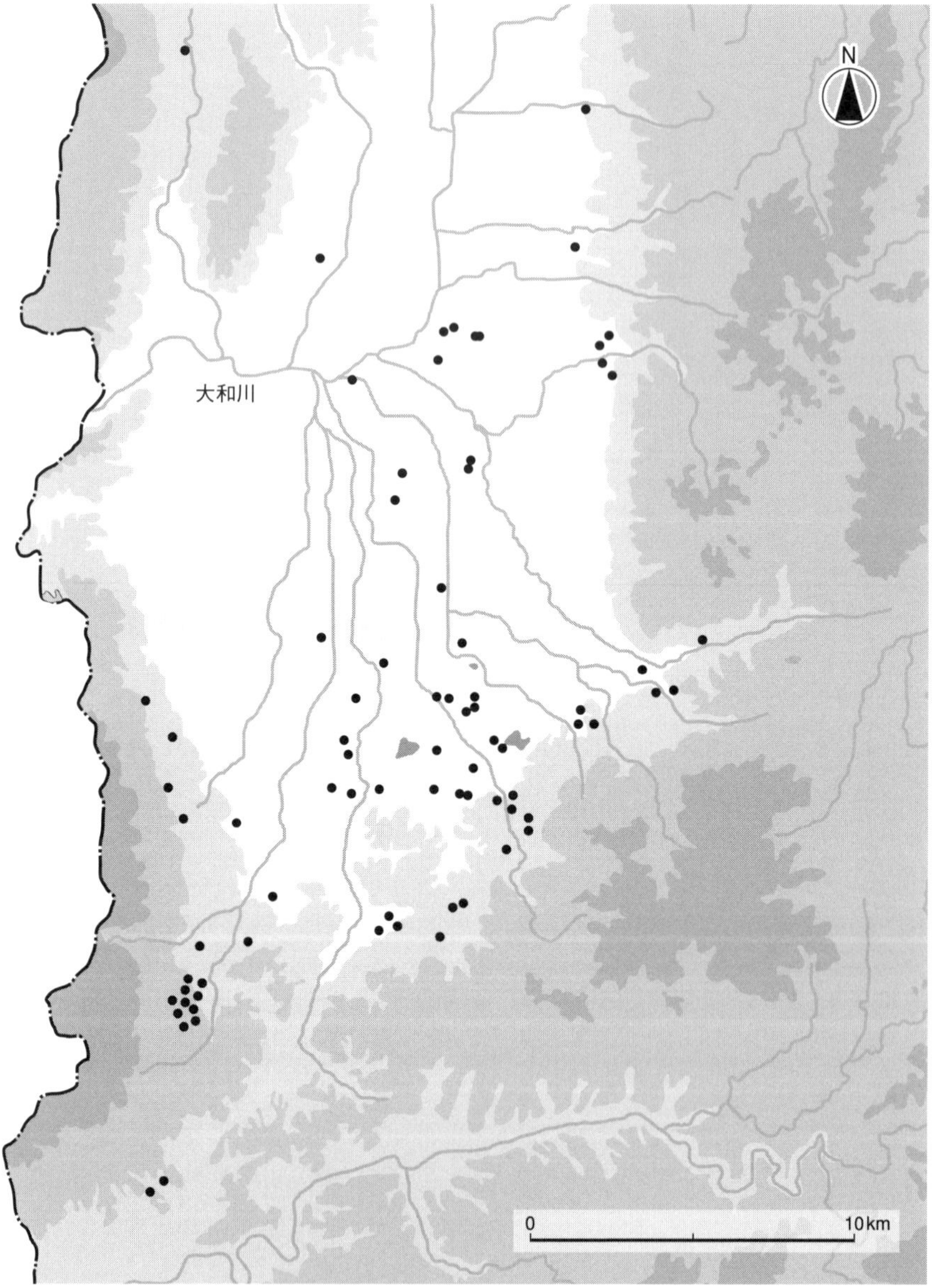


図10　5世紀の奈良盆地における韓式系土器の分布
●は韓式系軟質土器・陶質土器が出土した古墳や遺跡の位置。

五世紀以降に渡来人が定着して、大きな技術革新がおこりました。

一方、今回お話ししました二～四世紀の楽浪系土器の分布からみた海外交渉というのは、間接的なものが中心であって、伊都国において政府間交渉のようなことはあったとしても、その実態はまだはっきりとはわかりません。海洋民による自由な交易活動が中心であったのでしょう。これから資料は少しずつ増えていくとは思いますが、それにしても、五世紀以降の海外交渉にくらべると、その影響力も乏しかったと思われます。

とりわけ、奈良盆地では考古資料からみて、二～三世紀には実態的な海外交渉の成果や影響はなく、ようやく三世紀後半、ホケノ山古墳の造営された時代、これは邪馬台国というより、ヤマト王権がかかわるようになって、中国との海外交渉がおこなわれたものと考えられます。

今回は、「楽浪土城からホケノ山古墳まで」という副題をつけました。ここで、話を締めくくりたいと思います。

『三国志』の時代

# 伊都国の王と有力者たち

## ――遺跡からみえてきた地域構造と社会構造

岡部裕俊

### ◆イトという地名

私は、福岡県糸島《いとしま》市の伊都国歴史博物館に勤めています。糸島市は一八九六年（明治二九）に、怡土《いと》郡と志摩《しま》郡の二つの郡が合併して糸島郡となりました。そして平成の大合併で、二〇〇九年に糸島市が誕生しました。イトという地名はずっとさかのぼって、一八〇〇年前の『魏志』倭人伝に名を連ねる国々の一つ、伊都国に通じ、市の博物館では当時の繁栄ぶりを示す資料を多く展示しています。ですから館名も糸島市立博物館ではなく、伊都国歴史博物館と名づけられています。

伊都国は『魏志』倭人伝に出てくる三〇国の一つで、我が国の弥生時代後期から古墳時代初頭にかけて、邪馬台国に次ぐ強大な力をもった国と書かれています。

歴代の伊都国の王墓として、三雲南小路《みくもみなみしょうじ》遺跡、井原鑓溝《いわらやりみぞ》遺跡、平原《ひらばる》遺跡と三王墓が発見されていることから、王墓で有名な国だとお考えになる方も多いのではないかと思います。もちろん王の存在も重要ですが、最近は弥生時代から古墳時代にかけての伊都国の地域社会の様相をもっとくわしく調べる必要があるという風潮も強くなってきました。

今から二〇年ほど前、バブル期に糸島市でも開発ラッシュを迎え、弥生時代の海岸線に相当する地域の発掘調査が盛んに進められるようになり、いままでまったく遺跡がないと考えられていたところから、大規模な集落遺跡がつぎつぎと発見されて、伊都国のイメージがこれまでとはかなり変わってきたのではないかと思います。とくにここ一〇年間は、その傾向を強く印象づける遺跡の発見が相次いでいますの

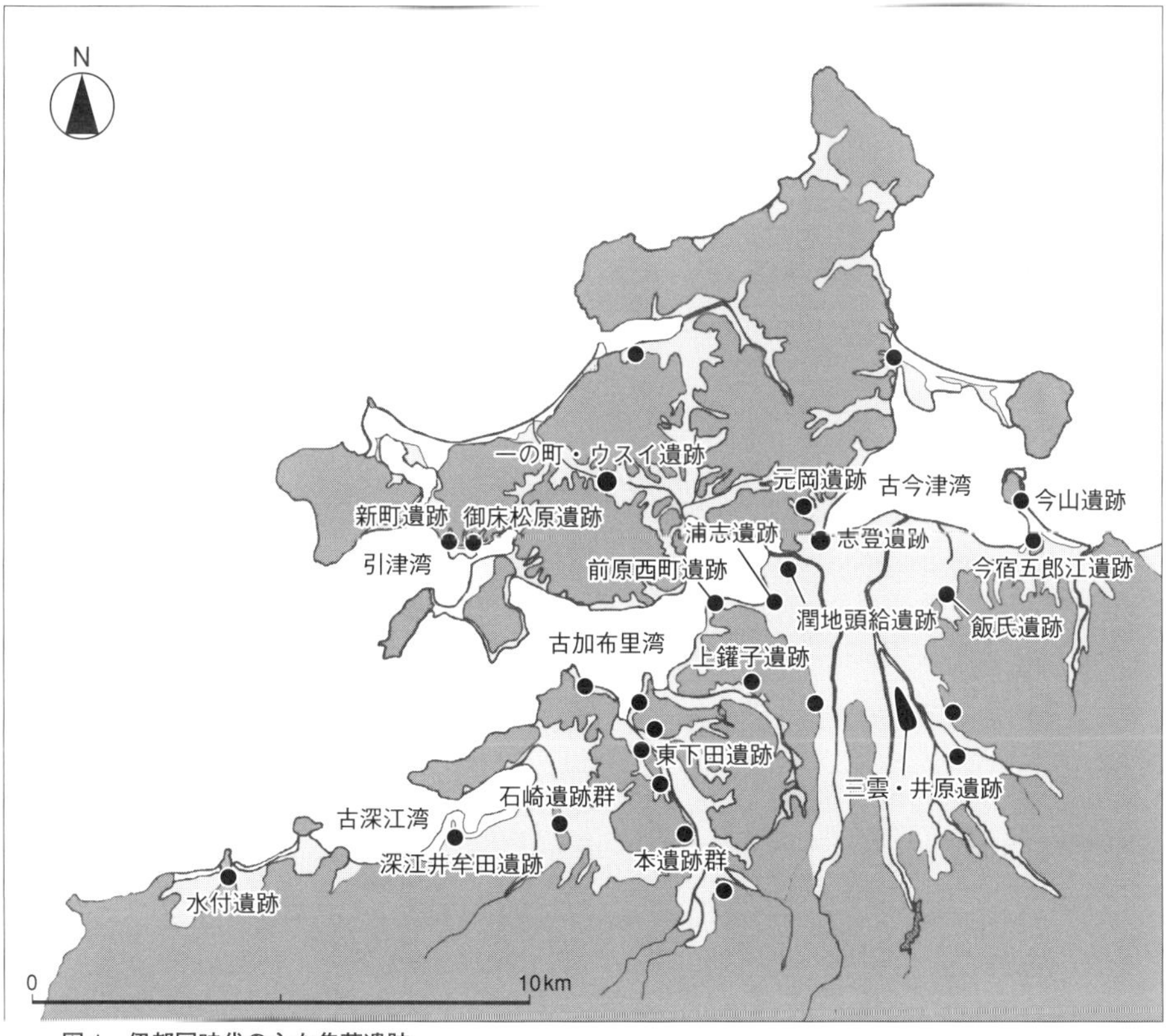


図1　伊都国時代の主な集落遺跡

で、これら新たな調査成果を交えて、倭人伝の時代の糸島の歴史の魅力をお話ししたいと思います。

## ◆伊都国の地形の二つの特徴

まず、伊都国域の地形の特徴について紹介します。糸島地方は、玄界灘に面する北部九州海岸線のちょうど中ほどにあります。糸島半島から西側では山や丘陵地が海岸線までせり出しているため、まとまった広い平野は少ない地形になっていますが、東側では断続的に砂浜がつづき、その背後には広い平野が展開していて、海岸線の東西でその様子は大きく異なります。

糸島地方の地形をこまかく見ていくと、近年地質の調査が進み、弥生時代から古墳時代にかけては糸島半島の付け根部分に両側から内海が奥深くまで入り、あたかも島のような地形を呈していたということがわかってきました。これが「シマ」という地名の由来になったものと考えられます。南側には標高一〇〇〇メートルほどの脊振《せふり》山地の山々が二〇キロ以上も東西に連なり、佐賀平野と玄界灘《げんかいなだ》沿岸地域を分断していました。また東は、脊振山系から派生した長垂《ながたれ》山《やま》が海岸線にまで達していたので、これが奴国との境界になっていました。

南と東は山稜地帯、北は玄界灘に面していたことによって、他の地域勢力と地形的に遮断されることになり、このため弥生時代の早い段階から地域としての統合が進めやすい環境にあったと考えられます。これが糸島地方の地形的特徴の一つです。

玄界灘に突き出た埠頭のような糸島半島は、南の加布里湾と今津湾にとって波のおだやかな天然の港の防波堤でもありました。さらに東の博多湾岸では、古代の海岸線は現在よりも三キロほど奥まったところにあったと考えられています。西の唐津湾の海岸線も、弥生時代には現在よりもかなり南に後退していたと考えられていますので、糸島半島は直線距離でみると壱岐の島にきわめて近い距離に位置していたことになります。

このような地理的な状況からみると、糸島地方は玄海灘沿岸地域のなかで、もっとも大陸方面から寄りつきやすい地理的な条件を備えていたといえます。これが二つめの特徴です。

## 伊都国の拠点集落と王墓

弥生時代早期（二四〇〇〜二五〇〇年前）、この地域に玄界灘を渡って弥生文化がいちはやく入ってきました。福岡平野、唐津湾岸あたりにも、弥生文化は入ってきたようですが、いちばん文化が定着しやすい環境にあったのが、この糸島地方だったと考えられます。弥生文化の到来と同時に入ってきた支石墓が点々とこの平野部の各所につくられたのは、この状況を反映したものと考えています。

糸島地方の支石墓には、三雲加賀石《みくもかがいし》・三雲石ケ崎《みくもいしがさき》・井田用会《いたようえ》支石墓など上石《うわいし》に巨石を用いた大型のものが多く認められ、主体部からは柳葉形《りゅうようけい》の磨製石鏃や碧玉《へきぎょく》製の管玉など、副葬品をもつものが存在するのも特徴です。弥生時代初期の段階から地域のなかに有力者層が台頭していたことをうかがわせます。

しかしながら、弥生前期から中期の前半にかけてのいわゆる伊都国成立前夜の地域の動向については、これまでに調査された集落の数も少ないことも手伝って、まだ多くの謎に包まれているといえます。今後、さらに調査をつづけて、伊都国成立過程の動向について解明をしていく必要があると考えています。

## ◆伊都国の拠点集落──三雲・井原遺跡

弥生時代中期後半になると、瑞梅寺《ずいばいじ》川と川原《かわばる》川に挟まれた東西七〇〇メートル、南北一キロの範囲に、伊都国の拠点集落が誕生します。三雲・井原遺跡（図2）です。ちょうどこの頃、伊都国が成立したと考えられます。

この遺跡の本格的な調査は一九七四年から一九八〇年にかけて、農業の基盤整備事業にともない、福岡県教育委員会によって進められました。三雲遺跡が重要だということは以前から知られていたのですが、どこにどういう遺構が眠っているのかは、ほとんどわからない状況でした。遺跡を守るために、トレンチ調査を中心にその確認調査がおこなわれ、その成果は、分厚い五冊の報告書にまとめられました。この地道な調査によって弥生時代から古墳時代にかけての集落の範囲や構造が推定できるようになってきました。集落の構造を解明するための調査は現在も少しずつ進めていて、将来、伊都国の拠点集落として、国の史跡に指定されるよう頑張っています。

集落全体の構造としては、まだ十分に把握できたとはいえませんが、瑞梅寺川と川原川に挟まれた三角地帯の中央部に広い居住空間を想定しています。その東から南側にかけての縁辺部には、弥生時代の中期から古墳時代にかけての墓地が確認されています。この墓群と集落域の間には幅三メートルから五メートルぐらいの大溝が数条確認されたため、当初は環濠の存在も想定しましたが、調査が進んでいくと、集落の西側では環濠らしい遺構がまったく発見されません。最近では、集落を全周する環濠ではなく、とくに南東部に限って集落域と墓群とを区画するために掘った溝ではないかと考えています。

どうやら三雲・井原遺跡は明確な環濠をもたない集落のようです。

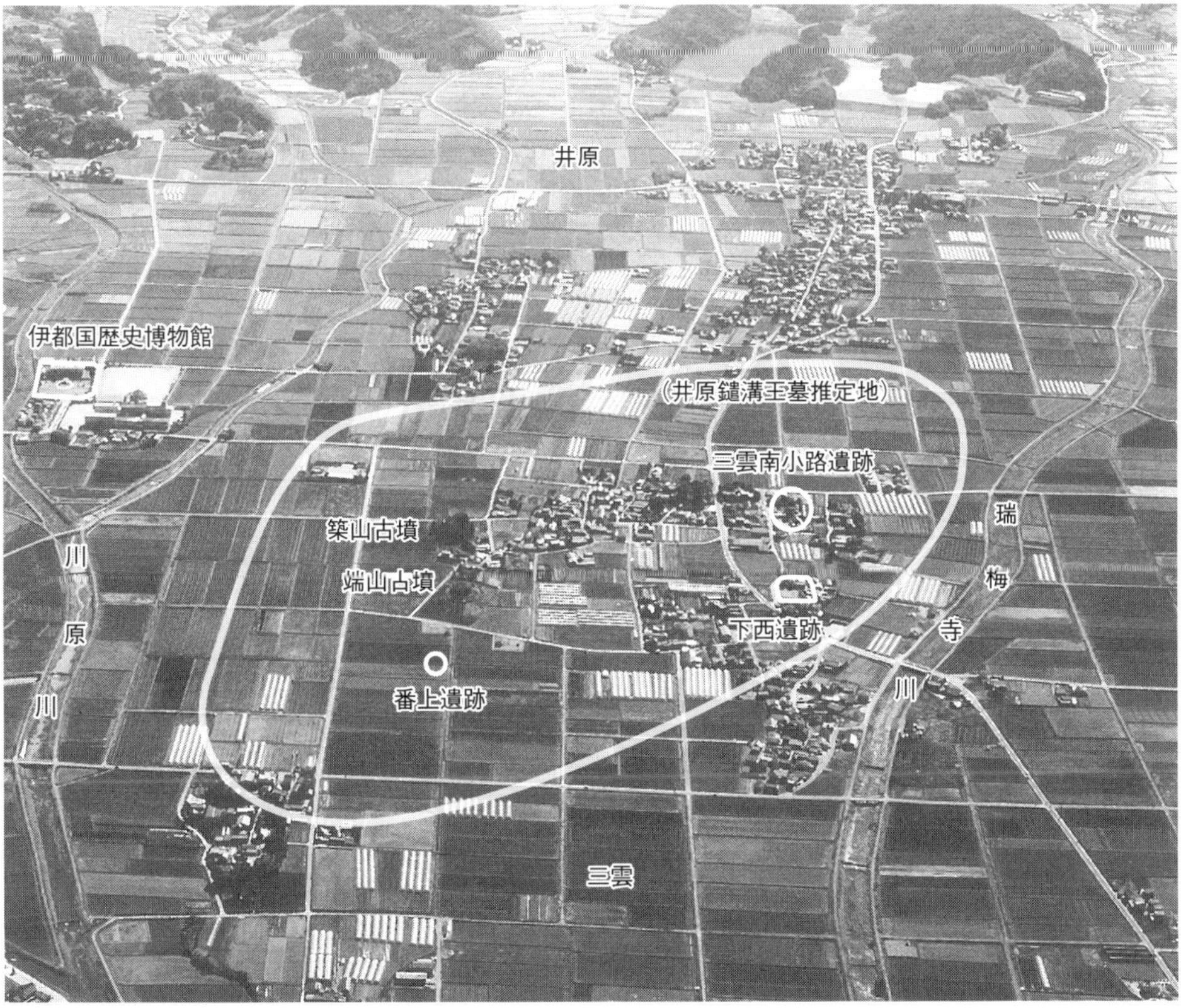


**図2　三雲・井原遺跡**（北から）
瑞梅寺川（右）と川原川（左）にはさまれた三角地の中央に立地する伊都国の集落拠点。総面積は、40ヘクタールにおよぶと推定される。（提供：伊都国歴史博物館）

## ◆王墓──三雲南小路遺跡

この三雲・井原遺跡の南端墳墓群の一角から、歴代の伊都国王墓と考えられる厚葬墓が発見されています。最古の王墓と考えられる三雲南小路遺跡です。

二基の甕棺から計五七面以上の前漢鏡が出土したことは有名で、ご存じの方も多いと思います。三五面の前漢鏡が出土した一号甕棺は、一八二二年（文政五）に偶然発見されたもので、当時の出土品のほとんどは残っていませんが、青柳種信《あおやぎたねのぶ》が著した『柳園古器略考《りゅうえんこきりゃくこう》』によってその概要を知ることができます。この記録には、甕棺が細石《さざれいし》神社の西半町（約五〇メートル）のところで発見されたことが報告されていました。

これを検証するため一九七四～七五年に調査がおこなわれたのです。みごとに甕棺が掘り当てられ、あらたに金銅四葉座飾金具なども出土し、注目を集めました（一四五ページ図15右上参照）。また、その隣から新たに二二面以上の前漢鏡を副葬した二号甕棺も発見されました（図3）。

さらに、二〇〇〇年にこの甕棺周辺を発掘調査したところ、甕棺の周囲をめぐる幅三～五メートルほどの溝が発見されました。この溝に区画された空間は、一辺三三メートルの方形でその内側では他に埋葬施設は発見されなかったので、二基の甕棺の墓域を区画するために掘削されたことがわかります。さらに『柳園古器略考』には、甕棺の上に約一・五メートルぐらいの土がかぶさっていたことが書かれています。甕棺墓は現在の地表面からすぐ下で発見されて

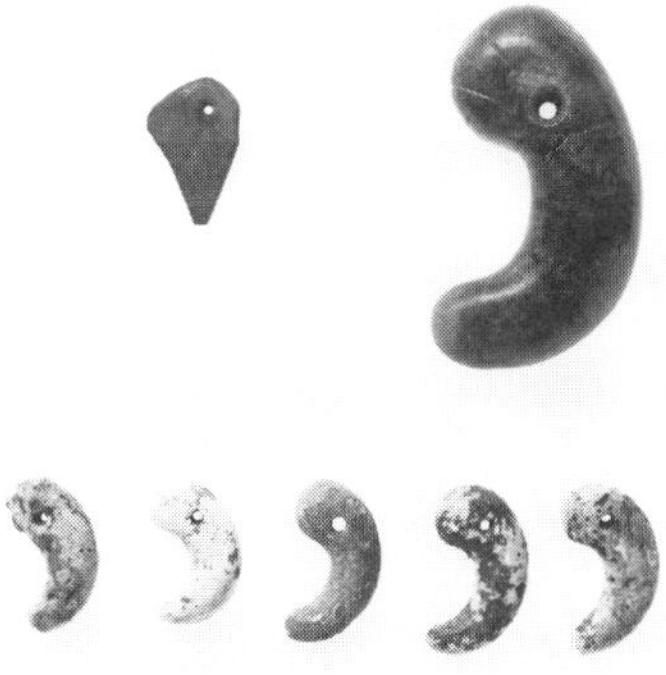

右上は硬玉勾玉（長さ 4.5 cm)
左上はガラス璧を加工した垂飾
下はガラス勾玉

連弧文「日光」銘鏡　面径 6.5 cm

**図3　三雲南小路遺跡の2号甕棺**（上）**と出土前漢鏡・勾玉**（下）

甕棺は、高さ 120 cm を超える大型の棺を合わせて使用していた。外面には黒い顔料が塗られていた。連弧文「日光」銘鏡は、棺内で唯一副葬された位置を保ったままで出土した。遺体を囲むように並べて納められたとみられる。銅鏡以外に硬玉勾玉、ガラス垂飾、ガラス勾玉も出土している。（所蔵：福岡県教育委員会）

いますので、甕棺の上に盛土があったものと推定されます。南小路の王墓が、いわゆる周溝をめぐらした方形の墳丘墓であることが明らかになったのです。

また、墳丘北西の角の周溝からは、弥生時代の後期前半に埋められた祭祀土器が出てきました。その中には水銀朱を精製するために使う石杵《いしぎね》という石製工具や水銀朱がたくさん入っていたと思われる大きな鉢や甕なども出土しました。

甕棺の葬送の儀礼に水銀朱を使うことは、よく知られています。とくに王や有力者の甕棺には、水銀朱が塗られているのをご覧になった方もあると思いますが、この三雲南小路の王墓では、墳墓の周辺でおこなわれた祭祀にも水銀朱が使われていたということがわかりました。さらに、この王墓への祭祀は、古墳時代の初頭まで二〇〇年以上にわたって、ずっとおこなわれていたということが墳丘の周辺に掘られた祭祀土壙、あるいは周溝の溝さらえの状況などから確認することができました。この三雲南小路の王墓は弥生時代中期末に築造されていることから、今のところ、伊都国の王墓のなかでいちばん古い墓です。もしかすると、始祖墓としての特別な扱いをうけていたのかもしれません。

一号甕棺と二号甕棺ともに、棺内には骨が残っていなかったので、どのような人が埋葬されていたかというのは、よくわかっていません。しかし、その副葬品をくらべてみると、一号甕棺は比較的大きな銅鏡が副葬されているのに対し、二号甕棺からは直径が一〇センチ未満の小さな銅鏡しか出てきませんでした。また、一号甕棺には武器がたくさん副葬されていましたが、二号甕棺には副葬されていませんでした。このことから一号甕棺には男性、二号甕棺には女性が埋葬されたのであろうと考えられています。王とその妃が一つの墳丘に埋葬されたとする考えが有力です。

## ◆有力者の墓—井原ヤリミゾ遺跡

三雲南小路王墓から南へ一〇〇メートルほど離れた微高地上には、『柳園古器略考』の記録(図4)にある井原鑓溝遺跡(王墓)があると推定しています。その所在を突き止めるため調査をつづけてきましたが、今のところ、その所在地は明らかになっていません。

『柳園古器略考』には、江戸時代の天明年間(一七八一~一七八八年)に干ばつに見舞われ、水路から水を田んぼに引くために土手をつついていたら、大きな壺を用いた甕棺が出土したとあります。そこで現在、江戸時代に掘られたと考えられる用水路の跡をずっと追いながら発掘調査を進めているところですが、二〇〇四年の調査で、新たに弥生後期の墳墓群が発見されました。墳墓群は、南北方向に列埋葬された木棺墓、石棺墓、甕棺墓や祭祀土壙によって構成されていました。この遺跡を井原ヤリミゾ遺跡とよんでいます。王墓と区別するために、遺跡の名前を片仮名にしています。

ここでは八〇基を超える墳墓が確認され、四面の銅鏡が出土しています。このうち六号木棺では、半割された方格規矩四神鏡が棺外に副葬され、一七号木棺では棺内に内行花文鏡の鏡縁の一部が割り取られた状態で副葬されていました(図5)。また、一号と七号木棺には内行花文鏡の破砕片が副葬されていました。銅鏡を破砕して副葬する儀礼が確立していたようです。

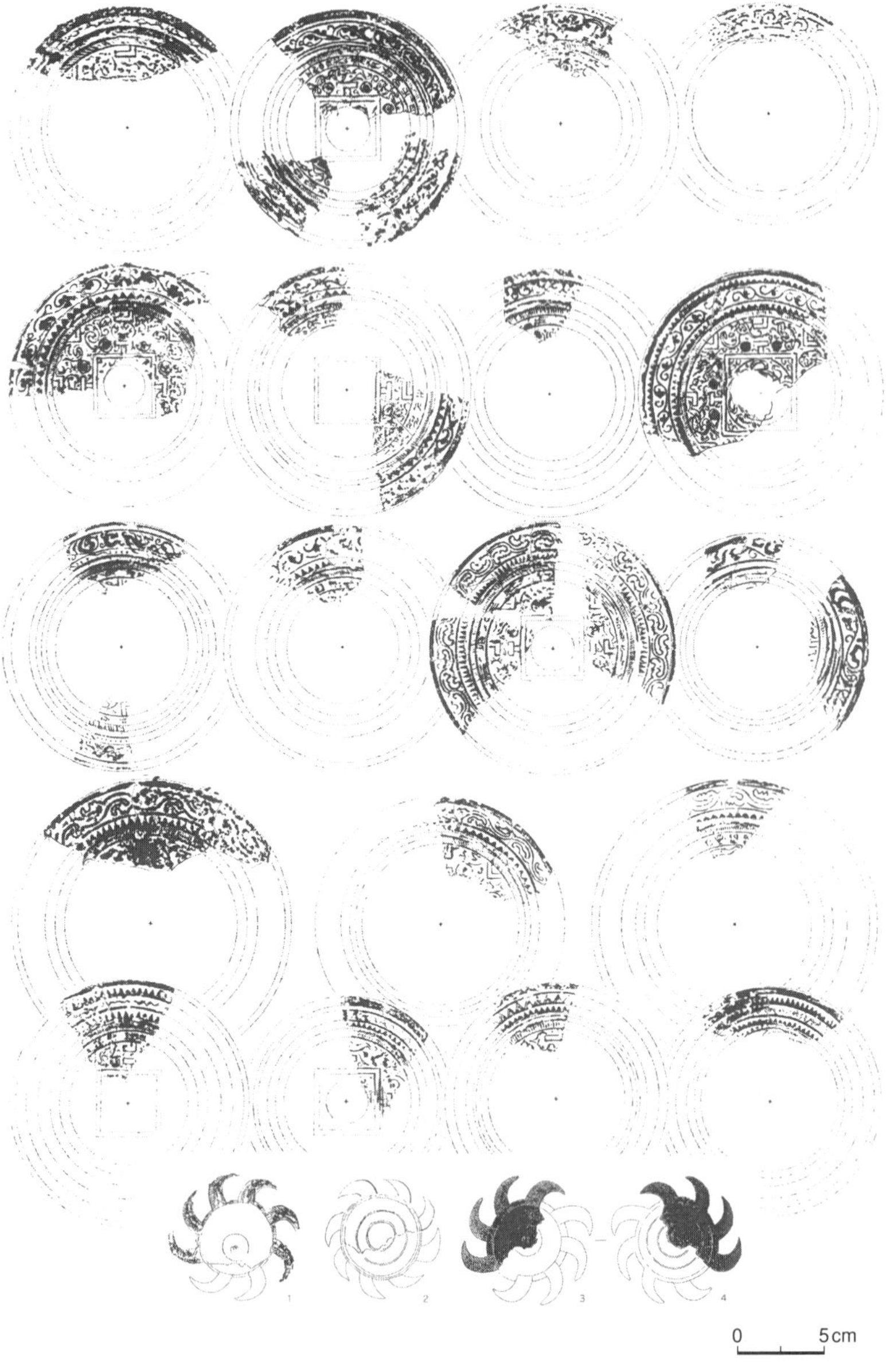


**図4 『柳園古器略考』にみえる井原鑓溝遺跡から出土した遺物**

銅鏡はすべて方格規矩四神鏡。拓本では、19面分（江崎靖隆氏復元案）が確認されている。巴形銅器は3点以上。ほかに「鎧板の如きもの」、刀剣類も出土したという。

面径 15.0 cm（約 1/2）

**図5　井原ヤリミゾ遺跡1号木棺墓出土の内行花文鏡（上）と出土状況（下）**
（提供：伊都国歴史博物館）

ほかにもガラスのビーズ玉だけがたくさん出土した墓もあります。

後で紹介する平原遺跡からも銅鏡とビーズ玉が出ていますが、平原遺跡では中心となる一号墓（王墓）から四〇枚もの銅鏡が出ています。ヤリミゾ遺跡では、銅鏡は一枚ずつしか副葬されていませんので、これらの墓は王の下に位置づけられる有力者層の墓であると考えられます。

### ◆断絶する王墓──平原遺跡

平原王墓（一号墓）は、一九六五年に三雲・井原遺跡の北西一・五キロのところから発見されました。長方形の墳丘墓で、周囲に溝を掘っているのが特徴です（図6）。三雲南小路の王墓が一辺三〇メートルを超える大型のものになるのに対して、平原の墓は三分の一の大きさで、小さな墓という印象があります。真ん中に正方形の土壙があり、その中央に東西方向に主軸を向けた割竹形木棺が納められていました。一号墓の墳丘の周辺からいくつか墓が発見されていますが、その性格については、まだよくわかっていません。

平原遺跡の墓群のうちもっとも古い二号墓は、弥生時代中期末に築造されているので、先ほどの三雲南小路王墓とほぼ同じ時期に墓の造営が始まっているということがわかりました。

その後、長い期間、この地で墓が営まれることはなかったようですが、弥生時代の終末期に一号墓がつくられると、さらに古墳時代前期に二つの円墳（三、四号墓）がつくられています。けっこう長い期間、ここに墓がつくられているのですが、二号墓と一号墓の間に造墓が長く断絶する期間があります。周辺を広く掘って、二号墓と一号墓の間をつなぐ墓を探してみたのですが、二号墓に連続してつくられた墓はみつかりませんでした。なぜこのように一つの墳墓群のなかで墓づくりが長く中断し、一号墓以後、再び墓がつくられるようになったのか、その謎はまだ解けていません。

一号墓から出土した銅鏡は四〇面ありますが、このなかには面径四六・五センチの超大型内行花文鏡（**図7**）の同型鏡五面、方格規矩四神鏡の同型鏡が六種計一四面確認されているのが特徴です。弥生時代に同じ型から鋳だされた銅鏡が出土しているのは、唯一平原遺跡だけなので、それが大量に出土したことは、きわめて特異な例といえます。古墳時代の三角縁神獣鏡ではいわゆる同型鏡、同笵鏡が大量につくられているのですが、その初現的な様相がこの平原遺跡の鏡にみられるのではないかと注目されています。

これらの鏡がどこで製作されたのかは諸説があります。超大型の内行花文鏡は中国にも例がない

**図6　平原遺跡全景**（東上空から）（提供：伊都国歴史博物館）

**図7　平原遺跡出土内行花文鏡**　面径 46.5 cm（約 1/4）
日本最大の鏡。実際は写真の4倍の大きさとなる。図8の彩色鏡（約 1/4）とくらべるとその大きさがよくわかる。
（図7・8は文化庁保管、提供：伊都国歴史博物館）

鏡なので、国産であろうという説が大勢を占めていますが、方格規矩鏡については国産、舶載の両説が出されていて、まだ結論が出ていません。方格規矩鏡は同型鏡がたくさんあることのほかに、色を塗ったものが多数発見されているのも特徴です（図8）。これは中国産の鏡ではほとんどみられず、国産のほかの銅鏡にもみられない、平原だけの特徴です。しかし、どのような方法で色を塗ったのかについては、まだ解明されていません。科学的な分析によるこれからの詳細な検討が待たれます。

**図8　平原遺跡出土彩色鏡**（約 1/4）
上：方格規矩四神鏡
　面径 16.1 cm
中：内行花文鏡
　面径 18.8 cm
下：内行花文鏡
　面径 27.1 cm

# 伊都国の有力者たち

## ◆伊都国の有力者

さて、伊都国の歴代王墓、三雲南小路の王墓から井原鑓溝遺跡、平原遺跡の王墓を紹介してきましたが、王墓だけにとどまらず、王に次ぐ有力者層の墓がたくさん発見されているのも伊都国の特徴です。先ほど紹介した井原ヤリミゾ遺跡が、王に次ぐ有力者層の墓ではないだろうかと考えていますが、それによく似た特徴のある副葬品をもった墳墓が伊都国の各地から出てきています。

三雲・井原遺跡の北二キロにある飯氏《いいじ》遺跡では、甕棺の中から割れた内行花文鏡が出ています。鏡が割れていた原因は明らかにされていませんが、時期的には井原ヤリミゾ遺跡とほぼ同じぐらいの時期、弥生時代の後期の中葉あたりではないだろうかと考えています。

当時の海岸線に近い上町《かみまち》向原《むかえばる》遺跡では、全長一二〇センチほどの素環頭大刀《そかんとうたち》（図9）を棺外に副葬した大型の箱式石棺が発見されています。また、泊熊野《とまりくまの》遺跡では水銀朱だけを副葬した弥生後期中葉の甕棺が出土し、東二塚《ひがしふたつか》遺跡ではガラスのブレスレット（釧《くしろ》）やガラスビーズのネックレスを副葬した弥生時代終末期の甕棺が出土しています。

どの墓も、たくさんの副葬品をもっているわけではありませんが、棺の内外に舶載の青銅器、武器やそれらに次ぐと考えられる希少な副葬品を一つ、あるいは二つ副葬していることから、いずれも伊都国を支えた有力者層の墓と考えることができます。

このことから、伊都国では「王と民衆」という二極関係ではなく、王を頂点に民衆との間の中間支配層として「有力者層」が存在したことがわかります。その有力者にもいろいろな階層があり、たとえば、たくさんの銅鏡をもっている王を頂点として、その次に銅鏡を複数枚もっている有力者、さらにその下に銅鏡を一枚もっている有力者、その下には銅鏡はもっていないけれども、鉄製の武器をもっていたり、ガラスの貴重な装飾品をたくさんもっていたりするなど、多様な副葬品の所有パターンがあって、このことは、伊都国内に複雑な階層社会があったことを示しているのではないかと考えています。『魏志』倭人伝に登場する大《だい》人《じん》とは、このような人びとだったのかもしれません。

有力者層の墓は、伊都国内各地で発見されています。彼らは、拠点集落である三雲・井原遺跡の中にもいたし、伊都国を支えていた周辺の地域の有力な集落にもいたでしょう。

## ◆有力者たちが統治した集落

では、三雲・井原遺跡以外に、伊都国を支えていた有力者たちが治めた有力な集落とは、どのようなものだったのでしょうか。このことを検証するうえで重要な遺跡が最近の発掘調査で相次いで発見されています。

**図9　上町向原遺跡出土素環頭大刀**
全長120 cm。放射性炭素による年代測定によれば、1世紀後半～2世紀前半に製作された可能性が高いという。弥生時代の鉄刀としては、最長である。
（提供：伊都国歴史博物館）

**今宿五郎江遺跡《いまじゅくごろうえ》**　最近、注目を集めた遺跡といえば、伊都国でもっとも東に位置している今宿五郎江遺跡（福岡市西区）です（図10）。冒頭で紹介した奴国との境になっていた長垂山の麓にある遺跡です。一九八五年頃から発掘調査がおこなわれ、そのあと一四次にわたって調査が進められました。その調査成果をつなぎ合わせてみると、南北二七〇メートル、東西二二〇メートルの範囲に広がる大きな環濠集落であることがわかりました。環濠は幅が広いところで五メートル、深さ二メートル弱ぐらいの逆台形状に掘られていました。先ほど、三雲・井原遺跡は環濠をもたない集落だと説明しましたが、実は、伊都国のなかで環濠をめぐらせる唯一の集落が、今宿五郎江遺跡なのです。

なぜ今宿五郎江遺跡に環濠が必要になったのか、その理由について考えてみると、遺跡のすぐ東側に長垂山がそびえていますが、その向かい側は奴国の領域になります。つまり、伊都国と奴国の

**図10　今宿五郎江遺跡**
今津湾を見下ろす微高地上に営まれた伊都国唯一の環濠集落。弥生後期後半に規模が最大化する。対奴国対策として防禦機能が強化されたとみられる。
（提供：福岡市教育委員会）

ちょうど境界に位置する集落が今宿五郎江遺跡なのです。長垂山を超えた奴国側に目を向けると、そこには野方《のかた》遺跡という環濠集落があり、弥生時代後期の中頃から終末にかけて、環濠が掘られていました。両集落とも環濠を何回も掘り返して機能させていたとみられますが、弥生時代終末期を迎えると、この濠は埋め戻されたか、あるいは自然に埋没して使われなくなったという状況がみられました。おそらく弥生時代後期の後半期に伊都国と奴国間が政治的に不安定になった時期があり、国の境界に位置する集落に環濠を設けて、相互の出入りを監視する、あるいは抗争に備えるという緊迫した状況が生じたのではないだろうかと推測できます。倭人伝にみえる倭国乱の様相を示す資料になるかもしれません。

この長垂山の鞍部にある高崎の峠を通って伊都国と奴国を結ぶルートは、西海道の古代の官道ルートにも想定されていて、野方は西海道の額田駅《ぬかだのえき》の推定地でもありますので、今宿五郎江遺跡と野方遺跡が、まさに弥生時代の伊都と奴を結ぶ幹線ルート上に位置していたと考えていいと思います。二つの遺跡の環濠の内外からは、多量の銅鏃や鉄鏃が発見されており、今宿五郎江遺跡では木製の短甲や盾も発見されています。両集落とも武装に力をいれていたことがうかがえますから、伊都国と奴国の境界を警護する両国の砦《とりで》といった感じです。

しかし、今宿五郎江遺跡は、防禦機能だけをもっていたわけではありません。武器や武具も出ていますが、交易にかかわる資料もたくさん出ているのが特徴です。貨泉《かせん》や朝鮮半島系の漆塗りの容器、あるいは机などが出土しています。さらに、朝鮮半島の楽浪郡からもたらされた楽浪系土器、東海系の土器、瀬戸内系の土器なども出ていて、今宿五郎江遺跡を舞台に、国の内外から人や物資が集まり、交易の場としても重要な役割を担っていた様子をうかがい知ることができます。伊都国の東を守る砦であると同時に、対外的な交易にも深くかかわっていた集落だったようです。

**水付《みんつき》遺跡**　伊都国の西の端に位置する二丈吉井《にじょうよしい》地区の遺跡です。周囲を湿地帯に囲まれた標高三〇メートルほどの丘陵上に立地する様子は、あたかも高地性集落のようでもあります。

遺構は開墾などで削りとられ、斜面にわずかに住居が数棟残っている程度でしたが、弥生後期後半の土器溜めから舶載銅鏡片やヒスイの勾玉などが出土し、また、近くの砂丘上では戦前に三日月状の装具をつけた異形の鉄剣を副葬した甕棺が出土している（中山平次郎現地調査による）ので、武力に長《た》けた有力者層が治めた集落と考えられます。

水付遺跡から西側には山岳地帯がつづき、これを越えると末盧国の領域となります。このような状況から、この遺跡は末盧国との国境の監視のために設けられた集落ではないだろうかと推定しました。弥生時代後期の後半期に伊都国では領域の東西に防禦機能を備えた集落を配置していたと考えられます。

**一《いち》の町《まち》遺跡**　糸島半島の中央部で発見された集落です（図11）。南北一〇〇メートル、東西一七五メートルほどの範囲に竪穴住居や掘立柱の建物群が密集して発見されました。

掘立柱建物のなかには、六間×五間の大きな建物や三間×四間の総柱の大型の建物などもありました。また、直径が一〇メートルもある大型の円形の竪穴住居も出ていますし、布掘りという柱の周囲を全部溝状に掘って柱を固定するという特殊なつくりの建物遺構も確認されてい

図 11　一の町遺跡第 2 次調査地点全景と大型掘立柱建物
大型の掘立柱建物は計 5 棟、弥生中期前半から後期のものを含み、長期にわたって営まれている。（提供：伊都国歴史博物館）

ます。これらの建物は東西、あるいは南北に主軸の方向を合わせて建てられており、これらがある程度規則性をもって配置されていたと調査担当者は考えています。

大型建物の柱の一部には、直径が三〇センチから四〇センチにおよぶヒノキ材を使ったものもあり、さらに柱を支えるために礎板《そばん》を下に敷き込むなど、丁寧に基礎工事をおこなったりっぱな建物であったことがわかりました。

建物群のすぐ脇の谷には、大量の土器をともなった遺物包含層があり、祭祀のための大量の土器や漢式鏃とよばれる断面が三角形の銅鏃、後漢鏡の破片が出てきたりしているので、大型建物の周辺ではいろいろな祭祀もおこなわれていたようです。

この遺跡は弥生時代の中期から古墳時代の前期ぐらいまで営まれた大規模な集落の一角にあたり、とくに大型建物群は規則的に配置された様子がうかがえることから、糸島半島部における中核的な集落と位置づけることができるだろうと考えています。

従来、伊都国の領域を考えるときには、この糸島半島まで含めた広い範囲を考えていたのですが、このような大規模で規則だった建物をもつ本格的な集落が新たに発見されたことで、この地域を伊都国の一部として領域内に含めてしまっていいのか、これとは異なる独立した政治勢力（国）があったのではないかと考える人も出てきました。

『魏志』倭人伝には、いわゆる傍国として名前だけが羅列された国々があります。その筆頭にみられるのが「斯馬《しま》国」です。その国がどこにあるのか、どのような国だったのかなどくわしい情報は書かれていないのですが、この玄界灘に突き出た糸島半島が斯馬国にあたるという考えをもった研究者が増えてきました。

古墳時代になるとこの糸島半島地域だけで、前期から後期まで前方後円墳が一三基も築かれました。ほかの地域の前方後円墳の数と比較すると、だいたい律令期の郡に相当するぐらいの数の前方後円墳が築かれているようです。ですから古墳時代には、政治勢力として安定した力をもった地域であったことがわかります。これをさかのぼる弥生時代の後半期には、すでに国に相当する政治勢力が誕生していた可能性が期待されています。

しかし、これまでのところ、糸島半島地域からは弥生時代後半期の王墓と目されるような首長の墓はまだみつかっていません。はたしてこの地域に国とよべるような地域社会が形成されていたのかどうか、今後、さらに検討していく必要があると考えています。

**石崎《いしざき》遺跡群と本《ほん》遺跡群**　石崎遺跡群は伊都国の西部、末盧国に接する地域の遺跡です。弥生時代初期の農耕集落として著名な曲《まが》り田《た》遺跡を含む一帯です。竪穴住居がかなり重複して出てきました。弥生時代後期の包含層から、銅矛の鋳型や青銅製の鍬先や鋤先などが出土しており、伊都国を構成する有力な集落であったと考えています。

しかし、後期になると本遺跡群が台頭してきます。この遺跡からは朝鮮半島系の漆を塗った容器の蓋や青銅製の鋤先などが出土しています。集落のくわしい状況はまだよくわかっていませんが、この遺跡に近い丘陵上でガラス釧《くしろ》や玉類を豊富に副葬した弥生時代終末の東二塚遺跡が立地していることから、この地域の中心的集落が石崎遺跡群から本遺跡群のほうに移っていったのではないかと考えています。

## 伊都国を支えた交易

### ◆海辺の遺跡

一の町遺跡や石崎遺跡群などの有力集落は、当時の海岸線から少し内陸に入った場所に立地しています。しかし、これらの集落からも楽浪系土器などの朝鮮半島系土器が出土します。とくに一の町遺跡ではたくさんの楽浪系土器が出土しています。港をもたない集落がどうやってこれらの品を手に入れることができたのか、不思議な感じがします。

どうも、これらの有力集落は海辺の集落とタッグを組んで交易をおこなっていたのではないか。最近、そういうふうに考えはじめています。有力集落の近くから交易にかかわった海辺の集落が発見されているからです。

とくに伊都国西部の二つの集落遺跡が注目されています。

**深江井牟田遺跡**《ふかえいむた》　石崎遺跡の西一五〇〇メートルに立地する集落遺跡で、弥生時代には、海岸沿いの砂丘上にあったと考えられています。ここから楽浪系の土器がたくさん出てきました。中国式の銅製の短剣なども出土しています（**図12**）。

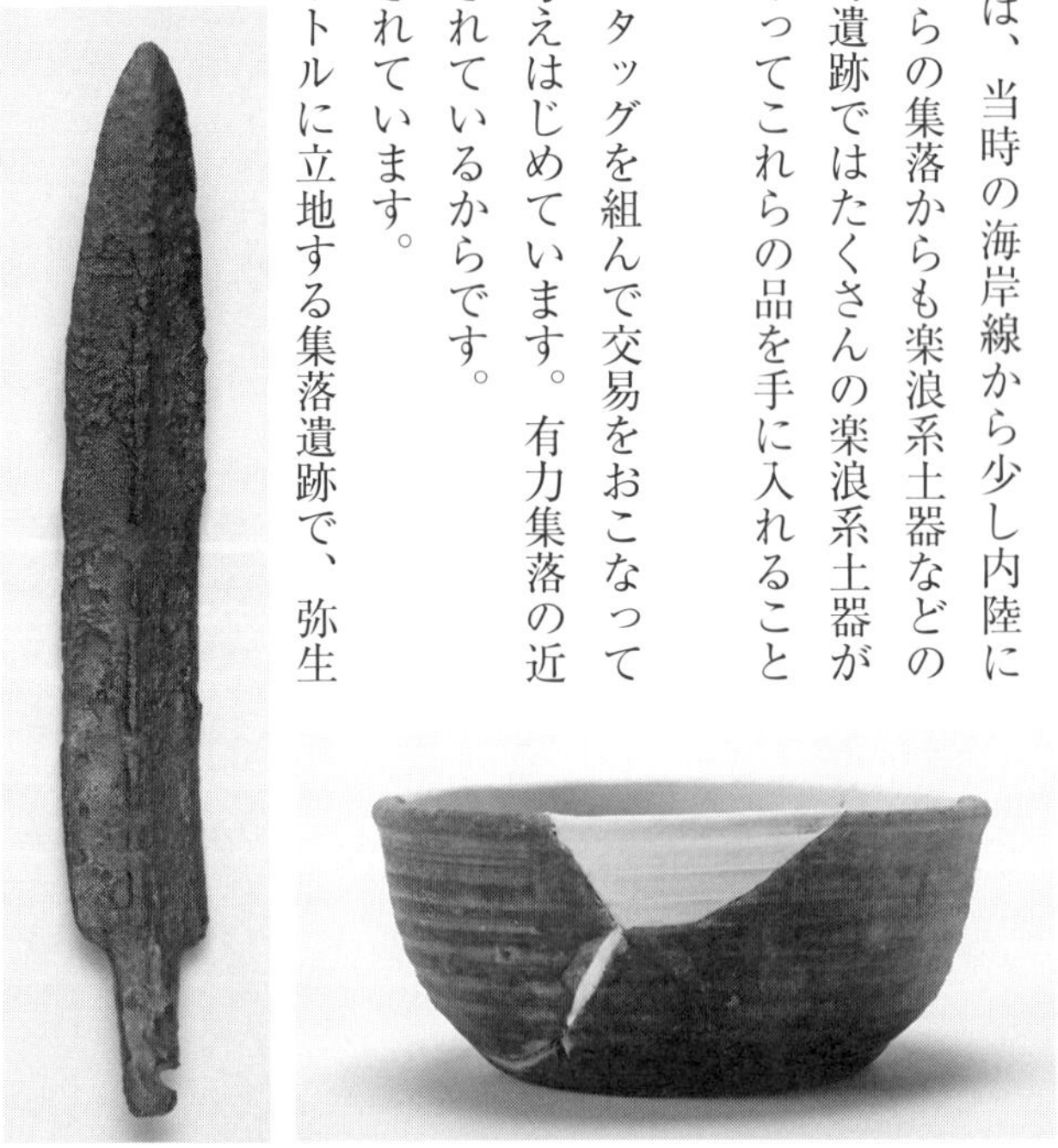

**図12　深江井牟田遺跡出土の中国式銅剣**（左）**と楽浪系土器**（右）
中国式銅剣は、土壙から折り曲げて廃棄されていた状態でみつかった。楽浪系土器は、土器溜りから弥生後期後半の土器とともに出土。
（提供：伊都国歴史博物館）

**御床松原遺跡《みとこまつばら》**　糸島半島西岸、一の町遺跡の西四キロに位置する集落遺跡です（図13）。この遺跡は一九七八年の発掘調査で、一〇〇棟ほどの弥生時代後期から古墳時代にかけての竪穴住居群がかなり密に検出され、中国貨幣の貨泉《かせん》や半両銭《はんりょうせん》が出土しました（図14）。さらに、鉄斧や鉄製品の素材となる鉄板なども出土しています。楽浪系の土器もたくさん出ていますので、この集落も交易にかかわっていたと考えられます。この御床松原遺跡にもたらされた船載系物資は、おそらく一の町遺跡にもち込まれ、深江井牟田遺跡のものは、石崎遺跡群・本遺跡群にもち込まれたと考えられます。それぞれの集落は、交易に従事する集落とそれを統括する集落という関係にあったの

**図13　御床松原遺跡全景**
引津湾に面した砂丘上に営まれた集落。鉄製や石製の漁撈具とともに国内外の搬入品が多数出土し、漁業に従事しながら交易にもかかわった集落の姿が浮かびあがる。
（提供：伊都国歴史博物館）

ではないだろうかと思っています。

◆玉を作る人びと

最近、とくに注目を集めた集落遺跡としては潤地頭給《うるじとうきゅう》遺跡があります。三雲・井原遺跡の北側約五キロに位置しています。この一帯は江戸時代に干拓がおこなわれ、現在は水田地帯となっていますが、弥生時代から古墳時代にかけては内海に面した波静かな海辺の集落でした。ここから弥生時代終末～古墳時代前期の碧玉や水晶を使った玉作りをおこなっていた工房群が発見されました。

ここで三〇棟の竪穴住居がみつかり、竪穴住居のほとんどで玉作りをおこなっていたことがわかりました。住居の周囲には排水用の溝が掘られるなど、従来知られていた当地の住居の構造と異なっていました。住居の内や外には工作用の土壙があり、作業にかかわる砥石《といし》、石のハンマー、穿孔のための鉄の錐《きり》など工具類もまとまって出土しています。

玉作りに使用されたのは碧玉、水晶、瑪瑙《めのう》、鉄石英などの石材です（図15）。そのうちもっとも多い碧玉は、出雲の花仙山《かせんざん》の石がもち込まれ、加工されていました。実は、この集落では弥生時代終末～古墳時代初頭の山陰系土器が多く出土していて、玉作りには山陰から渡ってきた工人たちが深くかかわっていた可能性が高いと考えています。

**図14　新町・御床松原遺跡から出土した中国貨幣**
半両銭は2枚、貨泉は中山平次郎の採取品と合わせると4枚出土したことになる。近年、伊都国内での中国貨幣の出土枚数は海浜部を中心に増加し、総数は30枚近くにのぼる。
（提供：伊都国歴史博物館）

この集落の玉作りに主導的にかかわっていたのはだれなのか、非常に微妙な問題だと思っています。弥生時代の後期にすでに玉作りが始まっていたのであれば、伊都国が主導して玉作りを開始し、独自にここで玉作りを展開していたと考えられますが、古墳時代になって始まったとなると、ヤマト政権の影響下で玉作りがおこなわれていた可能性が出てくるからです。

では、なぜ弥生時代の終末期あるいは古墳時代の初頭に、伊都国で新たに玉作りを始めなければならなかったのでしょうか。

当時、伊都国の人たちは碧玉や水晶の玉が好きだったのかというと、鉱石でできた装身具は好みではなかったようで、答えはノーです。先ほど紹介しましたように、王墓や有力者層の墓から出てくるのは、ほとんどガラス製の玉だからです。

しかし、伊都国の周辺地域、とくに西側、現在の佐賀県、長崎県の地域では弥生時代後期の後半から古墳時代前期の墓から碧玉や水晶の玉が時々出てきます。これらの地域への供給が目的だった可能性はあります。

もうひとつ、『魏志』倭人伝に書かれている倭地の産出物に青玉と真珠があることに注目しています。青玉は碧玉と考えられます。真珠は、もしかすると水晶玉をさすのかもしれません。つまり、大陸・半島地域の交易品としてこれらの玉類が生産されてい

**図 15　潤地頭給遺跡出土の碧玉とその加工品**
原石から製品にいたる各工程の未製品が出土した。水晶玉とともに潤地頭給遺跡における主要製品だったと考えられる。
（提供：伊都国歴史博物館）

た可能性があるのではないかと考えています。

交易品として、碧玉や水晶の玉が生産されたということになると、これは対朝鮮半島や中国との貿易対策のために、この工房が展開されたということになりますので、その開始の時期が重要になってきます。弥生時代の終末なのか、古墳時代の初頭になるのか、伊都国が主体か、それともヤマト王権の関与によるものか、出土土器や玉の製作技術などの検討を十分に進めていく必要があると思います。

### ◆海を渡る人びと

交易ということになると、当時の移動手段を考えなければなりません。当然、大陸や国内各地との交易をおこなうには、船が必要になってきます。

実は、潤地頭給遺跡からは船の部材がいくつか発見されています（図16）。発掘調査の終盤にかかった頃に井戸が発見されたのですが、この井戸枠に使われていた五枚の板が準構造船と思われる船の部材だとわかったのです。板の樹種や木取りを確認したところ、船底部の四つの部材は別々の船のものであることがわかりました。少なくとも四艘の船がこの井戸の構築のために使われていたのです。いらなくなった船か、破損した船材を転用してこの井戸をつくったのでしょう。こういう資料が出てくるということから、潤地頭給の集落では船を幾艘も保有していたということがわかります。

潤地頭給遺跡の北側の元岡《もとおか》遺跡からは、より大きな船の船底を補強するために組み込む隔壁材の一部も出土しています。伊都国内では大きな準構造船もつくられていたようです。

上鑵子《じょうかんす》遺跡からも弥生時代中期後半の船の底の部分が出ています。一メートル足らずの部材で、復元するとあまり大きな船ではありません。おそらく外洋に向かう船というよりは、沿岸を航行する舟ではないだろうかと考えています。用途別に船を使い分けたと思われます。大陸との海上交通の中継点だった伊都国は造船に関しては先進地域だったのかもしれません。

話は少しそれますが、この上鑵子遺跡からは人の顔を描いた板も出ています（図17）。ちょうどハガキサイズぐらいの縦一四センチ、横一〇センチほどの板で、そこに当時の人の顔が描かれていました。特徴的なのは、顔の中央には×の字型に、口の下には縦や斜め方向に彫ったイレズミをしている表現がありました。さらに頭の部分はモヒカン刈りのような状態で側頭部には、角のようなものが生えています。これはおそらく羽飾りで

**図16　潤地頭給遺跡出土の船の部材**
手前が船尾部（1.72 m）、中と奥は船底部（各 1.5 m 弱）、左横の板材は舷側板（1.3 m）。井戸内から庄内式土器が出土している。（提供：伊都国歴史博物館）

はないかと考えています。弥生時代の人物像としては、よく似た特徴をもつ絵がいくつか発見されていますが、顔の各部の表現がこまかく出ていて、体全体までが把握できる資料としては非常に貴重なものではないかと考えています。

### ◆整備された道路

伊都国から遠方へ向かうには、船を用いるという手段が効果的ですが、では内陸部ではどのように移動していたのかと考えると、当然道路が必要です。

最近、奴国のほうでは比恵《ひえ》・那珂《なか》遺跡群（福岡市）という非常に大きな集落遺跡の調査が進み、弥生時代終末から古墳時代前期にかけて幅五〜六メートルぐらいの道路が約二キロにわたって整備されていたという報告があり、注目されています。

伊都国でも、道路と思われる遺構が出ています。伊都国の有力な集落のひとつ本遺跡群の北に位置する東高田《ひがしたこうだ》遺跡では二条の狭い溝が五メートルほどの間隔でほぼ平行に五〇メートルほどつづいていました（**図18**）。五〇〇メートル北側の地点からも、ちょうどその延長線上に同じ幅ぐらいの溝の跡が発見されたので、この二つが一本につながれば道路として機能していた

**図17　上鑵子遺跡出土の人物線刻板**
黥面の男性像。裏面は炙られており、祭祀で用いられたものと思われる。
（提供：伊都国歴史博物館）

可能性があります。同じような溝状遺構が志登《しと》遺跡からも発見されていて、これも道路遺構の一部になるのかもしれません。

志登遺跡は、潤地頭給遺跡の東隣にある海辺の大規模な集落です。ここからも楽浪系土器が出土していて、交易にかかわっていた集落だとわかります。その南には伊都国の拠点集落である三雲・井原遺跡がありますので、この遺構は伊都国のメインストリートだった可能性があると考えています。志登遺跡の西には、潤地頭給遺跡、さらに西には浦志《うらし》遺跡など、対外交易にかかわっていたとみられる集落が集中していて、三雲・井原遺跡を支えた一大港湾集落群を形成していたのかもしれません。

伊都国には大きな河川がありませんでした。川幅、水量を考えると、地域内の交通手段として船を使うことはほとんどなかったと考えています。ですから伊都国において集落間の交通の

**図18　東高田遺跡の道路状遺構**
台地上を縦断する道路状遺構。側溝から弥生後期前半の土器が出土している。交差する短い二条の溝は鎌倉時代の環濠の一部。（提供：伊都国歴史博物館）

ためには道路の整備が必要になっていたと思います。これからこのような道路の発見例が増えてくるのではないでしょうか。

先ほど紹介した上鑵子遺跡では、弥生時代中期後半の背負子《しょいこ》が出ています（図19）。今使っても、十分に使えるぐらいのとても機能的な形をしています。陸上での物資の流通には、こういう背負子も使われていたのでしょう。

ちなみに、伊都国の南側には三〇キロほど離れて吉野ヶ里遺跡があります。吉野ヶ里遺跡と伊都国の間には、一〇〇〇メートルほどの脊振山系の山々が連なっていますが、弥生時代の中期から後期にかけては、この山を越えて活発に交流がおこなわれていたのではないかと思います。おそらく山を越えての交易では、物資の運搬に背負子も利用されたでしょう。実際、吉野ヶ里遺跡からは上鑵子遺跡の背負子の部品とまったく同じ形の木製品が発見されていますの

**図19　上鑵子遺跡出土の背負子**

全長 80 cm。2種類の背負子が重なった状態で出土した。（提供：伊都国歴史博物館）

で、その可能性は高いと思います。

## 伊都国の地域と社会の姿

糸島地方では、今のところ二七の集落遺跡が確認されていますが、これは調査が進めば今後もう少し増えるのではないかと考えています。現状を見ても、地図でみていただくとかなり密度の濃い分布状況であることがわかると思います。

『魏志』倭人伝には、伊都国の戸数は約千戸だと書いてあります。隣の奴国の二万戸は別格として、対馬国は千余戸、一支国は三千、末盧国は四千余戸と書いてあります。他の国々の戸数の多さとくらべると、なぜ伊都国の戸数が千戸余りに止まっているのか、前からの疑問でした。実際に、三千戸あるという壱岐《いき》の国の集落の分布状況をみると、大きな集落として確認されているのは原《はる》の辻《つじ》遺跡、カラカミ遺跡、車出《くるまで》遺跡の三つぐらいです。この状況で三千戸あったとするならば、遺跡の数量ともに一支国を大きく上回る伊都国は、この数をはるかに上回ると考えたほうがいいと思います。『魏志』倭人伝の前に書かれたとされる『魏略』という本では伊都国は一万戸余りあったと書かれています。今後、伊都国の戸数を他と比較する際には一万戸を目安に考えるのが妥当ではないかと思います。

伊都国域では、今回紹介した有力集落が核となって、大きくは今宿五郎江遺跡を中心とする東部、志登遺跡群を中心とする中部、石崎遺跡群および本遺跡群を中心とする西部、三雲・井原遺跡を中心とする南部、一の町遺跡を中心とする糸島半島部の五つのグループによって構成されていたと考えています。それぞれのグループは、その経済基盤となる港湾集落を従えていました。これら集落グループをさらに上位で統括したのが、伊都国最大の集落である三雲・井原遺跡であっただろうと考えています。楽浪系土器をはじめ舶載系遺物が多く出土し、三雲南小路、井原鑓溝、平原などの歴代の王墓が集落周辺に展開していることから、その優位性は動きがたいのです。

また、伊都国内では、王墓以外にもさまざまな副葬品をもった墳墓が発見されていて、これらの被葬者は王の下に位置づけられる有力者層であったと考えられます。その副葬品の内容が実に多様で、墳墓の時期などを考慮してもこれら墳墓の被葬者の置かれていた階層が複雑性を帯びていたことが十分に想像できます。先ほど

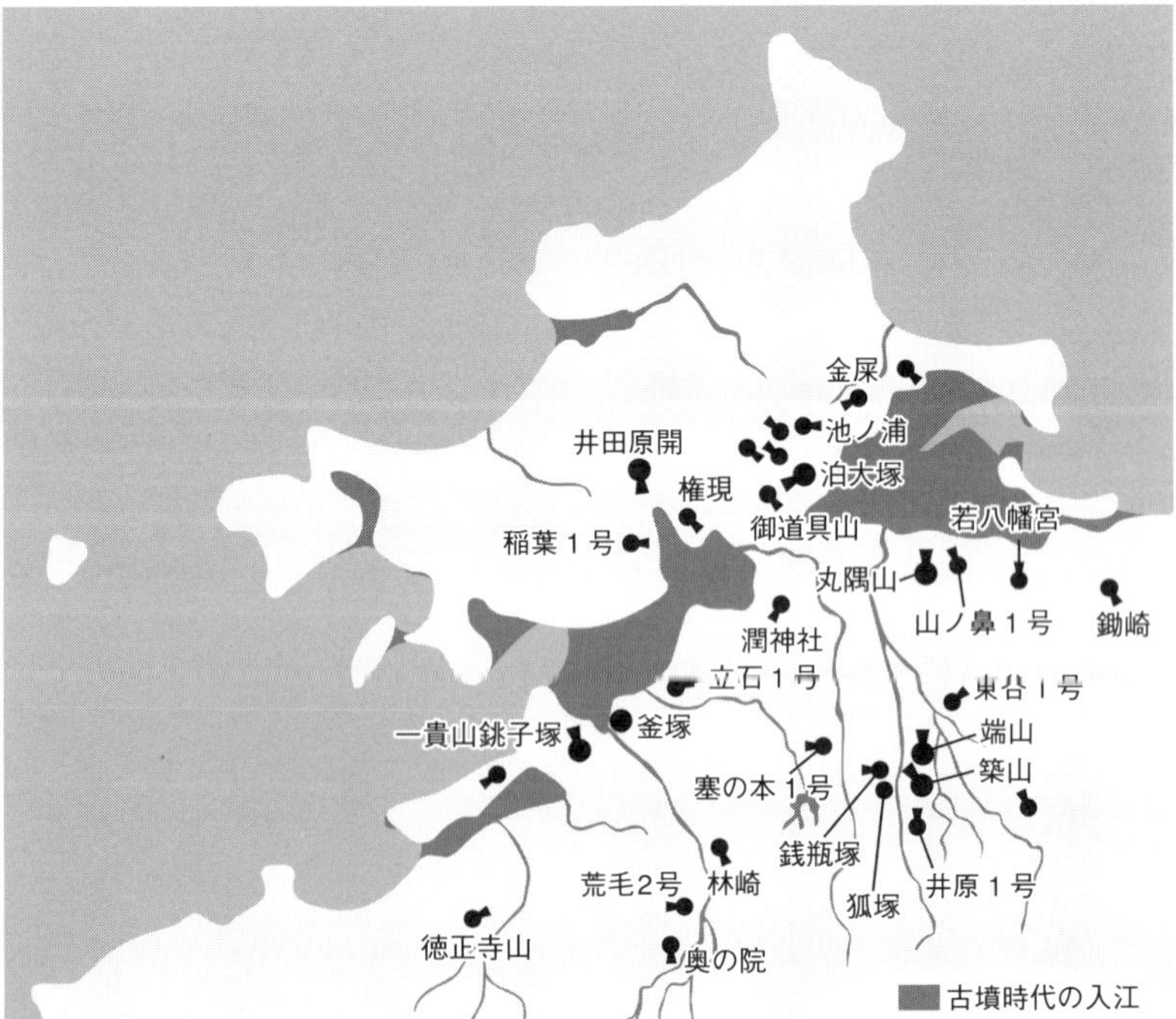

図 20　伊都国域の古墳時代前・中期の主な古墳

の集落グループ間相互の力関係も加わって伊都国内では、弥生時代の後期において、すでに重層的な階層社会が形成されていたのではないかと思っています。

このような地域社会のあり方が古墳時代前期の糸島地方での前方後円墳の分布に反映されているようです（図20）。糸島全体では、古墳時代全期間を通じて六〇基ほどの前方後円墳が確認されていますが、古墳時代前期の割合が多く、そのなかには、おそらく糸島地方を統括した大首長クラスの一〇〇メートル近い大きな前方後円墳もありますが、なかに小規模な二〇～三〇メートルほどの前方後円墳が数多く築かれているのが特徴です。小型の前方後円墳の主は、小さな地域や集団のリーダーとして存在していた有力者層の末裔の墓でしょう。弥生時代後期の地域の様相が古墳時代の前期まで存続していたものと考えられるのです。

今回は、伊都国が栄えた時代の地域の様相について最近の調査成果を中心に紹介し、墳墓や集落の時期ごとのこまかな変遷や構成などには踏み込まなかったので、大ざっぱな伊都国の地域イメージについてのお話となりました。よりこまかな地域構造やその変遷などについては、今後、個々の墳墓や集落をもっとくわしく検証し、また他の地域との比較検討をすすめることによって解き明かしていきたいと考えています。

# 金属器生産技術の変化——弥生時代から古墳時代へ

北井利幸

金属器は大きく青銅器と鉄器の二つに分けられます。青銅器は鎔《と》かした金属を鋳型に流し込んでつくる鋳造品で、鋳型には石製鋳型と土製鋳型の二種類があります。鉄器には鋳造品のほか、たたいてつくる鍛造品があります。これらの金属器は、いずれも弥生時代前期に日本列島に入ってきました。その弥生時代の金属器生産技術は、どのようなものであったのか。弥生時代から古墳時代へと移行するなかで、どのように変化を遂げたのか。また、金属器生産と社会の変化は関係しているのか。この三点を中心にお話しします。

近畿地域の青銅器生産は、弥生時代前期末頃に始まりました。鉄器生産は、兵庫県淡路市の五斗長垣内《ごっさかいと》遺跡で弥生時代後期の鉄器生産遺跡がみつかったことから、遅くとも弥生時代後期には始まったと考えられます。

九州では、近畿より若干早く、青銅器生産は佐賀平野の各所で弥生時代前期末から中期初頭の青銅器生産にかかわる遺構、遺物が出土しています。鉄器生産遺跡も弥生時代中期末葉のものがみつかっています。

## 近畿とその周辺の青銅器生産

**図1**に近畿地域の青銅器生産にかかわる遺物が出土した遺跡をあげました。時期は、弥生時代前期から古墳時代初頭までです。和歌山県御坊市の堅田《かただ》遺跡や兵庫県神戸市の楠《くすのき》・荒田町《あらたちょう》遺跡、京都府向日《むこう》市の鶏冠井《かいで》遺跡などから弥生時代前期末から中期初頭の石製鋳型が出土しています。このことから青銅器生産は、この時期に開始されたことがわかります。

### ◆つづかない青銅器生産―弥生時代前期

弥生時代前期の遺跡には、和歌山県御坊市の堅田遺跡や京都府向日市の鶏冠井遺跡などがあります。

**図1**を見てください。堅田遺跡は和歌山県に一つだけポツンとあります。遺跡からは弥生時代前期末の鉇《やりがんな》の石製鋳型が出土しています。この地域では、堅田遺跡以外に青銅器生産にかかわる遺物が確認されていないので、青銅器生産は根づかなかったと考えられます。

鶏冠井遺跡では、弥生時代中期初頭の土器とともに砥石に転用された菱環鈕式《りょうかんちゅうしき》銅鐸の石製鋳型が出土していますので、弥生時代前期末から中期初頭に青銅器生産をおこなっていたとわかります。遺跡は後期まで継続しますが、中期初頭以降、青銅器生産にかかわる遺物は出土し

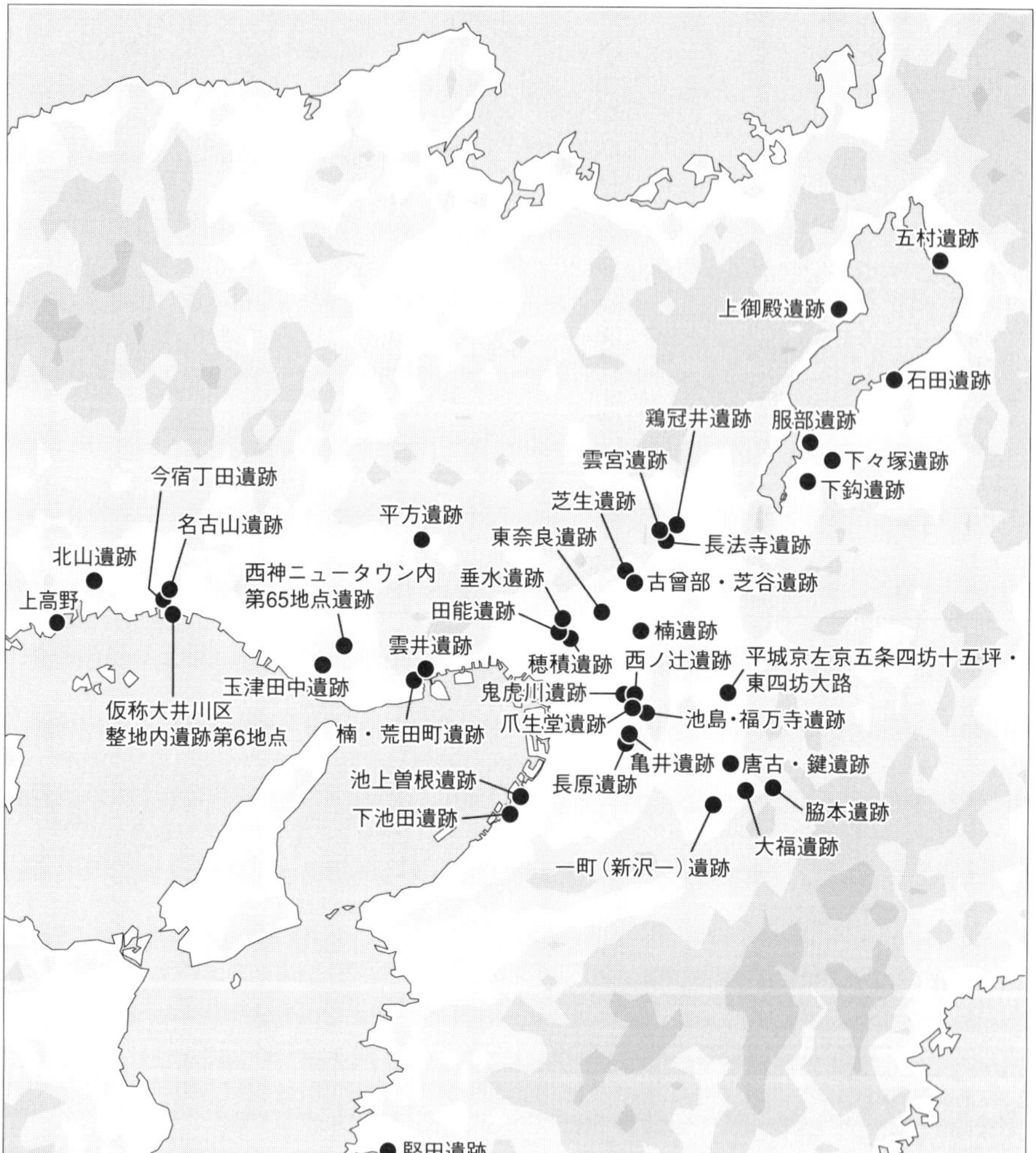


図1　近畿地域の青銅器鋳造関係遺物が出土した遺跡

ていません。鶏冠井遺跡につづいて青銅器生産が確認されるのは、すぐそばの弥生時代中期後葉から後期の京都府長岡京市の長法寺《ちょうほうじ》遺跡です。ここからは土製の鋳型外枠が出土しています。近畿地域ではありませんが、愛知県名古屋市・清須市の朝日遺跡からは前期末から中期初頭の菱環鈕式銅鐸の石製鋳型がみつかっています。

このように弥生時代前期の遺跡は、点々と近畿地域とその周辺に広がっていきます。しかし、これらの遺跡はいずれも前期末から中期初頭頃に生産を確認できますが、それ以降の生産は確認されていません。同じ場所で青銅器を製作しつづけるのではなく、一度断絶します。そして少し時期をあけて、別の場所で青銅器生産がおこなわれることが確認されています。

### ◆中核をなす大きな生産遺跡―弥生時代中期

弥生時代中期に青銅器の一大生産拠点となっていたのが、奈良県田原本町の唐古《からこ》・鍵《かぎ》遺跡、大阪府茨木市の東奈良《ひがしなら》遺跡、大阪府東大阪市の鬼虎川《きとらがわ》遺跡などです。いずれも各地域における拠点集落となっていました。

唐古・鍵遺跡は面積が約四二ヘクタールもある集落で、弥生時代前期から人びとが生活していました。青銅器生産は中期から後期初頭頃までおこなわれ、銅鐸の石製鋳型が出土したほか、さまざまな土製の鋳型外枠も出土しています（図2）。

土製の鋳型外枠（図3）とは粘土で鋳型の形を作って焼き上げた枠で、内側に粒子の細かい砂や粘土などを貼り付け、文様を彫り鋳型とするもので、土製鋳型の一種です。銅鐸の鋳型は、

**図２　唐古・鍵遺跡出土の青銅器鋳造関係遺物**（提供：田原本町教育委員会）

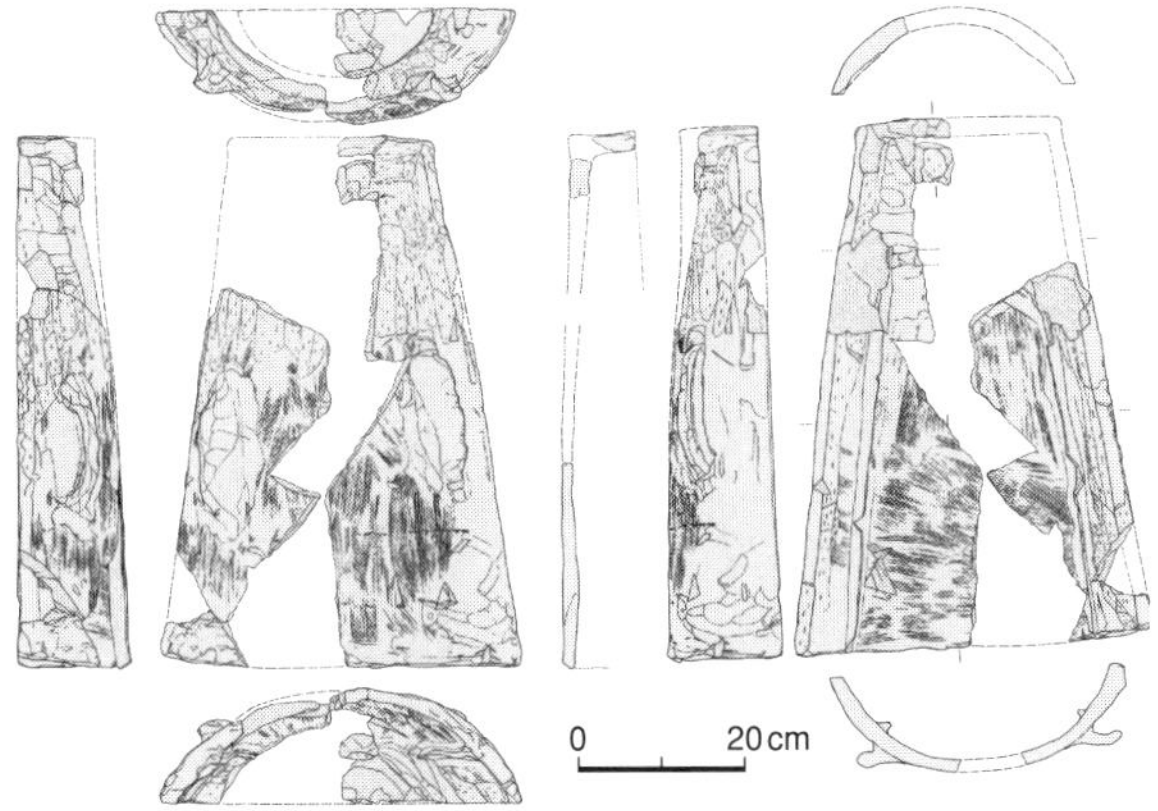


図3　唐古・鍵遺跡出土銅鐸の土製の鋳型外枠（『唐古・鍵遺跡Ⅰ—範囲確認調査—』田原本町文化財調査報告書第5集、2009より）

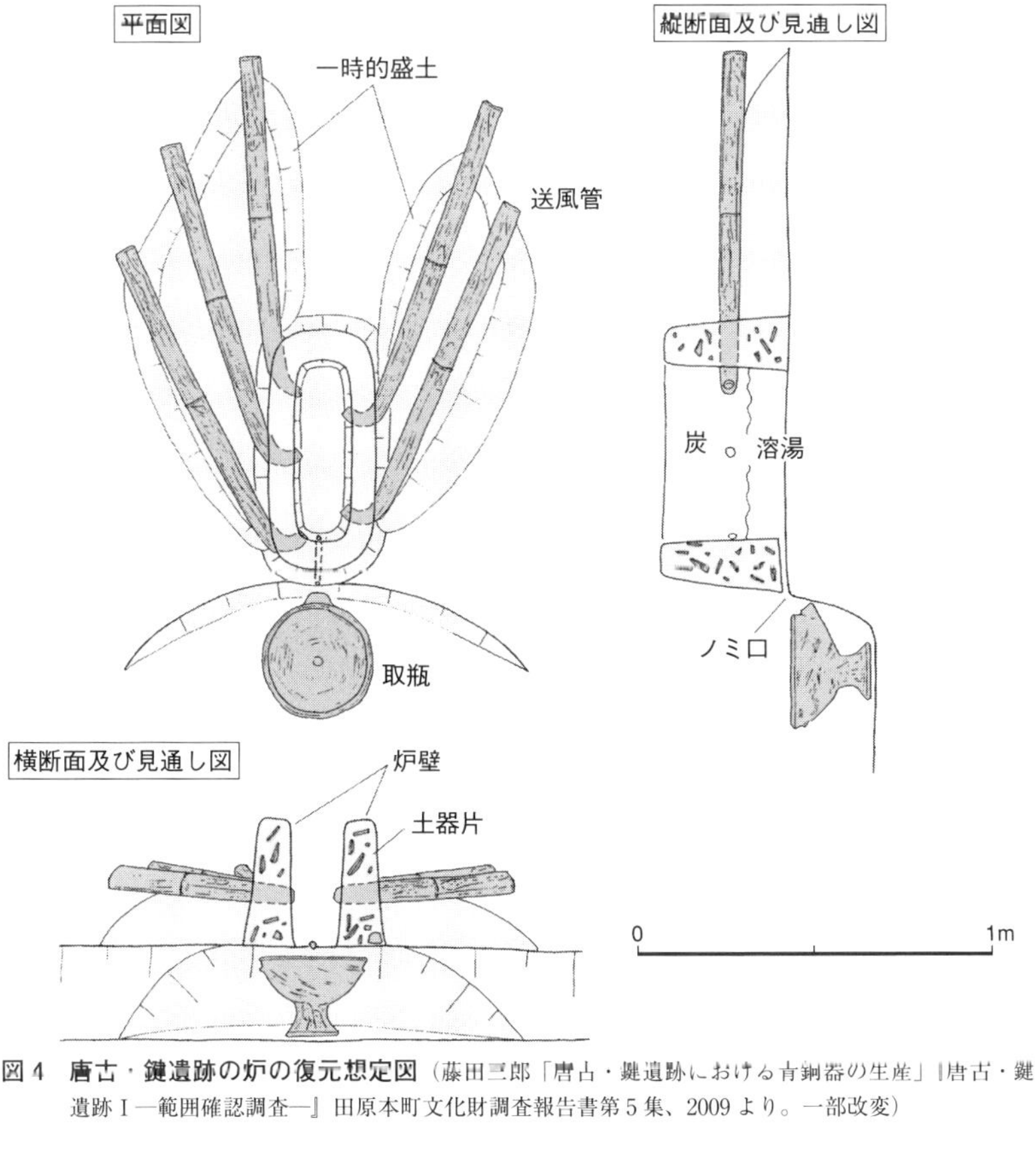


図4　唐古・鍵遺跡の炉の復元想定図（藤田三郎「唐古・鍵遺跡における青銅器の生産」『唐古・鍵遺跡Ⅰ—範囲確認調査—』田原本町文化財調査報告書第5集、2009より。一部改変）

石製のものから土製鋳型外枠へと変化していきます。そのほか、炉に風を送るための鞴羽口《ふいごはぐち》（送風管）や鎔けた金属を受けるための取瓶《とりべ》として使われていた高坏状土製品、鋳造失敗品、砥石なども出土しています。唐古・鍵遺跡では、このような青銅器鋳造関係遺物だけでなく、炉跡状遺構も検出されています。高熱を受け、堅く焼き締まった幅約一四センチ、長さ約四五センチの長方形状の赤褐色の焼土面が確認されています。この遺構から復元した炉が**図4**になります。

鬼虎川遺跡では銅鐸、銅剣、銅釧《くしろ》などの石製鋳型が出土しています。この遺跡からは鋳造鉄斧を再加工した鏨《たがね》状の鉄器も一点出土しています。青銅器をつくるために鋳造鉄斧を再利用して加工し、鏨状の工具として使っていたことがわかりました。

東奈良遺跡も大きな集落で、青銅器の大規模生産をしています。銅戈の鋳型や重さ約三〇キロもある銅鐸の石製鋳型（**図5**）を含む複数の鋳型が出土し

**図5　東奈良遺跡出土の第1号流水文銅鐸石製鋳型**
高さ約 43.8 cm（所蔵：茨木市教育委員会）

**図６　東奈良遺跡出土の青銅器生産関係遺物**
中央上は図５の第１号流水文銅鐸鋳型、左下の鋳型は第２号流水文銅鐸鋳型。
（所蔵：茨木市教育委員会）

ました。ここから出土した銅鐸鋳型から製作された銅鐸は、三点わかっています。外縁付鈕《がいえんつきちゅう》式《しき》銅鐸といわれる、高さが四〇センチ前後のものです。一点は大阪の豊中市にある原田神社境内から出土し、もう一点は香川県善通寺市の我拝師《がはいし》山からみつかっています。この二鐸は東奈良遺跡出土の第二号流水文銅鐸鋳型を使ってつくられています。同じ鋳型から複数の銅鐸を製作する例は多く、同笵《どうはん》銅鐸または兄弟銅鐸とよばれています。製品に残された鋳型の傷から製作順が特定できることがあり、原田神社銅鐸と我拝師山銅鐸では、我拝師山銅鐸が先に製作されたことが判明しています。もう一点は、兵庫県豊岡市の気比《けひ》銅鐸です。この銅鐸は、先の二点とは別の第三号流水文銅鐸鋳型が使われています。

東奈良遺跡からは、これらの石製鋳型とともに銅戈の土製鋳型や鞴羽口（送風管）、砥石、取瓶に使われた高坏状土製品が出土しています（図6・10）。

以上のように弥生時代中期の青銅器生産は、各地域で拠点となる集落で大規模生産をおこなっていました。しかし、これらの集落も弥生時代中期末から後期初頭には生産をやめ、同時期に成立する小さな集落で小規模な生産がおこなわれるようになることが、最近の調査事例からわかってきました。

### ◆小さくなる遺跡――弥生時代後期

弥生時代中期末から後期初頭に成立した集落で、青銅器生産が突然おこなわれるようになります。こうした集落がずっとつづくかというと、継続しません。拠点集落での生産が途絶え、その技術をもった工人が各地に分散した可能性が考えられます。奈良盆地では、桜井市の大福《だいふく》遺跡や脇本《わきもと》遺跡などがそうです。

大阪府寝屋川市の楠遺跡も弥生時代後期初頭に成立する集落です。本遺跡からは後期初頭の土器しか出土していません。集落は後期初頭に成立し、青銅器生産をおこなっているのですが、それ以降、継続しませんでした。坩堝《るつぼ》に使用したと考えられる高坏状土製品と小型の長方形状をした土製の鋳型外枠が出土しています。銅鏃またはそれに類する小さなものをつくったと考えられています。

先ほどみたような東奈良遺跡や鬼虎川遺跡、唐古・鍵遺跡のように多種多様な青銅器鋳造関係遺物が出土し、さまざまな製品をつくっているというのではなく、小型の鋳型外枠と坩堝と考えられる高坏状土製品が出土しているだけです。弥生時代中期とくらべ、生産規模が縮小されていることがわかります。

先にもお話ししましたが、京都府長岡京市の長法寺遺跡では、弥生時代後期の土製の鋳型外枠がみつかっています。しかし、それ以前の青銅器生産は確認されていませんし、土製の鋳型外枠以外の遺物も今のところみつかっていません。やはり小規模な生産と考えられます。

滋賀県野洲市の下々塚《げげづか》遺跡からも中期後葉の土製の鋳型外枠が出土しています。滋賀県の湖西地域においても、この時期に青銅器生産が開始されたことが確認されています。このほか、栗東市の下鈎《しもまがり》遺跡や守山市の服部《はっとり》遺跡、東近江市の石田《いしだ》遺跡でも、土製の鋳型外枠が出土しています。

兵庫県では、姫路市の仮称大井川区整地内遺跡第6地点から土製の鋳型外枠や銅鐸の破片、砥石などが出土しています。鋳型外枠の大きさや形状から、銅鐸をつくっていたものではなく、銅鐸の破片を原料に小型の青銅器、たとえば銅鏃をつくっていたと思われます。

最近、奈良県では平城京左京五条四坊十五坪・東四坊大路の川の中から土製の鋳型外枠の破片が出土しました。これまでは奈良盆地のなかでも青銅器生産遺跡は唐古・鍵遺跡よりも南のほうでみつかっていただけでした。盆地の北部でも青銅器生産が確認されはじめたことを紹介しておきます。

以上のように弥生時代後期の青銅器生産遺跡は遺物の組み合わせや点数、製品が小型化していることから小規模生産であったと考えられます。

青銅器生産遺跡は近畿地域においては点的な分布から面的な分布へと変化し、拡大していきました。時期が新しくなるにつれて大阪なら大阪平野、奈良なら奈良盆地で遺跡がどんどん増えていく状況が確認されており、はじめは京都府の鶏冠井遺跡、和歌山の堅田遺跡、愛知県の朝日遺跡という本当に数カ所しかないものが、少しずつ増えていきます。そしてさらにいうと、大規模集落から小規模集落へという変化もみられます。この変化は石製鋳型から土製の鋳型外枠という鋳型素材の変化とも一致します。

## 鉄器生産

弥生時代に伝わってきた鉄器ですが、その生産となると時期が遅れます。ここでは展覧会（三国志の時代―二・三世紀の東アジア―）の趣旨にあわせて二、三世紀の九州と近畿の鉄器生産について検討します。

弥生時代後期から古墳時代初頭の鉄器生産遺跡はいくつかありますが、九州では福岡県博多市の博多遺跡群を、近畿では奈良県桜井市の纒向遺跡をとり上げます。

### ◆博多遺跡群

博多遺跡群からは弥生時代後期から古墳時代初めの鉄片や鉄鏃の未成品、鏨、断面が蒲鉾《かまぼこ》形の先端が熔《と》けた鞴羽口（図7右）、石槌などが出土しています。ここでは鉄製の金槌《かなづち》や金鉗《かなばさみ》はなく、石器を使って鉄をたたいて鍛造品をつくっていたということがひとつの特徴になっています。

鉄を鎔かすには一五〇〇度を超える温度が必要ですので、

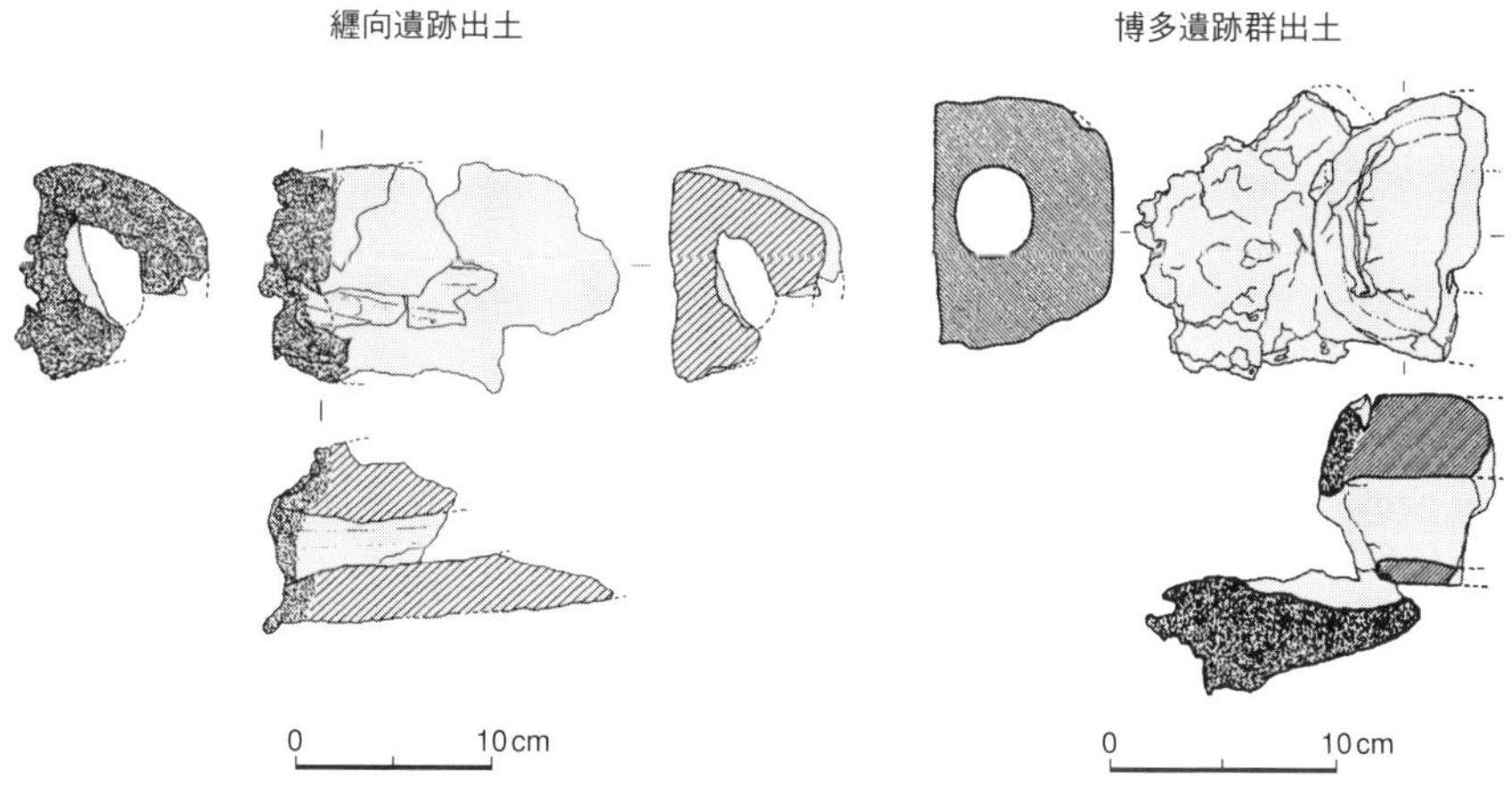


**図7　鞴羽口**

（左：奈良県立橿原考古学研究所「纒向遺跡―102次（勝山古墳第1次）発掘調査概報（『奈良県遺跡調査概報（第3分冊）1997年度』1998より。右：福岡市教育委員会『博多37』福岡市埋蔵文化財調査報告書第329集、1993より）

鞴羽口の先端そのものも熔けてしまいます。また椀型をしている非常に大きな鉄滓も数多く出土しています。このほか、興味深い遺物として、鉄をたたいたときに出る鍛造片や精錬時の球状滓なども出土しています。こうした資料から本遺跡内で鉄器製作をおこなっていたことがわかります。

### ◆纒向遺跡

古墳時代初頭の纒向遺跡（図8）では、いくつか鉄器生産にかかわる遺物が確認されています。なかでも纒向遺跡第一〇二次調査（勝山古墳周辺）では、数多くの鞴羽口（図7左）や鉄滓、砥石のほか鉄鏃の製作途中または失敗品などの鉄器生産関係遺物が出土しています。鉄を切ったときに出てくるような破片も出土しており、鉄片を切って鉄鏃をつくっていることが確認され

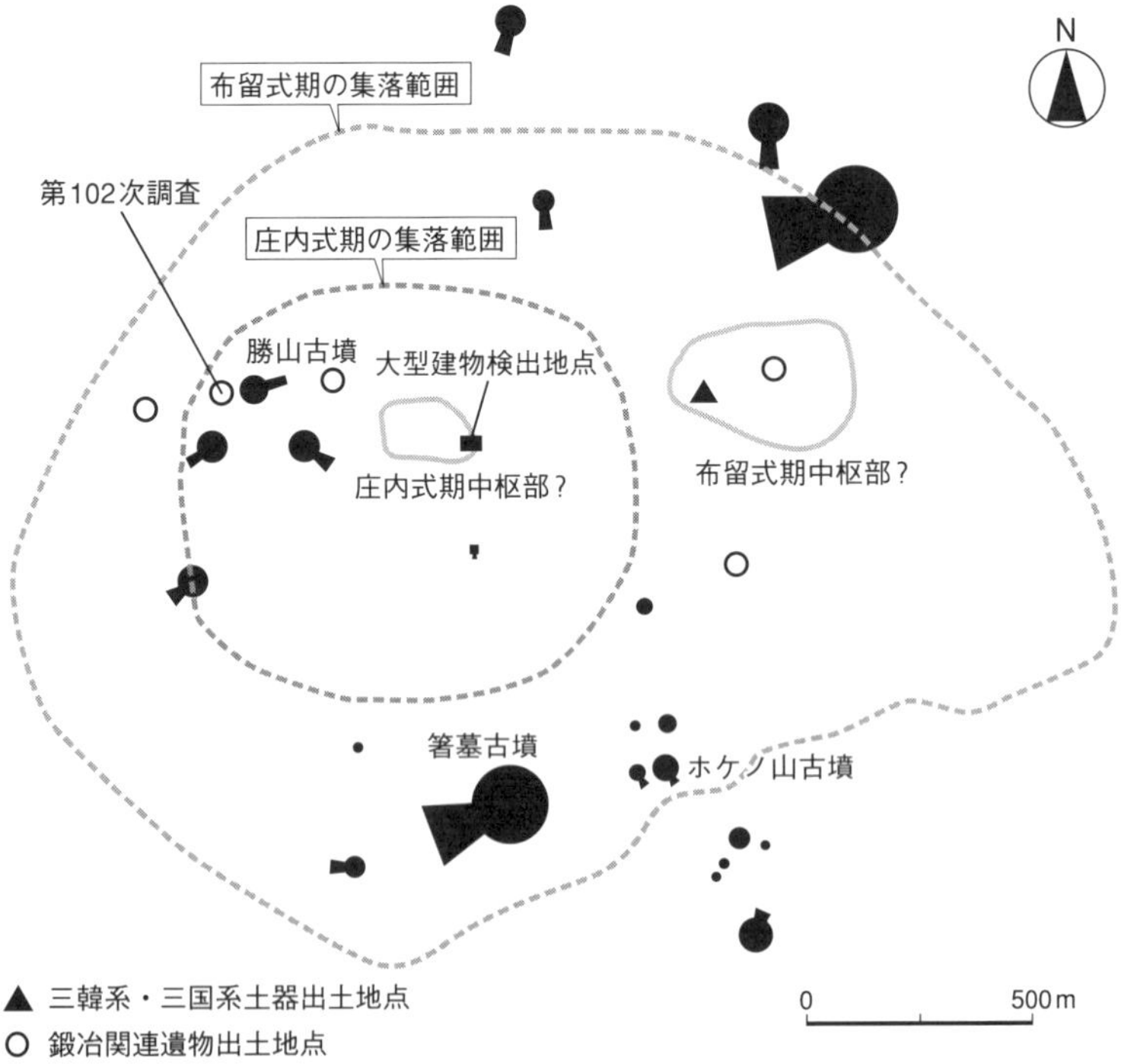


**図8　纒向遺跡の鉄器生産関係遺物出土地点**
（奈良県立橿原考古学研究所附属博物館『三国志の時代—2・3世紀の東アジア—』2012より）

ました。

纒向遺跡でも博多遺跡群と同じように、鉄をたたく道具は金属製の金槌ではなくて、石でたたいていたと考えられます。弥生時代以来おこなわれてきた方法です。

最近発掘された、兵庫県淡路市の五斗長垣内遺跡も紹介しておきましょう。弥生時代後期初頭の遺跡で、鉄製品が数多く出土しました。鉄を切ったときに出る破片が多数出土したほか、板状の鉄斧も出土しています。高熱を受けて赤くなった箇所のある円形の炉跡もみつかっていますが、鞴羽口は確認されていません。弥生時代後期における最大級の鉄器生産遺跡といわれています。

## 金属器生産の技術展開

弥生時代には、鉄器の鋳造品は製品としては入ってきていますが、列島内で鋳造鉄器を製作していたかどうかはわかっていません。ただし、中国や朝鮮半島からはいってきた鋳造品を再加工し、再利用していたことは、最近の研究で明らかになってきました。

鍛造品は、九州の博多遺跡群や奈良の纒向遺跡などで、断面が蒲鉾形をした大型の鞴羽口や石槌などの存在から、鉄をたたいて形づくっていくという技術が確認されています。青銅器生産については炉と取瓶を用いる段階から坩堝を使用するように、技術そのものに変化が生じています。

鉄器生産は鞴羽口について、青銅器生産は炉を用いた大規模生産から高坏状土製品を坩堝とする小規模生産にいつ変化したのかについてお話しします。

## ◆鞴羽口（送風管）

これまでに鞴羽口という言葉がよく出てきました。その鞴羽口がどういうものかということと、どういう使用方法をしていたのかということをみていきます。

**図9**は、古墳時代中期の製鉄の炉を復元した図です。弥生時代終わりから古墳時代初頭の製鉄炉の上部構造は、今のところよくわかっていません。ですから、ちょっと時代が新しい古墳時代中期の炉の復元案になります。鞴は革袋などでつくられていたと推定されます。鞴を使って炉の内部に圧縮した空気を送り込むための部分が鞴羽口です。

青銅器の鋳造に使われる鞴羽口は、送風管ともよんでいますが、基本的には製鉄炉の羽口と同じです。外側から圧縮した空気を炉の中に入れる。その先端が鞴羽口です。

鞴は、現在は電動のものを使っていますので、構造そのものがよくわからないかもしれません。宮崎駿氏の映画「もののけ姫」のなかで、足で踏んで空気を送る〝踏み鞴〟が出てきます。その鞴には圧縮した空気を送る管がついていて、炉の中に鞴羽口の先端部分が突き刺さってい

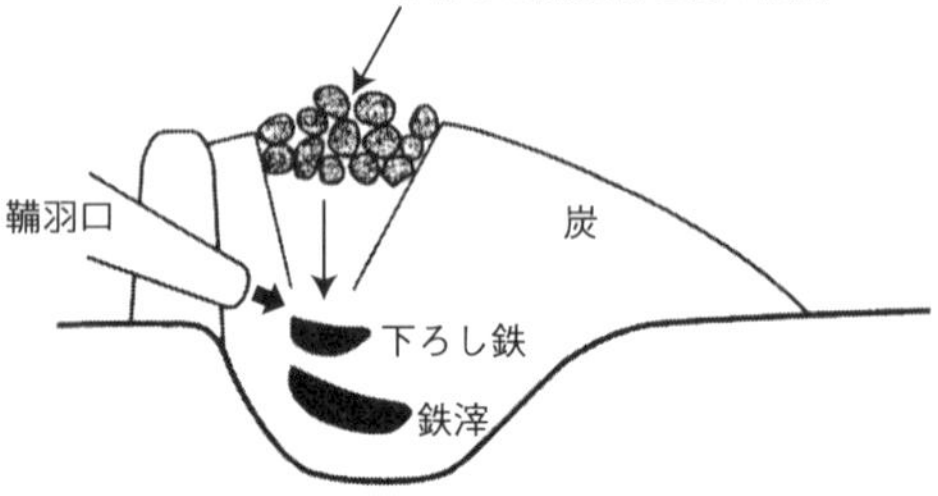


**図9　円形鍛冶炉における錬鉄の下ろし技法想定図**
（古瀬清秀「考古学からみた鉄精錬鍛冶」『考古論集―川越哲志先生退官記念論文集―』川越哲志先生退官記念事業会、2005より。一部改変）

ます。映画のなかでは踏み鞴と炉のある作業場所を〝たたら場〟とよんでいます。空気を送るという意味では、鞴羽口も送風管も同じ機能を有しています。

先ほどから何度か断面が蒲鉾形をした鞴羽口について言及しました。纒向遺跡から出土した鞴羽口の断面も蒲鉾形（図7左）をしています。鞴羽口の空気を送る穴は、空気を圧縮するために先端にいくほど狭くなっていくのですが、纒向遺跡から出土した羽口の先端は、途中までは細くなっていきますが、先端の手前で広がっています。ところが、博多遺跡群のものは先端に行くほど細くなる傾向にあります。確認できる資料では先端部では直径二センチ前後、鞴のとり付く側では直径四センチ前後です。纒向遺跡のものは、先が広がって圧縮した空気が最後にぶわっと広がるような内部構造を示しています。外見上、同じような形をしていますが、内部の形状は違っていました。

参考までに弥生時代の鞴羽口（送風管）についていうと、その断面は円形です。鉄器生産に使われた蒲鉾形の羽口のように片方の面が平らになるものはありません。片方の面が平らということは、平坦なところ、たとえば地面に置いて使用していたということです。さらに鉄器生産に使われた鞴羽口は、博多遺跡群の鞴羽口にみられるように先端が熔けています。それに対して弥生時代のものは断面が円形で、先端のごく一部だけが火を受けています。滋賀県虎姫町の五村《ごむら》遺跡から出土した鞴羽口（送風管）の先端は、五ミリから一センチぐらいのところがきれいに線を引いたかのようにして被熱しています。奈良県桜井市の大福遺跡の鞴羽口（送風管）も、やはり一センチぐらいだけが被熱しています。弥生時代に使われていた銅を鎔かす炉に使われる鞴羽口（送風管）と鉄を鎔かすための鞴羽口は、まったく別ものであるということがわかります。鎔かす対象の温度が違いますから、風を送る量も違います。そのため鞴羽口そのものの大きさも弥生時代のものは先端の外径が四〜五センチ、古墳時代のものは先端の幅が一〇センチ前後とまったく違います。ですから炉の構造そのものが違うと考えられます。

### ◆高坏状土製品の変化―取瓶から炉へ

先ほど、唐古・鍵遺跡のところで、鎔けた銅を炉から受け取るために取瓶というものがあるとお話ししました。これは現代の工場でも同じ作業をおこなっています。坩堝で鎔かした銅を取瓶で受けて、それぞれの鋳型に流し込むという作業です。

弥生時代の炉は、堅田遺跡と唐古・鍵遺跡で確認されています（図4）。唐古・鍵遺跡からは高坏状土製品とよばれる高坏に似た形をした土製品が出土していて、これを使って鎔けた金属を受けて、それぞれの鋳型に金属を流していたのだろうといわれています。

この高坏状土製品は、近畿各地で出土しています。弥生時代後期のものは、炉として使っていることがわかってきました。坏部に金属を入れて、鞴羽口（送風管）で直接空気を送って金属を鎔かすという技術が弥生時代後期におこなわれていました。

弥生時代中期の唐古・鍵遺跡での青銅器生産は、地面に炉を設置して、炉の中で金属を鎔かし、それを炉から取瓶に受けて鋳型に流すという、炉と取瓶がセットとして使われていたことが確認されていますが、実はこういう青銅器生産の形態はこれまで一例しか確認されていませんでした。

弥生時代後期に、高坏状土製品を使って金属を鎔かしていたということはわかってきたのですが、この技術そのものがいつから始まったのか、また、炉を使って金属を鎔かして、取瓶を使って鋳型に流し込むという技術はいつまでさかのぼれるのか、それを解く鍵が東奈良遺跡の遺物からみえてきました。

東奈良遺跡では、先にもお話ししたように銅鐸の石製鋳型や鞴羽口（送風管）などが出土しています。しかし、銅を鎔かした方法は炉が未発見なためわかりませんでした。そこで鋳型の出土した地区の遺物を再調査すると、把手《とって》のつけられた高坏状土製品（把手付高坏状土製品）が何点かあることがわかりました（図10）。

この把手付高坏状土製品は、一般的な高坏と異なり、厚みが一・五センチほどあり、直線的な把手が坏部と脚部をつなぐように三カ所にとりつけられていました。この把手は一般的な把手付土器の把手とくらべると非常にしっかりとした丁寧なつくりになっています。また一般的な高坏に多くみられる脚部の穿孔はありません。また坏部内側はきれいに磨かれず、粗いハケ調整がおこなわれていただけでした。そして高坏の上側に鎔けた金属を

**図10　東奈良遺跡出土の把手付高坏状土製品**
唐古・鍵遺跡のものは把手がつけられていないが、全体像は図4の「取瓶」のような形をしている。（北井利幸「弥生時代の鎔銅技術の検討―大阪府茨木市東奈良遺跡の再検討を中心に―」『アジア鋳造技術史学会　研究発表概要集』第6号　2012より。所蔵：茨木市教育委員会）

流し込むための注ぎ口がついています。これを見ただけでは、これが取瓶として使われたのか坩堝として使われたのかは、わかりません。それがわかったのは、次のようなことからでした。

高坏状土製品の坏部の内側に、非常に目の細かい砂を張りつけている例があります。土器そのものに熱が行き渡りにくくしていると考えられます。この砂を出土資料の検討から〝金属成分付着被熱砂〟とよんでいます。この資料を観察すると、表面の砂が熔けているものと熔けていないものがありました。銅を鎔かすには一〇〇〇度近くまで温度を上げますが、その温度で砂を熱しつづけると、砂は熔けてガラス化します。弥生時代後期の遺跡で出土する金属成分付着被熱砂は、砂が熔けていますが、東奈良遺跡のものは砂が熔けていません。

これが何を意味するかというと、高坏状土製品を取瓶として使った場合は、瞬間的に一〇〇〇度近い熱を受けますが、砂が熔けることはありません。坩堝として使った場合は、成分比にもよりますが銅が鎔けて液体状になる一一〇〇度近い熱を受けつづけ、砂が熔けてしまいます。東奈良遺跡の高坏状土製品の砂は熔けた痕跡がなく、金属層が二層確認されています。おそらく二回以上取瓶として使われたのでしょう。

このことから東奈良遺跡では、高坏状土製品を使って金属を鎔かしたのではなく、唐古・鍵遺跡で確認されたような炉を使って金属を鎔かし、把手付高坏状土製品を取瓶として金属を受けて鋳型に流していたということが、明らかになりました。

弥生時代中期の青銅器生産、鋳造方法は炉を使い、鞴羽口（送風管）で風を送り、金属を鎔かして取瓶で受けて鋳型に流すという一連の作業が認められます。それが弥生時代後期になると、大きい炉がなくなり、高坏状土製品のようなもので金属を鎔かしていたということがわかって、それが大きい集落ではなく、小さな集落、先ほど言ったような、後期初頭に成立する集落や後期の終わりに出てくるような集落で、このような生産をしていたということがわかってきました。

では、どうやって炉として使っていたかというと、鞴羽口（送風管）に曲管という先端が曲がっているものがあることから、地面に穴を掘るなどして高坏状土製品を置き、そこに上から空気を送り込んで銅を鎔かし、鎔けたものを直接鋳型に流し込む方法をとっていたのではないかと考えられます。

高坏状土製品一個分ないしは二個分という大きさですから、それほど広い場所が必要ではありません。これが弥生時代後期に生産が大規模な集落から小規模な集落へと変化した理由の一つと思われます。高坏状土製品は、取瓶から坩堝へと変化していく青銅器生産の変化を示す道具なのです。

## ◆銅鐸から銅鏃へ

高坏状土製品が炉として使われたと考えられる遺跡の一つに、大福遺跡があげられます。銅鐸を破砕し、それを高坏状土製品で鎔かして、それを鋳型に流し込んでいたと考えられます。銅鏃などの小型青銅器をつくるための鋳型が出土しています。先ほどの唐古・鍵遺跡にしても東奈良遺跡にしても、三〇～四〇センチもあるような銅鐸をつくったり、長さが三〇センチぐらいの武器形青銅器をつくったりしていました。そういうものには大型の炉が必要だったでしょうが、大福遺跡においては高坏状土製品を炉にして、銅鐸などを壊して鏃《やじり》などにつくり替えていたのだろうということが徐々に明らかになってきました。大福遺跡の一時期あとになるのですが、脇本遺跡でもこまかく壊された銅鐸の破片が出土しています。こういうものを使って鏃などをつくっていたのでしょう。

脇本遺跡では鉄鏃が出土していて、鉄の板を鏨《のみ》で切って鏃をつくるということをしています。先ほどふれた纒向遺跡一〇二次調査で出土した鉄鏃も、同じように鉄片を切ってつくっています。弥生時代の終わりから古墳時代初頭にかけてはこうした鉄を切って加工する技術に共通性を見いだせます。

## ◆鉄器生産技術と青銅器生産技術の展開

以上のことから、鉄器生産については大型の鞴羽口の登場が大きな変化を起こしたと考えられます。纒向遺跡や博多遺跡群などから大型の椀型滓など多量の鉄滓が出土していますので、鉄の加工をしていたことは明らかです。そして、博多遺跡群の調査で、精錬鍛冶と鍛錬鍛冶の両方をしていたということも明らかになってきています。鍛錬鍛冶については石の道具、石鎚などで鉄をたたいて加工しています。古墳時代前期に使用される金槌《かなづち》や金鉗《かなばさみ》を使わない鉄器生産の初期的な技術が入ってきていることがわかります。

次に青銅器生産ですが、弥生時代中期から後期にかけて、石製の鋳型から土製の鋳型外枠という鋳型の変化だけではなく、鎔銅技術も変化します。弥生時代中期の唐古・鍵遺跡あるいは東奈良遺跡には炉があり、取瓶として使う高坏状土製品があって、大規模な青銅器生産をしていました。弥生時代中期の終わりから後期初頭に登場する新しい集落においては、高坏状土製品を坩堝として使うように変化します。奈良盆地や大阪平野ではこの変化にともない製作する製品も大型品から鏃のような小型の青銅器に変化しました。

ただ、銅鐸は弥生時代後期になると巨大化します。一メートルを超えるようなものも出てきます。しかし、奈良盆地や大阪平野で確認されている青銅器の生産遺跡で、そういった大型品の製作の痕跡というのは今のところ確認できていません。滋賀県で出土しているような土製の鋳型外枠には、非常に大きなものを製作できそうなものがあります（北井利幸「脇本遺跡の青銅器鋳造関係遺物」『銅鐸―弥生時代の青銅器生産―』奈良県立橿原考古学研究所附属博物館特別展図録第七二冊、二〇〇九）。唐古・鍵遺跡において、突線鈕Ⅰ式ぐらいまでの銅鐸をつくっていることは想定できますが、Ⅱ式以降の大型品（一メートルを超えるような大型品）は、奈良盆地や大阪平野では生産していません。この地域では、技術系譜そのものが小型品への製作へと変化していきます。それにともなって鋳造技術も変化しています。弥生時代後期末にみられるような青銅器生産で使われる鞴羽口（送風管）は小型のもので、纒向遺跡や博多遺跡群で出てくるような巨大なものはありません。ですから、纒向遺跡や博多遺跡群でみられる大型の鞴羽口は在来的な技術の延長線上に成立するものではなく、別の地域から新しい技術が入ってきていることを示しています。

『三国志』の時代

# イレズミからみえてくる邪馬台国

設楽博己

なぜ古代の人びとは皆、それも男に限ってイレズミをしていたのかということを考えてみたいと思います。

## ◆イレズミの文化

一〇年ほど前、アメリカにしばらく行っていました。向こうでは、イレズミはごく普通のことでした。イレズミは英語でタトゥーといいますが、もともとはポリネシア語でした。タトゥーの店があちこちにあり、若い人たちもみなイレズミをしています。アメリカ、欧米の文化をすぐにとり入れるといっても、日本ではイレズミは根づかないだろうと思っていました。今はイレズミをしている人がけっこうたくさんいるので、びっくりしています。

日本ではすんなりとは根づかないのではないかと思ったのは、日本ではやはりちょっと特殊な職業に就いている人たちがイレズミをしていたということがあるからです。江戸時代にはイレズミは刑罰のひとつでした。日本でのイレズミは、あまりいいイメージがなかったのです。

ところが古代には、イレズミを男全員が入れていました。『魏志』倭人伝に「男子無人小皆黥面文身」（男子、大小と無く、皆黥面《げいめん》文身す。三九ページ**資料1** 14〜15行目）と出てきます。「面」はオモテ、つまり顔のことで、「身」は顔以外の身体のことです。そして「黥」と「文」は、イレズミのことです。顔のイレズミと体のイレズミを分けています。「男子、大小と無く」の大小は、大人と子どもではありません。すぐ近くに「大夫」という言い方も出ていますので、身分の高い人もそうでない人も、ということです。そして「男子」となっています。男が皆ということですから、女性はイレズミしていなかったのです。ただ、「皆」ですから、一定の年齢になったら誰でもということになります。

四条一号墳（奈良県橿原市）からイレズミの埴輪が出ています。ほかにも奈良県、あるいは大阪、いわゆる畿内といわれているところからはイレズミの埴輪がたくさん出てきます。時期はだいたい五、六世紀。卑弥呼の墓という説のある箸墓古墳は三世紀の半ばですから、それよりかなり後になって出てきます。近畿地方にはイレズミの埴輪が非常に多いのですが、弥生時代のイレズミがわかる例は、ほとんどありません。どうしていったん近畿地方でイレズミの絵画なり造形品が消えてしまって、また復活してくるのか。そのあたりの謎解きをしてみたいと思います。

その素材に使うのが、イレズミの埴輪です。イレズミかどうかということ自体がまず問題なのですが、黥面埴輪とよんでいます。今年（二〇一二年）は、『古事記』一三〇〇年ということで、大きく話題になっていますが、『古事記』『日本書紀』も使ってみようと思います。考古学を考える素材として『古事記』や『日本書紀』を使うことをタブーとする人も多いのですが、挑戦的にそれらを使ってみます。また、弥生時代にさかのぼって似たような資料を検討しながら、黥面埴輪をめぐる問題を考えてみたいと思います。

まず、実際に五、六世紀にイレズミがあったのかどうかということが問題なわけです。埴輪の顔にイレズミらしき線がたくさん描かれていても、それは色を塗っていたのを線彫りであらわしたのかもしれません。

また、イレズミの起源がどこまでさかのぼっていくのか。弥生時代、あるいは縄文時代まで含めて考えてみましょう。

絵画、埴輪、造形品などイレズミと思われるものはたくさんありますが、どうしてそれらがつくられたのか。また、その興味深い分布にどのような意味があるのか。そのような分布をするに至った過程などの課題に沿ってみていきます。

## 古墳時代のイレズミをした埴輪

### ◆盾持人埴輪と武人埴輪

埴輪にはいろいろな種類があるのを皆さんはご存じだと思います。大きく分けると円筒埴輪と形象埴輪の二つがあります。形象埴輪には、大刀や家などをかたどった器財埴輪や人物埴輪などがあります。**図1**は、盾持人《たてもちびと》という人物埴輪です。盾を持った埴輪です。最近、いちばん古いのではないかといわれる盾持人埴輪が茅原大墓古墳《ちはらおおはか》からみつかりました。人物埴輪に非常に近いものというよりは、すげ笠をかぶったような頭で、少し風変わりな盾持人埴輪です。茅原大墓古墳は箸墓古墳とホケノ山古墳の間を少し南にいったところに位置しています。

埴輪は古墳に立てられますが、立てられる場所はさまざまです。古墳の主が埋まっているところ（主体部）の周りに立てる場合もあれば、墳丘をぐるりとめぐるように立てる場合もあります。あるいは古墳の周りをめぐる濠の外側にずらりと並べ立てる。この二つの立て方があります。盾持人埴輪はどこに立てられているかというと、周濠の外に相当するようなところです。つまり、いちばん外側で古墳を守る役割をしていたのではないかといわれています。盾には、邪悪なものを退けるという役割があります。そういう目で見てみると、図1の盾はとがった線の文様で埋め尽くされています。「こっちに来るんじゃない」という意識がありありとわかります。

図1の1・2は奈良県と鳥取県から出土した西日本のものですが、群馬県からも盾持人埴輪はたくさん出ています。群馬県の埴輪は近畿地方のものとは変わって、なにか茫洋《ぼうよう》とした顔をしているというか、目のつくりなども木当に様式化したものが多いのです。図1－3の盾持人の顔には、鼻を対称としてハの字の線が描かれています。

先ほどふれた四条一号墳の埴輪（図2―1）は、弓を持っています。盾持人埴輪と似たような武器、武具を持つもののひとつです。長原四五号墳の埴輪（図2―2）は、甲冑に身を固めています。埴輪の目の縁から噴水のように線が出ています。これは、目の縁からちょっと離れ

2　奈良県田原本町 羽子田１号墳
（提供：田原本町教育委員会）

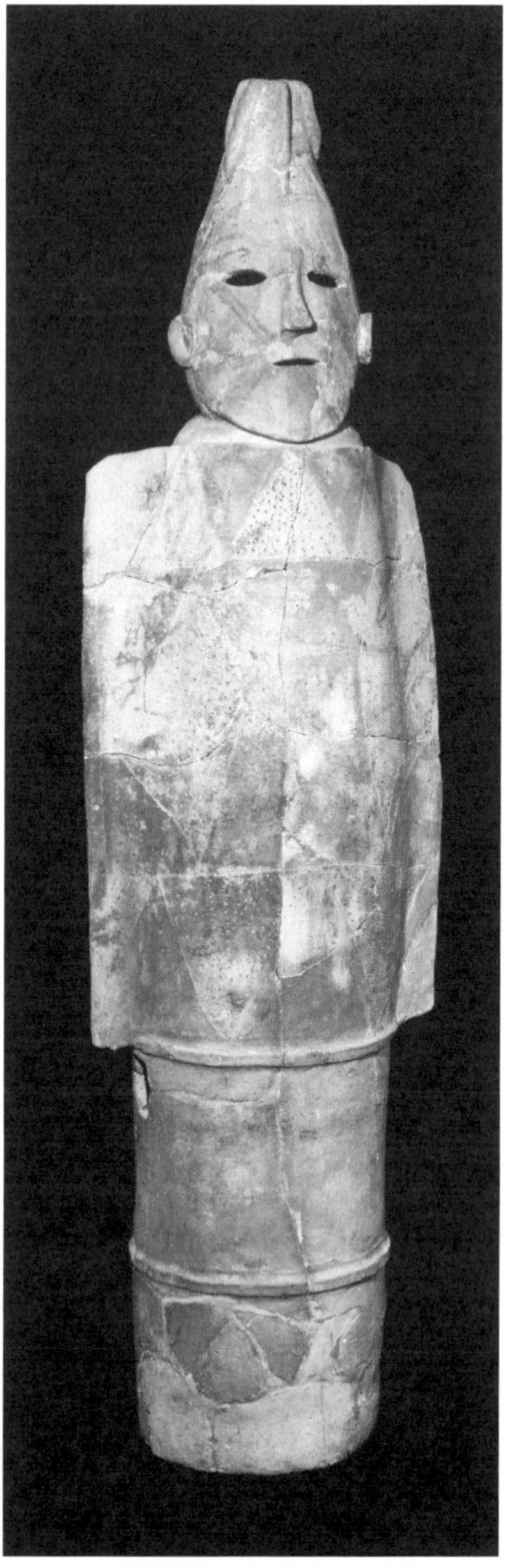

3　群馬県太田市 塚廻り１号墳
（提供：群馬県教育委員会）

1　鳥取県米子市 井出挟3号墳（提供：米子市教育委員会）

**図1　盾持人埴輪**

1　奈良県橿原市 四条 1 号墳
（提供：奈良県立橿原考古学研究所附属博物館）

2　大阪府大阪市 長原 45 号墳（提供：大阪文化財研究所）

図 2　武人埴輪

ていますが、四条一号墳の埴輪では、目尻の所からきちんと線が描かれています。イレズミが、目と関係しているということを覚えておいていただければと思います。この二つの埴輪は、武人埴輪です。

## ◆芸能にかかわる埴輪

図3−1は、少し風変わりな琴を弾いている埴輪です。今の琴は前に置いて、かき鳴らす琴ですが、古墳時代の琴は比較的小型で、膝にのせてつま弾くか、肩にのせてつま弾く方法があったようです。弓を共鳴板にのせて、琴のようにしているのではないかとも考えられます。弓には鳴弦《めいげん》の儀という儀式があります、弓を空に向かってビンと弾《はじ》き、それによって魔除けをおこなうのです。古墳時代にもそういう儀式があった可能性もあります。いずれにしても琴を弾く人物は、儀礼的な役割を非常に強くもっています。この埴輪は、目尻のところから線刻が出ています。

図3−2は力士の埴輪です。相撲が日本に入ってきたのは非常に古く、少なくとも六世紀には力士の埴輪があります。北朝鮮には、相撲とりの絵のある四世紀の壁画古墳があります。おそらく起源はモンゴル相撲で、北のほうから入ってきて日本に到達したのでしょう。横綱は明治神宮で奉納相撲をやります。四股《しこ》を踏む仕草は、大地を活性化させるものです。つまり、稲の成長、農耕儀礼と強いかかわりがあるのです。天皇は古来、農耕のマツリを主宰するわけですから、横綱は天皇へ相撲を奉納する、あるいは神に奉納するという役割を帯びているわけで、

1　奈良県天理市 荒蒔古墳
（提供：天理市教育委員会）

2　和歌山県和歌山市 井辺八幡山古墳
（提供：和歌山市立博物館）

図３　芸能にかかわる埴輪

単なるスポーツマンではありません。その儀礼にかかわる人物にイレズミがあるのです。

図4の馬曳きの埴輪もイレズミをしています。これは頬にイレズミの線があります。笹鉾山《ささほこやま》古墳（奈良県田原本町）の周溝からバラバラの状態で出てきました。組み立ててみると、人物は左手をあげ、右手は下げ、腰に鎌をさしています。

東京国立博物館には踊る埴輪（埼玉県江南町野原古墳出土）というのがあります。目がまん丸く、口もまん丸く開けられていて、坊主頭で、腕をSの字のような形にしているのが大小二体出てきたものですから、踊っているところだろうと、踊る埴輪と愛称がつけられました。ところが、「これ、踊ってるんじゃないぞ」という人があらわれました。埴輪をよく観察すると、腰に鎌

奈良県田原本町 笹鉾山２号墳（提供：田原本町教育委員会）

図４ 馬曳きの埴輪

をさしているのです。このことから、その人は馬曳きと判断したのです。数年前、そういう新説が朝日新聞に紹介されて、東京国立博物館の研究者の方のコメントも載っていました。「そうかもしれないけれども、やはりこれは踊っている」と。ただ、その研究者に聞いたら、「いや、実は僕もそう思っている」と言っていました。「踊る埴輪」というキャラクターグッズもつくっているので、名前を変えるのはたいへんなのでしょう。

「踊る埴輪は、実は馬曳き」というのは学界の半ば定説となっています。なぜ鎌を腰にさしているかというと、飼葉を刈るためです。イレズミをしている馬曳きの埴輪は、これ以外にも愛知県でも出ていますし、いくつか例があります。

**図5−1**は、四条一号墳の埴輪です。鼻の上に菱形の線を入れています。これは近畿地方に典型的な例です。伊藤純さんという近畿地方の研究者が、このイレズミを「近畿型」と名づけました。近畿型には菱形だけではなく、顔面環状という顔面をぐるりととり囲んで、髭のような線を入れる特徴があるということも言っておられます。この埴輪にも、やはり目尻のところからきちんと線が描かれています。顔面をとり囲んだ線は強面《こわもて》の髭ぼうぼうの様子とみる向きもあるかもしれませんが、そうではありません。これもイレズミです。顎の線をよく見ると、線は口の真下に三本描き、脇に二本ずつ描いています。これは、岡部裕俊さんが紹介された上鑵子《じょうかんす》遺跡（福岡県糸島市）の板に描かれたモヒカンの男（二〇六ページ**図17**参照）にも、まさにこのタイプの線がありました。私も研究しはじめのころは、髭をあらわしている男をかたどっていると思っていました。しかし、今は、イレズミと考えたほうがいいだろうと思ってい

ます。

　つまり、髭であれば無造作にバッと描いてしまうはずですが、上鑵子遺跡のものも三カ所に分けて描かれていて、その傾向を引いています。岡部さんによると、これは一世紀のものということです。一世紀というと弥生時代の後期ですから、埴輪よりも四〇〇年も五〇〇年も古いものですが、イレズミの伝統がきちんと継承されているのです。

　**図5―2**の伝群馬県の盾持人の顔にはハの字の線が描かれています。これを伊藤さんは「関東型」と言いました。**図1**の鳥取県の埴輪もこのタイプです。ハの字のタイプは比較的広い範囲にありますが、近畿にはハの字のイレズミはありません。すべて近畿型です。

　イレズミには近畿型と関東型の二つがあるということを覚えておいていただけたらと思います。

1　奈良県橿原市 四条1号墳
（提供：奈良県立橿原考古学研究所附属博物館）

2　伝群馬県（提供：安城市歴史博物館）

**図5　近畿型の黥面（左）と関東型の黥面（右）**

## ◆イレズミのない埴輪

イレズミの埴輪を紹介してきましたが、イレズミのない人物埴輪もあります。石見《いわみ》遺跡（奈良県三宅町）から出土して橿原考古学研究所のマスコットキャラクターになったイワミンはイレズミをしていません（図6－1）。りっぱないすに腰をかけ、玉のネックレスをした高貴な身分の若者です。オクマン古墳（群馬県太田市）から出土した埴輪は、左手に鷹をとまらせた貴人です（図6－2）。鷹狩りも非常に古い伝統芸能です。少なくとも六世紀までさかのぼります。鷹狩りは王者のたしなみで、『古事記』『日本書紀』にも出てきます。したがって、イワミンもオクマンさんも高貴な身分の人だということがいえます。

ところで、女性の埴輪にはイレズミはあ

1　奈良県三宅町 石見遺跡
（提供：奈良県立橿原考古学研究所附属博物館）

2　群馬県太田市 オクマン古墳
（提供：太田市教育委員会）

図6　位の高い人物

りません。図7は巫女で、何か捧げ物をしています。左側の埴輪が墓の主で、王者です。中央は三人童女とよばれている埴輪ですが、手と手の先を合わせています。何をやっているかというと、背中にグルッと弦を張りめぐらせて、親指でそのピンと張った弦をつま弾いているとされています。現代は、いろいろな雑音が多いのですが、昔はそれこそ森閑としたところでこのような葬送儀礼がおこなわれるわけですから、本当にかすかな音で祈禱をするというようなことがあったのでしょう。埼玉の埴輪研究者の若松良一さんの説です。

　いずれにしても、巫女や童女など、儀礼にかかわる人たちにイレズミはありません。ただ一例だけイレズミをした巫女の埴輪があります（図8）。その一例は、もしかすると男覡《おとこかんなぎ》かもしれないと思っています。

群馬県高崎市　綿貫観音山古墳（国〈文化庁〉保管、提供：群馬県立歴史博物館）
図7　女性の埴輪

ちょっと考えすぎかもしれませんが、男性が巫女に扮して儀礼をおこなっているのかもしれません。しかし一般的な傾向として、イレズミをした女性の埴輪はないと言っていいと思います。

今の話をまとめますと、イレズミの埴輪でいちばん古いものは、四世紀の後半のものです。時代は四世紀末から五、六世紀、地域は近畿地方や関東地方。それ以外にも鳥取県などからも出ていますが、様式として大きく近畿型と関東型に分けることができます。そして、目を強調しています。先ほど、目尻のところから噴水のように線刻がある埴輪を紹介しましたが、とくに近畿型が目を強調しています。

そして身分の高い者にイレズミはない。馬曳きなど動物を扱う職業に就いている人にはイレズミがある。力士、あるいは琴を弾くという神に仕える、神に奉納するという芸能にたずさわった人にはイレズミがある。また、盾持、あるいは甲冑に身を固めた武人にもイレズミがある。性別はほぼ男性に限られる。

以上のような特徴をみることができます。

石川県小松市 矢田野エジリ古墳
（小松市教育委員会『矢田野エジリ古墳』1992より）

図8 イレズミをした巫

## 『古事記』『日本書紀』にみられるイレズミの習俗

それでは、今度は『古事記』『日本書紀』の黥面・文身についてみていきます。

『古事記』が七一二年、『日本書紀』が七二〇年に編纂されたわけですから、八世紀初頭~前半です。すでに埴輪がつくられなくなってから百年以上たっています。しかし、『古事記』『日本書紀』には黥面・文身の記述が何カ所か出てきます。それと百年以上前の埴輪を直接比較するというのは少し乱暴かもしれません。おまけに『古事記』『日本書紀』は政治家のつくったもので、日本の国というものを顕彰するという目的がありました。天皇家の実績をこと細かに、歪曲や潤色も含めて記述をするわけですから、そこになんらかの筆が滑ってしまうということがあったかもしれません。しかも、非常に古い部分、つまり、神武天皇にはじまるいわゆる欠史八代の天皇については実在が疑わしいということもあります。

では、いつからが史実としてあらわれるかというと、これも諸説がありますが、雄略天皇以降、五世紀の後半以降は比較的史実が多いというのが、古代史の半ば常識的な見方です。つまり、黥面埴輪が盛んにつくられた五、六世紀のある程度の史実を『古事記』『日本書紀』は反映しているのです。

では、『古事記』『日本書紀』の文章を見てゆきましょう。『古事記』『日本書紀』には、合わせて六カ所にイレズミの話が出てきます。

## ◆黥ける利目

まずは『古事記』の神武天皇段です。

ここに大久米の命、天皇の命をもちて、その伊須気余理比売《いすけよりひめ》に詔《のり》しとき、その大久米の命の黥《さ》ける利目《とめ》を見て、あやしと思いて歌いけらく

あめつつ千鳥《ちどり》ましととなど黥ける利目

大久米の命が天皇の命令によってイスケヨリヒメに会い、天皇の気持ちを伝えたのです。ところが、イスケヨリヒメは大久米の命の黥ける利目を見て、「それはありがたいことだけれども、なに、あなたのその目は」と言ったのです。それに答えて大久米は「媛女《おとめ》に直《ただ》に遇《あ》わむと我が黥ける利目」という歌を返します。これは『古事記』のなかでも非常に解釈がむずかしい部分だと言われています。千鳥というのは、カササギの一種だと言われていて、それの黥ける利目、つまり目が線でひっかいているようになっているということです。「黥ける」という文字が登場しました。今はもう使わない言葉です。『古事記』の注釈には、これは「さく」あるいは「目先刻む」とあります。つまり目のところにイレズミをしているのです。「利目」は、「鋭い目」という意味です。ですから、大久米は聞かれたときに、「鳥のような目をして、早くあなたに天皇の気持ちを伝えたいがためにすっとんで来ましたよ」ということを言ったのです。

大久米とはどういう氏族かというと、海の神を祀る人びとです。

### ◆阿曇目

次は『日本書紀』の履中天皇条です。

阿曇連浜子《あずみのむらじはまこ》を召して、詔《みことのり》して曰く、「汝《いまし》、仲皇子《なかつみこ》と共に逆《さか》うることを謀《はか》りて、国家《くに》を傾けんとす。罪、死に当れり。然るに大きなる恩《めぐみ》を垂れたまいて、死を免《ゆる》して墨《ひたいきざむつみ》に科《おお》す」とのたまいて、即日に黥《めさききざ》む。これによりて、時の人、阿曇目《あずみめ》と曰う。

阿曇連浜子が仲皇子と国家転覆を謀りました。本来であれば、死罪に相当するのですが、少しは許してやろうということで、死刑のかわりに「額刻む罪に科す」というのです。額刻むというのは、額にイレズミをする。それが刑罰です。ここに刑罰としてイレズミが登場します。それによって、当時の人びとは、その後、阿雲氏族がしているイレズミを「阿曇目」とよんだとあります。これは、目にかかわるイレズミです。阿曇連というのは、やはり海の神を祀る海人族です。仲皇子と共謀するぐらいですから、海人の首長なのでしょう。海人族を率いたトップです。

## ◆飼部の黥

同じく履中天皇条です。

天皇、淡路嶋に狩したまう。是の日に、河内の飼部《うまかいべ》等、従駕《おおみともにつか》えまつりて轡《おおみまのくち》に執《つ》けり。是より先に、飼部の黥《めさきのきず》、皆差《い》えず。時に嶋に居《ま》します伊奘諾神《いざなきのかみ》、祝《はふり》に託《かか》りて曰わく、「血の臭《くさ》きに堪《た》えず」とのたまう。因《よ》りて卜《うらな》う。兆《うらわい》に云わく、「飼部等の黥の気《か》を悪《にく》む」という。故、是より以後、頓《ひたぶる》に絶えて飼部を黥《めさき》せずして止む。

天皇が淡路島で狩りをおこなったときに、馬の手綱をとっていたのは、河内の出身の馬飼でした。先導して行くのですが、「なにか変なにおいがする」ということで、天皇は占いをするのです。古代には、変なことがあるとみんな占いをしました。それでどう出たかというと、馬飼の目先の傷、つまりイレズミのことです。その傷が膿《う》み、腐って、においを発している、ということがあったのです。そんな習慣はやめてしまえということで、これより以降、河内の馬飼のイレズミは廃れてしまったという話です。

『古事記』『日本書紀』が書かれた八世紀には、イレズミの習俗は、もうなかったのでしょう。当時の墨書人面土器という、人面を描いた土器が奈良や京都などからたくさん出てきます。それには髭の表現はありますが、イレズミはいっさいありません。八〜九世紀にはイレズミはもうなかったのです。そのため、イレズミがどうしてなくなったのかということを、占いだのなんだのにこじつけているのです。『日本書紀』が書かれた当時、昔の人びとがイレズミをしていたことが伝わっていても、百年以上たってそれがどういう意味をもっているのか、なぜなくなったのかということはわからなくなっていたのでしょう。

ここで注目したいのは、目先の傷という目にかかわるところです。それと河内の馬飼です。あまりいい印象では書かれていません。先ほどの額刻む罪という刑罰として語られているのも、履中天皇の条でした。

### ◆面を黥む

次に『日本書紀』雄略天皇条です。

鳥官《とりのつかさ》の禽《とり》、菟田《うだ》の人の狗《いぬ》の為に嚙《く》われて死ぬ。天皇瞋《いか》りて、面《おもて》を黥《きざ》みて鳥養部《とりかいべ》としたまう。

鳥官の禽とは、鷹匠の鷹でしょう。鳥官は位としてはそんなに低くはないのですが、不始末をしでかして天皇の怒りをかい、イレズミという罰を下されたあげく、鳥養部に左遷されてしまいます。「官」よりも「部」の身分は低く、左遷です。ですから、ここでもイレズミがあまりよくない印象で語られていると同時に、イレズミは動物を扱う人びとの習俗であったということがわかります。

## ◆面黥ける老人

『古事記』安康天皇段です。

是に市辺王《いちのべ》の王子《みこ》等、（中略）乱れを聞きて逃げ去りたまいき。故、山代の苅羽井《かりばい》に到りて、御粮《みかれい》を食すとき、面黥《まさ》ける老人《おきな》来て、その粮を奪いき。ここにその二柱の王《の》言りたまいしく、「粮は惜しまず。然れども汝は誰人《たれ》ぞ」とのりたまえば、答えて曰いしく、「我は山代の猪甘《いかい》ぞ」といいき。

市辺王の王子が戦乱を逃れて山代（京都）の苅羽井にたどりつき、「ああ、お腹がすいた」とご飯（御粮）を食べようとしたら、面黥ける老人が出てきた。顔にイレズミをした老人が、ご飯を奪ったのです。王子たちは「ご飯ぐらいくれてやるけれども、おまえはいったい誰なんだ」と不審がるわけです。おそらくこれも「面黥ける老人」ですから、顔にイレズミがあるのを不審がったのでしょう。老人は「山代の猪甘だ」と答えます。つまり猪を飼う人です。猪といっても豚に近い猪でしょう。ここでも、イレズミをした人物というのはあまりいい印象では書かれていません。

## ◆蝦夷のイレズミ

最後に『日本書紀』の景行天皇条です。いままでとは一風変わった書き方になっています。

> 武内宿禰《たけのうちのすくね》、東国《あずまのくに》より還《かえりもうき》て奏《もう》して言《もう》さく、「東の夷《ひな》の中に、日高見《ひたかみ》の国あり。その国の人、男女《おのこめのこ》並《ならび》に椎結《かみをわ》け身を文《もどろ》けて、為人《ひととなり》勇《いさ》み悍《こわ》し。是を総《す》べて蝦夷《えみし》と曰う。亦《また》土地《くに》沃壌《こ》えて曠《ひろ》し、撃ちて取りつべし」ともうす。

東国に派遣されていた武内宿禰が帰ってきて「日高見の国というのがある。その人たちは男も女も体にイレズミをしていて、こわい」と報告します。彼らのことを「蝦夷」とよび、「国が広く、肥えているから取ってしまおう」と言っています。いままでみてきた五例は、いずれも山代、河内、淡路など畿内のできごとを語っているのに、これは東国、日高見の国です。日高見は、どこにあるのかよくわかっていません。茨城県とする説もありますし、長野県に穂高があります。穂高には安曇がありますので、あるいは長野県あたりかもしれません。蝦夷が住んでいると言っていますから、いずれにしても近畿からは相当離れているところです。

先の五例はすべて黥面で、男がしているイレズミでしたが、これは文身（体のイレズミ）です。そして、男も女もイレズミをしている。これは、いままでとはいろいろな意味で違っています。

## ◆考古資料と文献史料の一致

以上の六例をまとめてみます。

・時代としては神武から雄略ですから、五世紀までのことです。『古事記』『日本書紀』のなかでも、当時にとっての現代史に近い六世紀や七世紀のことは語られていません。古い時代のことを述べています。

・地域は近畿地方、それも畿内地方が多く、東国が一カ所だけ出てきました。

・黥ける利目、阿曇目など目にかかわる特徴があります。

・差別的な表現が随所に見られ、地位や職業をみると、馬飼、鳥飼、猪飼など動物にかかわる職に就いている人びと、力士など芸能にかかわる人びとがイレズミをしています。

・海の神様を祀っている人びとがいました。阿曇は、一般的に隼人《はやと》系といわれています。隼人は、ヤマトにまつろわない人びとでした。

・それから、武人がいます。仲皇子と政府転覆を謀った阿曇連浜子は、海人族を束ねている者です。また東国の日高見国の人びと、蝦夷をこわいと言っています。これは埴輪からの類推ですが、武人というのは、武威を身にまとっている人がいたということです。蝦夷もヤマトにまつろわない人びとでした。

・性別では、近畿地方では男性ばかり登場しますが、東国では女性もイレズミをしていたのです。

表１『古事記』『日本書紀』の記述と黥面

| | 時代 | 地域 | 入墨の特徴 | 氏族・出自 | 地位・職掌 | 性別 | 罪・性格 | 罰 |
|---|---|---|---|---|---|---|---|---|
| 文献 | 神武〜雄略 | 都<br>淡路・山代<br>菟田 | 黥面<br>利目・阿曇目 | 久米・阿曇 | 命・連<br>飼部・猪甘<br>鳥官・鳥養部 | 男性 | 陰謀・反逆<br>臭・奪 | 死罪・墨刑 |
| | | 東国 | 文身 | 蝦夷 | | 男・女 | 勇猛 | |
| 埴輪 | ５〜６世紀 | 九州 | 目下・鼻上 | | 盾持 | 男性 | | |
| | | 近畿 | 目下・鼻上<br>目尻 | | 馬曳・盾持<br>武人<br>力士・琴弾 | 男性 | | |
| | | 関東 | 頬にハの字 | | 盾持 | 男性 | | |

このような違いや特徴をまとめたものが表1です。これをみると、百年の違いを感じさせないぐらい、埴輪と『古事記』『日本書紀』の記述は、非常によく一致しています。『古事記』『日本書紀』のイレズミに関する記述が、天皇の事蹟をアップさせようという意図にもとづいて歪曲して書いているとは考えにくいわけです。逆に言えば、『古事記』『日本書紀』の記述が黥面埴輪のイレズミとしての実在性を保証していると考えていいと思います。考古資料と文献史料が互いに保証しあっているのです。

いままでも考古資料に対して、『古事記』『日本書紀』を利用するということは、いろいろな手法でおこなわれてきました。これもそのひとつで、たいへんうまい具合に相互の信憑性を証することができた事例になるのではないかと思います。これによって、八世紀からみて、過去にイレズミがあったということがわかりますし、黥面埴輪がイレズミを表現したものであるということは確実だと思います。しかし、なかなかこの辺が研究者によっては認めていただけず、たとえば同志社大学の辰巳和弘さんは、私が黥面埴輪といっているものを、イレズミではなくてペインティングであろうとおっしゃっています。

## 弥生時代のイレズミの絵

### ◆倭人の文身

では、もう少しその黥面埴輪をさかのぼってみたいと思います。

まずは文献ですが、倭人伝の黥面文身の記述があります。資料1の15行目「夏后少康之子封於會稽」（夏后少康の子、会稽に封ぜられ）のところです。夏というのは、夏王朝というたいへん古い時代の中国の王朝です。少康という人の子どもが会稽、つまり中国の南のほうに赴任しました。そこの人びとは、髪の毛を切り、体にイレズミをして、「以避蛟龍之害」（以て蛟龍《こうりゅう》の害を避く）と書いてあります。蛟龍は、水中にすむ魔物です。体にイレズミをするのは、水に入るときに水の魔物に襲われないためです。そういう例があるから、倭の水人も水に潜り魚蛤を捕っているが、同じように魚・水禽の害を避けるためにイレズミをしている。それは中国の南のほうの人たちが昔やっていたおまじないと同じことだと言っているのです。

『魏志』倭人伝の作者、陳寿はここで民俗学を展開しています。倭人の風習を中国の昔の民俗例と比較してその意義を説いているのです。これは三世紀の中国側の解釈ですが、黥面文身、とくに文身に関して、邪悪なものを避ける「辟邪《へきじゃ》」の役割がイレズミにあったと考えられていたことがわかります。

## ◆イレズミの系譜

図9は、イレズミを描いたであろうといわれる亀塚遺跡（愛知県安城市）から出土した三世紀の土器です。壺形の土器の胴の部分に大きく人の顔を描いて、通常の顔にはない表現をとっています。目尻の線は、大阪の長原四五号墳の埴輪（図2−2）のイレズミとまったく同じ表現であり、近畿型の特徴をもっています。上鑵子遺跡出土のものも含めて、これもやはり近畿

型へとつながっていくイレズミの様式です。

亀塚の壺が発見されたのが一九八三年か一九八四年ぐらいだったと思います。それから数年後、仙遊《せんゆう》遺跡（香川県善通寺市）から出土した石棺の蓋の内側に、まったく同じ表現の黥面が描かれていました（**図10**）。香川県と愛知県ですから、四〇〇キロぐらい離れていますが、こんなに似たものが出てきたのです。

愛知県安城市 亀塚遺跡（提供：安城市歴史博物館）

**図9 黥面を描いた壺**

香川県善通寺市 仙遊遺跡（提供：善通寺市教育委員会）

**図10 黥面を描いた石棺**

**図11**は長原四五号墳の埴輪にまでつながるイレズミの系譜です。四番目の絵は、岡部さんの話に出てきた上鑵子の顔です。弥生後期、一世紀です。一本線ですが、ハの字になっています。ハの字といえば黥面埴輪の関東型です。福岡にも関東型の黥面埴輪が、古い時期にはあるわけです。鼻とつながる線は、おそらく眉でいいと思います。目と眉の間の線がイレズミです。それが島根県加茂岩倉遺跡の黥面埴輪では頬の部分が丸い線になっています。弥生中期後半の紀元前一世紀です。これをさかのぼると、岡山県田益田中のように目をとり囲むような線となります。弥生前期、紀元前四世紀です。実はこの口元の線は東日本土偶、縄文時代の土偶にたくさん見られる表現です。**図11**の最初の黥面は縄文時代の土偶ですが、目を囲んでいる線も、もとは目の下のこういう弧状の線だったとわかります。口元の線はちょっと違いますけれども、土偶にまでイレズミの系譜はさかのぼっていくのです。

　こうした時代的な変化をたどることを、考古学で型式学といいます。それぞれの遺物には、各時期に型式があって、一連のものとしてたどることができるので、順序を決めていく際に非常に有効な方法です。黥面埴輪がイレズミであるということは、すでに先ほど証

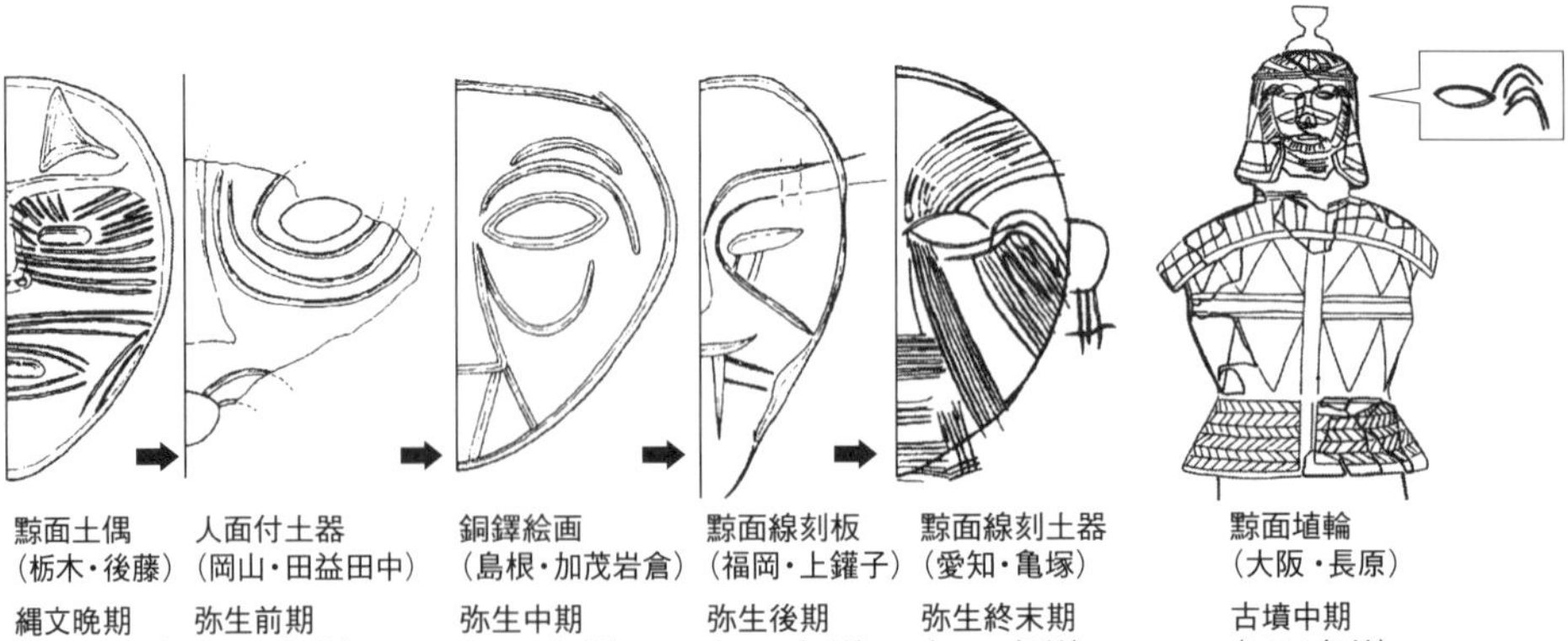


**図11　黥面絵画の変遷**（設楽博己「顔からみる弥生人の精神」『顔・かお・KAO』かみつけの里博物館、1998より。一部改変）

明したわけですから、今度は型式学によってその連続性を確かめることで、縄文時代にもイレズミはあったということになります。

### ◆通過儀礼としてのイレズミ

イレズミを入れるのは、とても痛いです。「男子、大小と無く」といったときに、その大小の小は子どもではないと言いましたが、同じような痛みをともなう儀礼行為として、健康な歯を抜く抜歯があります。大人の健康な歯は、一度と抜くと二度と生えてきません。それを縄文人は何本も抜いています。十何本抜いた例があります。十何本も一度に抜くと死んでしまう危険がありますから、徐々に抜くのです。最初に抜くのは、上の歯の犬歯二本。これは十四、五歳で抜いた例がありますので、たぶん成人式です。それから下の犬歯を二本抜いたり、真ん中の歯を四本抜いたりします。結婚のときだろうといわれています。何のためにそんなことをするのかというと、いわゆる通過儀礼です。子どもが大人になるため、あるいは結婚するときなどです。そうやって、生まれかわっていくのです。

では、なぜ通過儀礼に痛みをともなわなければいけないのでしょうか。これは、子どもの世界から大人の世界への飛躍なので、いったん子どもは死ぬのです。もちろん本当に死ぬわけではなくて、死に匹敵する痛みを受けて過去の自分とは訣別し、大人の世界へ仲間入りをする。そして大人しか知らないいろいろな決まりごと、タブー、権利、そういったものを大人から伝授されて、過去の自分ではなくなるのです。縄文時代は掟が非常にきびしい社会で、抜歯がおこなわれていたのは、確実に人骨からわかります。イレズミもやはり存在していたでしょう。それは抜歯と同じように、きびしい通過儀礼としてあったのです。

では、どういう人がやっていたか。人骨は男の人骨、女の人骨というように性別もわかります。抜歯は男だけではなく、女性もやっているのです。ですからイレズミを含めた通過儀礼は、男女すべてに共通する部族の習慣だということです。

### ◆男の習俗としてのイレズミ

ところが弥生時代になると、三世紀の『魏志』倭人伝では男子だけがイレズミをすることになっています。なぜ男子だけの習俗になってしまったのか。これはおそらく、弥生時代になると戦争が活発化するからです。縄文人の人骨は、武器によって殺されたり傷を受けたりしたものが非常に少ないのですが、弥生時代になると何体もみつかります。とくに近畿地方、もっとはげしいのは九州です。本格的な農耕とともに、大陸から戦争も入ってきたのです。その場合に、男子が戦士となる儀式が、イレズミだったのではないかと思われます。古代史の吉田晶先生がその説を唱えています。私もそうだろうと思います。

縄文時代には男女共通の通過儀礼としておこなわれていたイレズミが、弥生時代になると戦争という非常事態のなかで、いつからか男子だけの通過儀礼になっていったのです。ですから、それを引きついだ黥面埴輪は男ばかりです。『古事記』『日本書紀』の記述も、イレズミは男だけとなったのです。

農耕文化は、まず西日本に定着します。東日本への定着は、ずっと後れます。ですから、戦争も、東日本へと伝播していくのは比較的遅いのです。そういうところでは、イレズミが男だけの儀礼になっていなかったのかもしれません。したがって、先ほどの『古事記』に一つだけあった東国蝦夷の習俗として、女も男なみのイレズミをしているのは、そういうことを反映しているのかもしれません。

## 黥面絵画の分布の謎

### ◆黥面絵画の特徴

図12は、二～四世紀の黥面絵画の分布図です。いちばん古いのは、岡山県倉敷市の上東遺跡出土の二世紀のものです。二世紀に出てきて、三世紀に東国へも伝播し、四世紀までつづきます。目の縁の線は、ほぼ共通しています。線の束が一本線になってしまっても、目の縁の線は強調して描かれていて、いかに目尻の線というのが重要だったかということがわかります。『古事記』や『日本書紀』が阿曇目と目を強調しているのも、やはり理由があってのことです。非常に長い伝統が反映されているのです。

瞳のない目というのは異様です。線の束もイレズミですからかなり誇張表現されています。これらが何に描かれていたのか、どこに置かれていたのかを調べると、石棺、土偶、あるいは丸い土でつくった玉、ごくわずかですが埴輪、それから、高坏、手のこんだ装飾をした壺に描かれています。煮炊きに使う甕のような土器に描いたりはしていません。つまり日用雑器ではなく、とくに墓にかかわるものに描いてあります。埴輪や石棺は、墓にともなうものです。また、黥面が描かれたものは、集落と墓を区切る溝や井戸から出土します。井戸は、あの世とこの世の結界です。先ほど例にあげました人面墨書土器は川に流して穢れを払うものです。川もあの世とこの世の境界に位置しています。その境界にそういったものをなぜ投げ捨てたり、置いたりするのかというと、それはやはり辟邪、魔物を退散させるためです。これは『魏志』倭人伝の記述とも一致しています。

### ◆黥面絵画の分布

ところが黥面絵画の分布（図12）をみると、非常に奇妙なのです。近畿地方にはありません。黥面の分布は、時期としてはおもに二世紀から三世紀にかけての時期です。この時期はいったいどういう時期かというと、図13に箸墓がひときわ大きく描かれていますが、その上に纒向石塚があります。岡山県には楯築墳丘墓という、全長八〇メートルクラスの墳丘墓があります。東の愛知県、岐阜県では、真っ先に大きい墳墓がつくられます。こういう時期に、近畿には大きな墳墓はないのです。

では、近畿はいったい何をしていたのかというと、銅鐸のまつりです。祭祀に銅鐸を使っていました。銅鐸は、三世紀の初めぐらいまでかなり大型のものが使われていました。もうその時期には、岡山あるいは山陰、愛知などでは、首長の墓という別のものをシンボルとしてつく

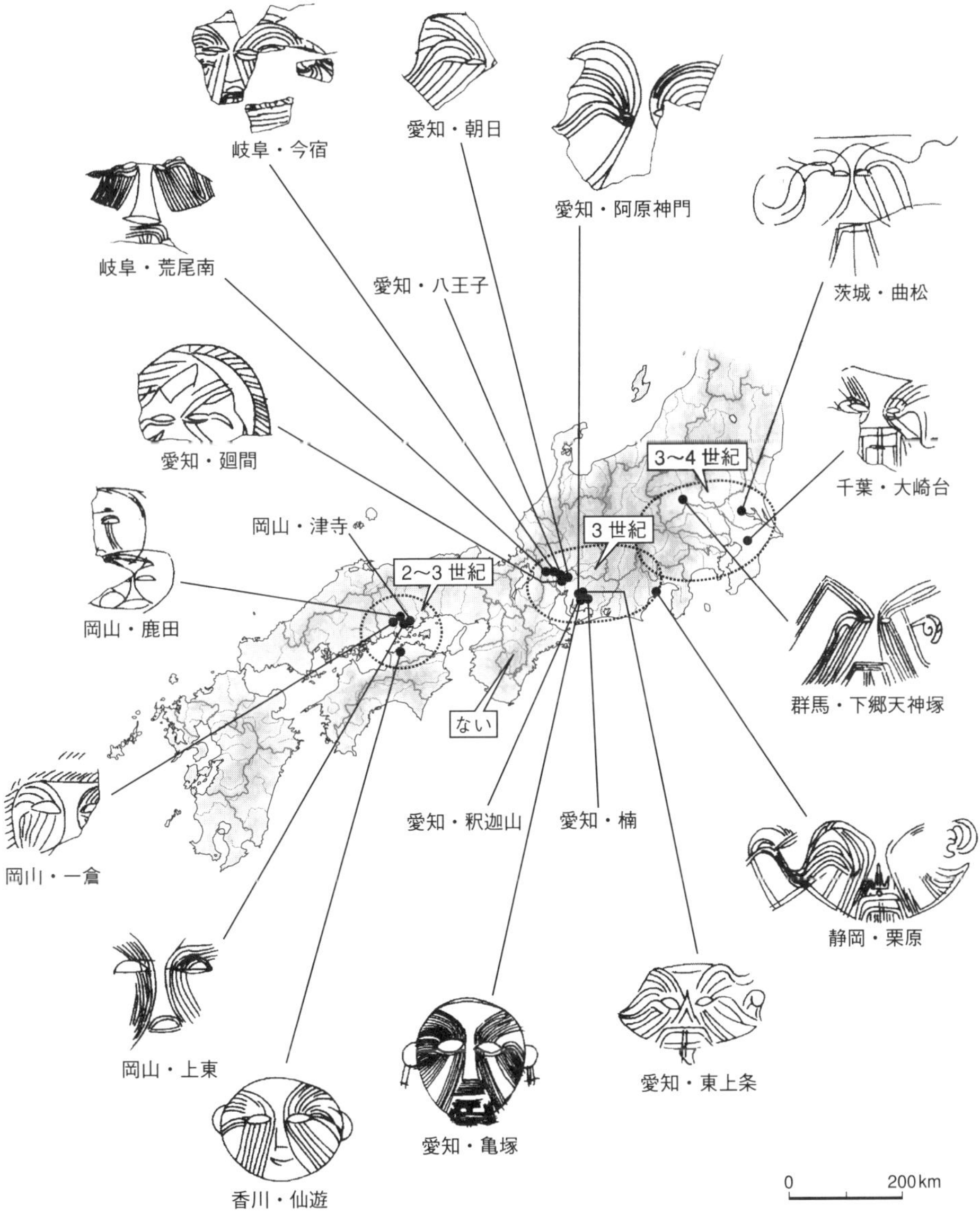


**図 12　2〜4 世紀の黥面絵画の分布**（設楽博己『三国志がみた倭人たち』山川出版社、2001 より。一部改変）

りあげるようになってくるのです。それまでは銅鐸も、あるいは九州で使われていた銅矛にしても、個人の墓に入れらることはありませんでした。銅鐸にしろ銅矛にしろ、共同体のみんなのシンボルだったのです。ところが首長という個人が力をもち、その墓をみずからのシンボルとして表現するようになるのです。その段階が二世紀後半から三世紀で、やがて近畿地方でもとり入れられました。

大きな墳墓は、中国の歴史とのかかわりのなかで生まれてきました。二世紀の後半に中国では後漢という後盾《うしろだて》がグラついて、黄巾《こうきん》の乱などの農民の反乱が起こります。いままで漢と密接に結びついていた北部九州などもそうした影響をもろに受けていきました。倭国でも、西日本全体におよぶ争乱が生じ、そのなかから九州以外に大きな墳墓が登場してくるのです。

## ◆黥面絵画と邪馬台国

箸墓は倭国の女王、卑弥呼の墓はではないかと、年代論の分野からも可能性が非常に高いといわれるようになってきました。三世紀の半ばに、当時としてはいちばん大きな古墳がヤマトにできます。

ヤマトの古墳は、それまでのいわゆる弥生時代の墳丘墓とは、かなりいろいろなところが違っています。大阪大学におられた都出比呂志さんは、被葬者の頭の方位や階段状に築成する墳丘のつくり方、あるいはもっと前の時期からかもしれませんが、中国の水銀朱を使う葬送儀礼など、いろいろな面で中国のやり方を部分的にとり入れていることから、そこにはやはり

「卑弥呼、魏に遣いをする」という中国とのかかわりがあったとされています。

では、黥面絵画がなぜ近畿にはないのかということです。その系譜をずっと追ってゆくと、イレズミは縄文時代の系譜だということがわかりました。そしてイレズミは主に動物を扱う職業の人たちに顕著にみられ、縄文的な狩猟採集にたずさわる性格の人びとが保守的な習俗として伝えてきたということです。中国では漢代の墓の石室の壁に人物が描かれているものがあり、「胡奴門」と漢字で書いてあります。これはどういう人物かというと、まさかりを持ち、ほうきを逆さに立てて門の前に立っている。つまり門番です。当時、中国を支配していたのは中原の勢力で、その北には胡人《こじん》あるいは匈奴《きょうど》という恐ろしい容易に服さない連中がたむろしていたのです。じつはこの胡奴門の人物にはイレズミがあります。中国では、もうすでにその当時、

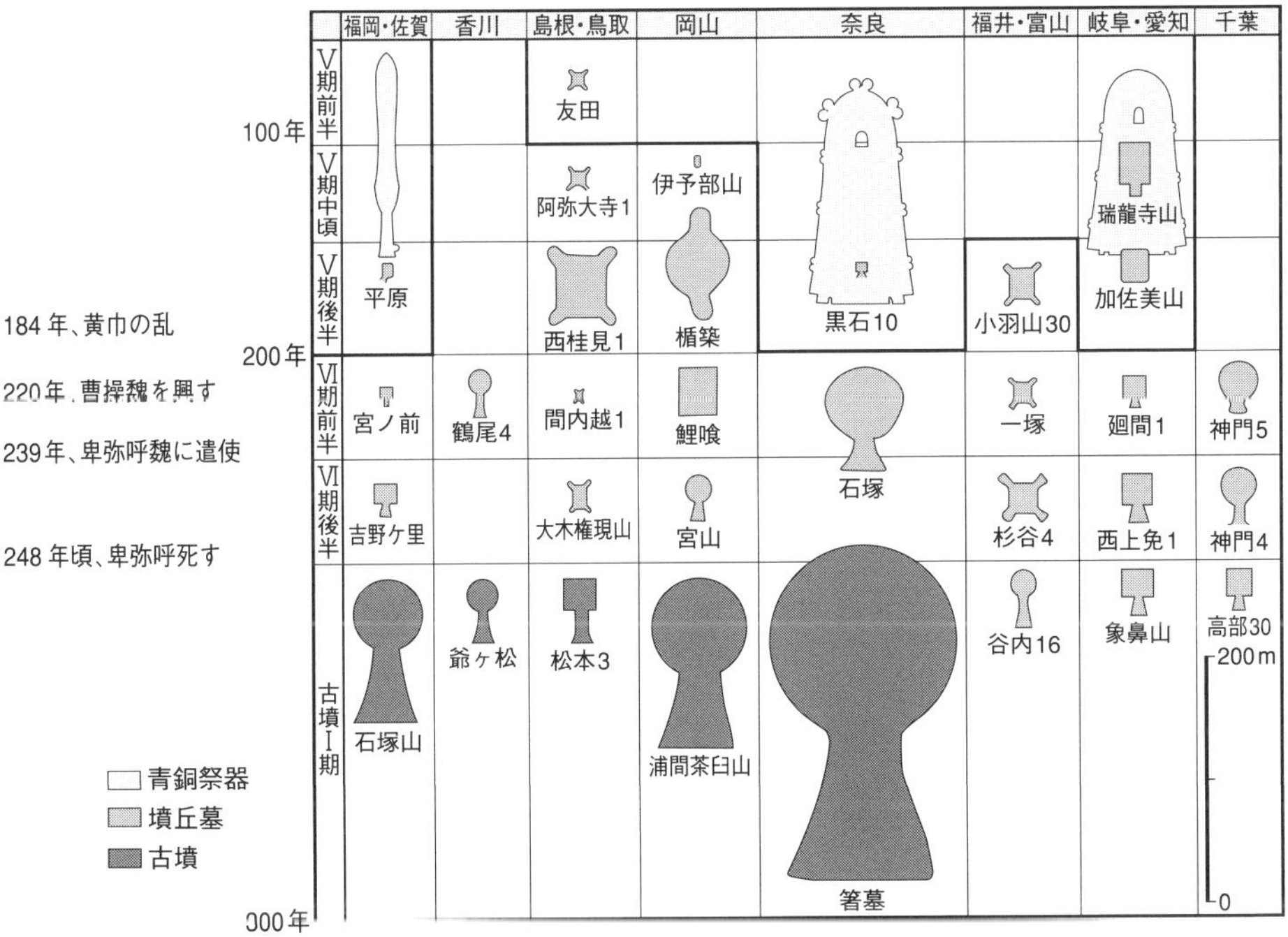


図13　弥生時代の墳墓と前方後円墳の成立（国立歴史民俗博物館『倭国乱る』1996より。一部改変）

戦国時代、あるいはもう少し早い段階からイレズミは刑罰とされています。刑罰のなかでも非常に重い肉刑で、墨刑というものでした。『古事記』『日本書紀』のなかにいくつかそうした記述が出てくるのはまさにその反映で、イレズミに対する中国の意識をそのまま引きうつしているのかもしれません。

これは推測ですが、魏と誼《よしみ》を通じるような開明的な王として卑弥呼が登場し、中国ではイレズミを刑罰としていることをよく知っていたのではないでしょうか。ところが、まだそういう魏との交流関係などがきちんと整っていない周辺の、おそらく投馬《つま》国や狗奴《くな》国の人びと、吉備の人びと、あるいは濃尾の人びとは、墳墓という新しい様式のシンボル体系をつくりあげてはいるものの、イレズミという古くからの習俗を残していて、それが黥面絵画の分布にあらわれているのです。近畿には黥面絵画がなく、周辺にだけあるということは、近畿では中国のイレズミに対する意識を受け入れていた可能性があるのです。

## ◆近畿の埴輪にイレズミがあるわけ

では、どうしてイレズミの絵画、造形品がなかった近畿に五世紀になるとイレズミが、雨後の竹の子のように出てくるのでしょう。

実はこの問題は、森浩一さんが指摘されています。『井辺八幡山古墳《いんべはちまんやま》』という和歌山の古墳の報告書のなかで、イレズミをした力士の埴輪を隼人だと書かれています。隼人というのは芸能にかかわる人びとです。『延喜式』などをみていると、隼人は宮廷で行列をつくって、吠え声をしたり隼人舞という踊りを踊ったりしています。これは要するに犬のような吠え声をあげて服属の表現をしているのです。そういうことから、黥面埴輪のあるものは隼人系の人びとをかたどっているという森さんのご指摘は正しいと思います。

宮崎県百足塚《むかでづか》古墳の黥面埴輪は、縄文時代の様式に非常に近いものです。宮崎県下郷《しもごう》遺跡の黥面土器は二世紀の弥生後期のものですが、目を囲むような線刻があります。縄文時代以来の目にかかわるイレズミの習俗が宮崎県あたりに非常に強く残っているのです。

埼玉県の稲荷山古墳から五世紀の鉄剣が出土し、それには一一五文字が書いてありました。これは雄略天皇から渡された刀で、自分たちの祖先が杖刀人《じょうとうじん》として長く都に仕えていたとあります。おそらく都にのぼって奉仕をするということは、かなり古くからあったのでしょう。

纒向遺跡からいろいろな地域の土器が出てきますが、都へのぼるという意識につながる現象ではないかと思います。隼人も近畿地方にたくさんやってきて王家に仕え、なかには芸能にたずさわる者として仕え、その人たちがイレズミをしていたのでしょう。その習俗を見下すような差別的な表現がずいぶん『古事記』『日本書紀』にあるというわけです。

中国の施策としてのいわゆる中華思想、中原を中心にして周囲の蛮族に皇帝の徳を授け、それをしたってやってくるところに朝貢関係が生まれるという仕組の萌芽的なものが、三世紀の邪馬台国を中心とする地域にはあったのではないかと考えられます。

今日は私が長年考えてきたことを、箸墓のすぐそばで話すことができ、たいへん思い出に残るものとなりました。

**著者紹介** (刊行時)

森　浩一（もり　こういち）
1928 ～ 2013 年。同志社大学名誉教授

杉本憲司（すぎもと　けんじ）
1931 年生まれ。佛教大学名誉教授

蘇　　哲（そ　てつ）
1954 年生まれ。金城大学社会福祉学部教授

菅谷文則（すがや　ふみのり）
1942 年生まれ。奈良県立橿原考古学研究所所長

天野幸弘（あまの　ゆきひろ）
1945 年生まれ。朝日新聞元編集委員

今尾文昭（いまお　ふみあき）
1955 年生まれ。奈良県立橿原考古学研究所附属博物館学芸課長

徐 光 輝（じょ　こうき）
1961 年生まれ。龍谷大学国際文化学部教授

井上主税（いのうえ　ちから）
1972 年生まれ。奈良県立橿原考古学研究所主任研究員

坂　　靖（ばん　やすし）
1961 年生まれ。奈良県立橿原考古学研究所附属博物館総括学芸員

岡部裕俊（おかべ　ひろとし）
1961 年生まれ。伊都国歴史博物館学芸員

北井利幸（きたい　としゆき）
1978 年生まれ。奈良県立橿原考古学研究所附属博物館主任学芸員

設楽博己（したら　ひろみ）
1956 年生まれ。東京大学大学院人文社会系研究科教授

**海でつながる倭と中国——邪馬台国の周辺世界**

2013年 9月20日 第1版第1刷発行
2015年 5月15日 第1版第2刷発行

編 者＝奈良県立橿原考古学研究所附属博物館

発行者＝株式会社 新 泉 社
東京都文京区本郷2-5-12
振替・00170-4-160936番 TEL03(3815)1662／FAX03(3815)1422
印刷・製本／萩原印刷

ISBN978-4-7877-1309-4 C1021

新泉社

シリーズ「遺跡を学ぶ」　Ａ５判／九六ページ／各一五〇〇円＋税

034　吉備の弥生大首長墓・楯築弥生墳丘墓　福本　明

035　最初の巨大古墳・箸墓古墳　清水眞一

051　邪馬台国の候補地・纒向遺跡　石野博信

別冊04　ビジュアル版　古墳時代ガイドブック　若狭　徹

「陵墓」を考える　陵墓公開運動の三〇年

「陵墓限定公開」三〇周年記念シンポジウム実行委員会　編

Ａ５判／三一八ページ／二八〇〇円＋税